越讀越餓的中華美食史

蟲離先生 著

從先秦米香、大宋燒烤到明清茶點，探訪千道食物的源起、演進與古代食譜

前言

提起中國美食，大家都會說一句「源遠流長」，但是怎麼個遠法，怎麼個長法，可能往往說不上來。

身為一個「吃貨」，對食物是怎麼沒的自然是「肚明」的，倘若也能「心知」食物是怎麼來的，無疑更符「吃貨」之雅望。

本書所談的便是中國幾十種經典食材、食物和烹飪之法的「源」與「流」，也就是「食物是怎麼來的」的過程。今天的食物，何以成為今天的模樣？在從前又是什麼樣子？中間衍生過怎樣奇葩的吃法？食物之間經歷了哪些史詩般的競爭、興衰和進化？歷史上的氣候與環境變遷，對中國傳統的飲食格局產生了哪些影響？

這一漫長的過程綿延數千年乃至數萬年，在此期間，人類馴化食材，創制和傳承食物，食物也在塑造著文明。當我們吃飯時，眼前或豐或簡的食物背後，有無法想像的政治、社會、經濟因素參與其中，每一步合作、每一個環節、每一次餐桌上的最終呈現，都代表了歷代先輩經驗的結晶。古往今來，食物的故事幾乎構成了整部人類歷史。因此，回溯食物的源流，就是回溯我們來時的路。而這樣做的目的，一如郭沫若先生所言：「認清楚過往的來程，也正好決定我們未來的去向。」

蟲離先生

目錄

◎上古戰爭：水稻的力量……9
◎燒烤恩仇錄……29
◎千年一麵……53
◎糕點的脈絡……81
粔籹、寒具……84
糗餌、粉糍……89
棗糕……91
饐……93
煮麵……94
餢……94
巧果……99
見風消……101

蓼花糖 103
澆切 104
松黃餅、松黃糕 105
芝麻葉 107
到口酥 107
◎ **從超級刺客到詩星之死：吃魚漫談** 111
◎ **漢唐大餅** 141
椒鹽餅 159
酥油餅 160
糖薄脆 160
牛奶糯米餅 160
韭菜盒子 161
◎ **豬羊爭霸** 165
◎ **唐宋用餐指南** 195
◎ **炒菜：大破能源危機** 225

◎蔡京的享受……237
豬肉鮓……250
羊肉鮓……251
蟶子鮓……251
茄子鮓……252
螞蟻鮓……252
黃雀鮓……253
◎康乾麻辣帝國……259
◎廣陵流韻：鹽商與淮揚菜……273
◎千里來龍《隨園食單》……291
• 須知單……295
• 戒單……299
• 海鮮單……302
燕窩……302
海蜒……304
烏魚蛋……304
• 特牲單……305

蹄膀（肘子）……305
腰子……306
里脊……307
紅燒肉……308
脫沙肉……309
粉蒸肉……309
八寶肉……310
家鄉肉……310
蜜火腿……311
•羽族單……314
母油船鴨……314
蒸鴨……316
梨炒雞……316
生炮雞……317
假野雞卷……317

◎ **名食濫觴**

名食濫觴……319
果丹皮……320
肉鬆……321
皮蛋……322
老婆餅……323
黃燜雞……324
獅子頭……326

上古戰爭：水稻的力量

在完成那次舉世矚目的文化擺渡之前，河姆渡只是個默默無聞的古渡口，以及依渡口而立的小村莊。

一九七三年夏，雨季即將掩至，浙江省東部，姚江之畔，那個當時只有二十九戶居民的村子，正加緊籌備排澇工作。村民們要新建一座機電抽水站，以提高排澇能力，同時改善地勢低窪稻田的產量。羅江公社組織人手，在村子北側的舊有排澇站旁施工。當水閘基坑下挖至三公尺深時，翻動的土層浮現出大量黑陶片、石器和動物遺骸，一位到現場巡察的負責人見狀，警覺地叫停了工程，立即電告文物部門。後續考古發掘工作隨即展開，一個分佈範圍達四公頃的龐大遺址重見天日。沉睡了七千年的遠古文化、民族古老的靈魂碎片倏然醒來，將這個不起眼的渡口小村凝刻為舉世矚目的文化符號。

河姆渡遺址的發現，有如平湖墜石，激起的水波持續擴散，先是地方重視，繼而舉國關注，最終驚蕩七海，震動世界。無數人從四面八方趕來，迎接這艘棹過了七千年幽暗時光的歷史渡船。他們震驚於那數以千計燒造技藝高超的陶器，震驚於器物表面繁複而神祕的藝術紋樣，尤其令他們震驚的，莫過於龐大的遠古栽培稻遺跡。在河姆渡遺址，考古人員發掘出厚達半公尺的稻穀、稻稈及稻葉的堆積，按照堆積的厚度和面積計算，僅第一期發掘的稻穀總量便超過一百噸。部分稻穀保存完好，出土之時，葉片仍呈綠色，穀粒色泛金黃，穀殼的縱脈和稃毛都清晰可見。一些陶釜底部甚至殘留著燒糊了的米飯「鍋巴」。

遺址同時出土了一批鹿骨製作的骨耜（sì），耜頭纏繞著葛藤，原本大概是固定在木柄上的。這些骨耜的形制彷彿後世的鐵鍬、鐵鏟，顯然都是農具。七千年前的河姆渡人，便是手持這些粗拙的原始器具，開發土地，馴化自然，將從山野之間採集而來的顆粒乾癟的野生稻，改造為豐腴甘香、流傳萬代的主糧水稻。

作為人類最早馴化的作物之一，水稻的馴化過程極其漫長。

水稻的野生種是今天常見稻穀種屬體系的祖先，野生稻乍看上去與野草無異，但它蘊藏著無窮的生機。也許是不經意的一次邂逅，也許是經過無數次對照比較，遠古人類在蕪雜的野草間，發現了野生稻米的飽腹能量，開始有意識地集約採集。在農業時代開啟前，遠古人類採稻而食的生活持續了上萬年，最近的研究顯示，中國先民早在一萬六千年前就開始在茫茫荒野之中尋索、採食野生稻了[1]。

至晚在一萬兩千年前，人類嘗試著邁出了農耕的腳步。那時地球正處在一個氣候美妙的時代：最近的一次冰河期步入尾聲，全世界都在變暖，冰川退卻，氣溫回升，達到與今天相仿甚至更暖和的水準。幼發拉底河畔，今天敘利亞北部的阿布·呼雷拉（Abu Hureyra）遺址處，當時的古人類結束了遊牧生活，試著定居下來，種植黑麥。一開始，種植業發展速度緩慢，採集和狩獵仍是食物的主要來源，種植所產出的食物只不過被當作一點「賺外快式」的貼補。從零星種植到農耕經濟最終取得支配地位，人類又花費了數千年時間。

就在人類摸索著解開農耕之門的「封印符文」不久之後，約一萬二千年前，一場很可能因天體撞擊而突發的氣候異常，殘忍地扼殺了搖籃中的農業雛形。阿布．呼雷拉古人類聚落被墜落的彗星或小行星瞬間摧毀，研究者探索遺址，發現了大量不應為那個時代所有的熔融玻璃，推測這是在撞擊瞬間產生的兩千兩百度高溫下所形成之物[2]。撞擊的威力極其巨大，造成全球範圍氣候劇烈擾動，氣溫急遽下降，冰川重新生成，陸地被封凍，凜冬再度降臨，大批已遷入高緯度地區的動物和人類死於極寒。這次撞擊導致的有悖於自然規律的氣候異常的離奇災變，被稱為「新仙女木事件」。

漫漫長夜彷彿永無盡頭，人類瑟縮在冰封的山洞裡，苦苦等待著溫暖的能量重回人間。一代又一代遠古人類死去了，他們無助地凝望星空，眺望雪原，企盼春天回歸。星移斗轉，直到一千年後，恐怖的凜冬才終於完結，嚴寒消散，春滿世界，一個延續至今、地質學上稱為「全新世」的時代拉開了帷幕。溫暖濕潤的氣候溫柔地潤澤著全球大部分陸地：在北非，今天被稱為撒哈拉沙漠的地區享受著充沛的降水，那裡河湖相連，水草豐茂，羚羊四處奔馳，一片生機；在中國，夏季風帶來的降水遠及新疆和內蒙古，亞洲象一度分佈至河北省，稍晚的西安半坡遺址也發現了犀牛殘骸，而倘若到山東沂河洗澡，將有概率遇到揚子鱷，孔子及弟子若在那時遊賞，便不能「風乎舞雩，詠而歸」了。

穩定適宜的氣候為人類生存提供了保障，也為農業生產創造了條件。環境舒適，食物漫山遍野地瘋長，人類不必擔心餓肚子，於是生育率快速上升。人口急劇增長的後果就是，原始的狩獵和採集越來越難以負擔食物需求，於是人類意識到，必須採取更高效的生產方式，獲取更多的食物才行。在寒冷的高緯度或高海拔地區，由於作物難以生長，以及出於攝取高熱量食物禦寒的需要，居民們陸續轉向遊牧生活；在低緯度、地勢平坦的地區，氣候適於作物種植，但不利於肉類保存，這些地區的居民便選擇了定居農耕，一場持續了上萬年的「農業戰爭」開始了。

在早期採集時代，先民無意識地灑落或丟棄所食植物的種子，觀察到種子萌芽、生長、結實，他們受到啟發，嘗試著有計劃地播下種子，管理成長，以期獲得穩定的食糧供應，農業就此誕生。當時的先民大概不曾意識到，他們邁出了人類文明史上至關重要的一步，同時也為後代子孫挖下了一個難填的大坑——從人類種下第一株作物起，就宣告著挑起了與作物間的「馴化之戰」。

野生作物與自然界其他植物一樣，經過億萬年的進化形成了種種特性，均是為了自身種群的生存繁衍，而不是為了滿足人類食用。例如穀類（包括水稻和小麥）的籽粒附著於穗軸而生，野生穀類成熟後，籽粒會像叛逆的孩子急於離開家庭一樣變得易於脫落，它們大多隨風飄散，有的落入土地，有的吹入池塘，還有的飄上岩石，被鳥兒吃掉。落到何處，能否發芽生長，植物無法控制，全部聽天由命。植物能控制的，是其籽粒的體積和數量，因此野生穀物會儘量將籽粒縮小。體積越小，數量越多，在成活率不變的情況下，成活數量會不斷提升，以此確保種群繁衍壯大。但是人類並不希望穀物的籽粒太小，也不希望籽粒易於脫落，否則也許收割之前一場大風刮過，整片稻田便只剩下光禿禿的穗軸，顆粒無收。

為解決這個問題，先民絞盡腦汁，我們無從猜測他們究竟付出了何等辛勞，好在付出獲得了回報。先民發現一小部分基因突變的植株，穗軸強韌，籽粒成熟後不易脫落。這種植株由於難以順利地散播種子，在物種進化的流水線上，是本該被大自然淘汰的作品，如果沒有人類干預，它們終將在物競天擇中敗給那些籽粒更易脫落的同胞。然而人類的介入，改變了物種進化之路，人類選擇這些特殊品種大加栽培，令它們的突變基因不斷遺傳下去，種群占比逐年遞增，直到壯大成為家族的絕對霸主。今天我們所食用的穀類，大部分都是這些突變種的後代。可以說，是人類出手拯救了它們原本應被淘汰的命運，作為回報，人類獲得了更高、更穩定的產量。

掌握馴化祕訣的人類，一發不可收拾地投入這場沒有止境的博弈中。馴化之路坎坷枯燥，不過農藝師有時也會開玩笑似地塑造一些莫名其妙的品種，最典型的例子就是胡蘿蔔。胡蘿蔔本來是白色、紫色和淡黃色的，十六世紀，對橙色有著深深執念的荷蘭人利用植物變異，培育出了橙色胡蘿蔔，獻給他們偉大的「橙色親王」威廉・範・奧蘭治（William van

Orange，即威廉一世，曾領導荷蘭反抗西班牙統治，他的姓氏有「橙色」的意思）。在此之後，荷蘭人利用他們「海上馬車夫」的強大貿易力量，執著地將其「皇家配色版」胡蘿蔔推向全世界，這才造就了今天菜市場舉目可見的那一片亮眼橙色。

遠古人類多半不會有荷蘭農藝師那般好興致，他們馴化作物，總以便於採收、提高產量為務。水稻是高產作物，在作物單產排行榜上，僅遜玉米，位居次席。一公頃常規品種的水稻大約可供五人份的口糧，而同樣面積的小麥只能大約供給三人份[3]，因此人類始終在不遺餘力地對其加以改良。禾本科稻屬之下將近二十種植物，至今僅有兩種被馴化為栽培作物（水稻和西非的光稃稻），其他依舊屬於野草，不能食用，愈發見得水稻被馴化的難能可貴。河姆渡的古人類，就是最早一批成功馴化水稻的先民。

在河姆渡水稻遺存被發現之前，關於「世界上第一個成功馴化水稻的國家」，也就是栽培稻的起源之爭，從十九世紀起已經持續百餘年，一直懸而未決。西方學界早期觀點一度傾向支援水稻起源於中國。二十世紀初，蘇聯植物學家、遺傳學家瓦維洛夫通過研究在世界各地採集的標本，提出了是印度最先馴化了水稻的假說，他列舉的一系列理由，說服了大部分西方學者改旗易幟，從支援中國轉向支援印度。其後半個世紀，「印度起源說」恆居主流，中國學者雖間或反擊，但苦於缺乏考古和生物學證據支援，並不能令學界十分信服。

一九五五年，湖北京山屈家嶺遺址發現了五千年前的稻作遺存，極大地衝擊了水稻「印度起源說」的根基。到河姆渡遺址那無可爭議的人工栽培稻穀遺存的發現，學術界的舊有觀點終於被徹底顛覆。此後，中國陸續公佈了更多考古證據，浙江上山遺址、江西萬年仙人洞遺址、湖南道縣玉蟾岩遺址的發現，以及遺傳學相關研究，將中國栽培水稻的歷史延長至一萬年以上，栽培稻起源於中國，至此獲得世界公認。據近年研究總結，水稻在古中國和古印度之間經歷了一次史詩般的旅程：大約一萬年前，長江中下游地區將野生稻馴化為粳稻，之後與黍、杏、桃等作物經移民和商旅傳到印度；約三千九百年前，恆河流域的印度人將粳稻與野生稻雜交，培育出秈稻，又傳回中國。這次跨越數千年、波瀾壯闊的輪迴之旅，奠定了日後的糧食格局。而今，地球上超過半數的人口將水稻作為主食，中國和印度分別位居全球稻米產量前兩位，二〇一九年，兩國分享了世界稻米總產量的百分之五十四．二。這一切的發端，都要上溯到一萬年前某位嘗試著將第一株野生稻栽進濕潤泥土的遠古先民，以及某位將其裝入行囊的旅人。

農牧文明結束了人類作為「野生動物」生存的歷史，起先的歲月，中國遊牧與農耕文明並非如後世那般涇渭分明，隔絕于長城南北。大批以遊牧和射獵為生的古老部族遊蕩于中原，呈「夷夏雜處」的平衡態勢。那時地廣人稀，各部族聚落相距遙遠，彼此隔絕，老死不相往來，極少對抗衝突。隨著農業發展，這種相安無事的平衡逐漸被打破了。

栽培作物改良後產量提高，讓吃飽飯的先民有信心，也有心情考慮多生些孩子。多生孩子多種地，地種得越多，糧食產量就越多。相應的，人口越多，需要的耕地也勢必增加，部族不斷發展擴張，終於不可避免地與遊牧部族相遇了。比起畜牧及其他生產方式，黃河流域及其以南地區的生態環境更適合農耕種植。相同面積的土地，農耕能生產更多食物，養活更多人口，而需要大量土地放牧的畜牧經濟則相形見絀，因而遭到擠壓、蠶食。遠古中原地帶的遊牧部族，要麼被農耕者兼併，跳下馬背，拿起農具，成為農民，要麼向北遷徙退避。

地球的氣候從來都不是恆定如一的，而是冷暖交替出現，即使在相對溫暖穩定的全新世（約一萬一千七百年前至今），全球變冷和變暖，也是如同鐘擺運動，此去彼來，往復不休。美國緬因大學一項全面深入的調查研究表明，過去一萬年間，地球經歷了至少六次五百年到千年尺度的氣候振盪，起止時間分別位於距今九千年到八千年、六千年到五千年、四千兩百到三千八百年、三千五百至兩千五百年、一千兩百到一千年和六百到一百五十年前[4]。

大約五千三百年前，北半球自北而南進入了一個普遍的寒冷期，人們將這種階段性的寒冷期稱為「小冰期」。小冰期的溫度下降幅度雖不足以構成「新仙女木事件」後那樣惡劣的極寒，但氣候震盪造成的降水減少和長期乾旱，對遠古人類同樣是災難性的。撒哈拉的淡水湖漸次乾涸，沙漠發育，掩埋了綠洲水草和古老的史前文明。距其遙遠的東方亦未能倖免，位於新石器時代農業區域邊緣的甘肅青海河湟文化首當其衝，迅速走向衰落。在南方，曾經無比煥赫的良渚文化，也未能挺過此劫，倒在了文明曙光的前夕。定居農業使人口激增，但氣候劇變卻使食物減少了，農耕部族需要更多土地，彌補單位面積糧食產量的下降。人類縱火燒荒，將大片林地草場燒為灰燼，闢為田疇。耕進草退，大批牧場被破壞，大規模畜牧業難以維持，農耕與遊牧部族的矛盾變得更加尖銳。

遊牧部族紛紛離開，剩下的土地還是不夠分配。一個重要原因是，當時灌溉技術落後，汲水困難，所謂的「膏腴之地」必須靠近水源，如果附近沒有河湖泉澤，土地再肥沃也沒法利用。這樣一來，可供挑選的土地就十分有限了，於是農耕部族之間也開始付諸武力，爭奪生存資源，頻頻爆發激烈的戰爭。就連誕育了「稼穡之祖」神農、耕作技術出類拔萃的炎帝部族，此時也撐不下去了。這也容易理解，較早邁入農耕時代，耕作技術先進，意味著炎帝部族可能繁衍了更多的人口，生存壓力也就更大。惡劣的氣候迫使炎帝一族大舉東遷，尋找環境更理想的新沃土來拓殖經營。他們渡過黃河，循黃河南岸抵達今天河南淮陽附近[5]，沿途不斷征服臨河而居的原住民部落，奪占他們的土地。在那個「剝木為兵」，拿樹杈子作武器的時代，基本上誰家人多，誰就更強。炎帝一族人口眾多，大樹杈子一路掃下來，所向披靡，直到遇上從東南方北上的另一股強大勢力——蚩尤領導的九黎集團。

後來的故事，中國人耳熟能詳：蚩尤陣營是個吸納了眾多部落的同盟，包括戰力強悍的巨人部落夸父族，他們人數上毫不遜於炎帝部族，而且裝備精良，猶有過之。兩強爭霸，打了一場開天闢地以來中華大地上規模空前的戰爭，炎帝一敗塗地，史書說他輸得「九隅無遺」[6]，土地盡失。殘兵敗將，倉皇北逃，逃到黃河北岸黃帝一族的地盤。沒了土地的炎帝，大概想從「同宗之誼」的黃帝那裡分一杯羹，結果又被黃帝按在地上，結結實實打了三頓，司馬遷說：「戰於阪泉之野，三戰，然後得其志」，打得炎帝大呼投降。黃帝最後並未趕盡殺絕，而是放了炎帝一馬，可能是察覺到蚩尤逼近的緣故。面對打個響指就能毀滅九州的強敵，炎黃意識到，唯有聯手方能對抗。名垂千古的涿鹿一戰，炎黃聯軍擊潰蚩尤，九黎集團群龍無首，風流雲散。炎黃乘機南下，入主中原，後世尊他們為華夏祖先。

農耕時代的食物危機，引發了決定歷史走向的上古戰爭，同時迫使定居社會內部制定出新的食物分配規則，顛覆了固有的平均分配制度，一部分人變成吃得少、幹得多的被統治者，階級萌芽由此出現。而隨著遊牧部族離開，畜牧在食物生產體系中所占比重也大幅下降，吃肉變得奢侈起來，「肉食者」成為特權階級的標籤。至於廣大平民，則被牢牢地束縛在土地上——耕地面積越是擴大，越是要破壞森林草場，野生動植物的多樣性和生存空間就會越少。除了傳說中那些潛居深山，採食黃精、茯苓，吃得遍身長白毛的異士劍仙，絕大多數人已經不可能單靠採集生存。人們再也回不到從前挎著籃子出門遛達一圈就能果腹的生活，狩獵也日益困難，耕種、收成是農民僅有的選擇，唯一的希望。農耕生產豐儉由人，同時也是看天吃飯，農民一方面以血汗灌注土壤，小心翼翼地管理作物，另一方面將精神寄託於上蒼，虔誠地禱求雨順風調。他們畢生時間都在耕耘、除草、施肥、灌溉中消磨，殫精竭慮，千方百計地呵護脆弱的禾穀，以維繫他們同樣脆弱的生命。

農業是自然寫給人類的情書，也是極富挑釁色彩的檄文，它塑造了早期社會結構乃至文明，同時提出了嚴峻挑戰。人類原本是雜食動物，食譜包羅極廣，原則上無毒而味道不壞的東西莫不可以入口。但進入農耕時代後，人類，尤其是平民的食譜急劇縮水，採集時代多樣的野生動植物同餐桌漸行漸遠，自然界萬千食材，他們日常所能攝取的，只剩下少得可憐的幾種馴化生物，包括一兩種主糧、少數蔬菜、更少的禽畜，運氣好的話，或許才會有魚、蘑菇和野味。這解釋了為什麼農耕時代初期的人類身材反而較採集時代變得矮小：攝入營養不全，導致發育不良。

寥寥無幾的食材之中，中國先民最倚重的是黍（黃米）、粟（小米）、稻、麥、菽（豆）、麻。這幾種糧食作物，便是後世所謂的「五穀」。

對於先秦時期的中原人而言，黍、稷（不黏而色白的黍）和粟的地位尤其重要；在南方，水稻則是無可取代的食物砥柱。東漢以降，戰爭難民南遷如湧，中國社會發展空間大幅向南拓展，南部地區墾田和人口爆炸式增長。譬如荊州人口從西漢時的三百七十四萬增至六百二十七萬，益州從四百五十五萬增至七百二十四萬，零陵郡（今屬廣西、湖南）人口更是暴增七倍[7]。南方的環境適宜稻作，北人南下，就算想要種食黍粟，畢竟不及稻作方便，只好因地制宜，改種水稻。稻穀的高產潛能由此被充分激發出來，撐住了人口劇增的沉重壓力。實際上在許多北方人看來，飯稻羹魚的生活，比吃粗糲難咽的蒸小米、蒸麥飯好得多，孔子也將食稻與衣錦相提並論，認為是奢侈享受[8]。世人視稻米為珍物，積極推廣種植，東漢後半葉，北方稻作規模也蔚為可觀了。喜歡發表吃後感的魏文帝曹丕，有一次蒸了一鍋洛陽京畿出產的稻米，尚未動箸，已是龍顏大悅，傲然對群臣說道：

「江表惟長沙名有好米，何得比新城粳稻耶？上風炊之，五里聞香。」[9]

意思是說，江南雖盛產稻米，大多品質平平，只聽說長沙的米名氣不小。你們看，咱們這米，上甑一蒸，五里開外都能聞到香氣，他長沙的米比得了麼？

曹丕極口稱譽的自家稻米屬於粳米，粳稻耐寒，適合北方推廣，其米粒粗短，支鏈澱粉含量略高，熟後性黏；當時的長沙名米大概是秈米，秈稻喜暖，主要種在南方，米粒細長，熟後顆粒分明，黏度較低。作為水稻的兩大基本亞型，粳、秈兩種稻米各有千秋，無所謂孰優孰劣。不過包括曹丕在內的許多北方人，天生更偏愛黏糯彈牙的粳米，加上政治方面的考慮，魏文帝厚此薄彼，也就不足為奇了。至於大家熟知的糯米，在植物學上並非獨立亞型，而是秈稻和粳稻的一類變種，分為秈糯米和粳糯米。糯米與普通秈米、粳米的主要區別是其支鏈澱粉含量極高，接近百分之百，這決定了它比普通粳米、秈米擁有更黏的口感。後人利用這一特性，將糯米汁摻入砂漿，製成膠結材料，用以黏合磚石，砌築城牆。例如南宋乾道六年（西元一一七〇年）修葺和州城，匠人就用糯米漿和石灰調製黏合劑，所砌的城牆「經久堅固」。

曹丕盛讚洛陽粳米，不乏勸農之意。曹丕在位那些年，孫吳、蜀漢虎踞天南，戰火頻仍，軍糧消耗極大，三國統治者無不想方設法提高本國糧食產量。當時有一種常見的軍糧叫作「糗糒」（qiǔ bèi），是經脫水乾燥處理製備的方便食品，原料可以用粟、麥，不過最好還是用米。製法並不複雜：大米經淘洗、蒸或炒熟、曝乾、搗碎，研磨為粉，舂搗成餅子。用時直接取食，或沖泡為糊。糗糒是名副其實的「乾糧」，收藏得法，不令受潮，可長期保質不壞，取食方便，且易消化，最適合遠途攜帶。對於間關流轉、去家萬里的行旅征夫，這些粗糙的米麥粉屑，飽含故土的味道。漢朝士兵遠擊匈奴，幾乎完全仰賴糗糒充饑，據王莽朝大司馬嚴尤計算，為期三百天的遠征，需要給每個戰士配備十八斛糒[10]，也就是每人每天約消耗〇・六升。脫水的糗糒最大化地減輕了輜重負擔，軍隊機動性因而更強，馱獸和士兵體力節省，生存率和戰勝率便得以提高。另一方面，重量壓縮，單兵攜帶口糧增加，意味著出擊半徑更遠，漢軍因此能夠深入匈奴腹地展開軍事行動。西元前九十九年，李陵和他麾下五千步兵從居延出發，向北行進三十天，深深刺入匈奴之境，部隊所賴給養正是糗糒。李陵一部後來在朔方西北兩千里外的浚稽山遭遇匈奴大軍，血戰連日，箭矢射盡，落入重圍。絕境中的李陵發給每位倖存的士卒兩升糒、一塊冰，趁夜遣散，囑其自行突圍。就是靠著這點乾糧，最終四百餘人逃出絕漠，生還漢境[11]。

國家常年儲備大量糗糒，用以供應軍需。西元前五十一年，匈奴呼韓邪單于歸附，漢廷鄭重其事，除了賞賜黃金錦繡，還撥出三萬四千斛糗糒，為這批新入籍的子民加餐。漢族平民為了節省燃料（柴薪），同時考慮到貯存的需要，日常也以糗糒為食。漢代人一日兩餐，早餐叫「饔」（yōng），晚餐叫「飧」（sūn），清早蒸好米飯，饔吃一半，另一半鋪開曬乾。傍晚，結束了一天的勞作回到家後，不必再耗費柴禾燒火煮飯，只需乾米飯泡水，再配些醃菜，就是最家常的晚餐。倘若早上準備得太多，晚餐吃不完的話，也沒關係，經過曝曬的乾燥米粒不易餿壞，盡可留到翌日食用，最大限度地規避了剩飯腐敗浪費。而米粒遇水後吸水膨脹，不僅重新變得鬆軟易咀嚼，也恢復了原有的飽腹功能。先民就這樣精打細算地活著，竭力減省生存資料，他們看顧生活的每個細節，如同看顧風中的燈。

到了唐宋，境況有所改善。隋唐五代處於歷史氣候的溫暖期，南北方年平均溫度都較魏晉亂世小幅上升，喜暖的水稻長勢旺盛，稻田向北蔓延到關中、黃淮平原，甚至東北地區。正如韋莊信步長安城郊時所見，平疇高壟，千畦萬町，滿眼稻花黃：

一徑尋村渡碧溪，稻花香澤水千畦。
雲中寺遠磬難識，竹裏巢深鳥易迷。[12]

中唐以後，經濟重心南傾，江南的稻米自足有餘，除了支給本地，還向華北、關中大量轉輸。唐玄宗一朝，每年需從江南調撥稻穀三四百萬石，來維持開元盛世的局面[13]。安史之亂八年戰火，燒得北方元氣大傷，終唐之世，未能復原，舉國經濟，左右於東南，中國歷史上延續了千年的「南糧北調」供糧格局初步形成，稻米的地位隨之水漲船高。

唐人食米，大體仍不出蒸、煮兩途，但花樣諸多翻新，卻為秦漢先輩豔羨難及。比方說熬粥，中國人早餐喝粥的習慣便約略始於唐朝。白居易晚年生活清逸安閒，天天睡懶覺，他自己也毫不掩飾地承認，說自己冬日貪睡，日上三竿還在賴床，縱使米粥誘人的香氣也不能令他離開親愛的被窩：

兩重褐綺衾，一領花茸氈。
粥熟呼不起，日高安穩眠。[14]

唐文宗開成三年（西元八三八年），日本學問僧圓仁來華求法，他對中國人早餐吃粥之習印象深刻，其旅行筆記《入唐求法巡禮行記》記錄，自揚州登岸，踏足大唐，前往長安的路上，食粥不卜二十次，多在清早時分。無論寺廟、官貴，還是平民之家，習慣大都如此。

豐足年歲，嶺南人家會備辦一種豪華蓋飯——團油飯，慶賀新生兒滿月。米飯上厚厚地鋪疊著烤魚、油炸蝦、蛋羹、雞肉、鵝肉、豬肉、羊肉、香菇、薺菜等，以薑、桂、鹽、豉等調和佐味[15]。唐人豪邁，飲食最喜大魚大肉，直來直去，這碗團油飯，正是唐人豪放食風的代表。豐盛的食材，羅攬盛世農家富足，也寄託著對新生命健康成長的祝福。

稻作經濟真正一飛沖天是在宋代。宋代，以稻米為主食的人口首次超過了以麥粟為主食的人口。稻米能夠登極為眾糧之王，原因諸多。首先，宋代是中國經濟重心南移的定型期，南方人口遠超北方，北宋人口峰值約出現于宋徽宗大觀四年（西元一一一〇年），當時全國一億人口，有百分之六十居住在南方[16]。第二，宋真宗大中祥符五年（西元一〇一二年），朝廷大規模引進原產越南的良種水稻「占城稻」，改良本土品種。宋真宗重視其事，派人到福建取得占城稻種三萬斛，分發給江淮兩浙，出榜示民，責成地方官府督率指導農人播蒔[17]。占城稻生長期短，耐旱耐寒，許多從前不宜種稻之地，在引入此稻之後，悉數闢為稻田，稻米產量激增。得此助力的宋代人，開啟了瘋狂耕墾模式，把平原的土地開墾殆盡，又到山上去墾，「梯田」一詞，便首見於宋代文獻。宋代墾田面積最高達到四千八百萬公頃（七．二億畝），甚至超過後來的元代和明代[18]，這與占城稻的引入不無關係。

田多了，種起來難免費事，尤其是插秧，整個人彎腰躬身，佝僂在爛泥裡，一佝僂就是一整天，結果養活了五臟廟，犧牲了腰間盤。為此，宋人發明了一種形狀像香蕉的喜感坐具，叫作「秧馬」，專用來插秧。蘇軾有一年南游武昌，見到水田裡的老老少少，人人跨一具秧馬，在泥地上蠕蠕滑行，原本辛苦的勞作，似乎也饒有些遊戲的樂趣了。他觀察這種懶人工具，發現不但省力省腰，效率也絲毫不低：「農夫皆騎秧馬，日行千畦，較之傴僂而作者，勞佚相絕矣。」

只要灌溉管飽，積溫充沛，水稻簡直可稱為作物界的蟻后，產量高，長得快。兩三天時間，幼苗就能抽芽，稻花剛剛飄落，稻穗轉眼就豐腴垂低。到了南宋，一年兩熟的雙季稻和一年三熟的三季稻廣泛種植，在地暖雨足的廣東，水稻生長週期短至一個季度。一二月種早禾，四五月收；三四月種晚早禾，六七月收；五六月種晚禾，八九月收[19]。除了冬季，無月不種，無月不收。到了明代，水稻在全國糧食生產中的主導地位已完全確立。

今天，儘管稻穀總產量亞於玉米，但後者百分之九十用於飼料和工業加工，而非做為口糧食用，稻穀的食用消費占比則高達百分之八十以上。可見，目前中國人食用最多的主糧仍是稻米。

中國人講「緣法」，作為全球最大的稻米生產國，中國人為改善稻田產量而施工，卻偶然發現了河姆渡遺址遠古栽培稻的證據，這似乎正是一種特殊的緣分。那些古老的生命早已在風中飄散，他們留下的遺產深植大地，繼續哺育子孫，哺育文明，如山如嶽，巋然萬年。

注釋

1 Wu Y，Xie G，Mao L，et al. Phytolith evidence For human-plant subsistence in Yahuai Cave（Guangxi，South China）over the past 30000 years[J]. ence China Earth ence，2020.

2 Andrew M. T. Moore et al.Evidence oF Cosmic Impact at Abu Hureyra，Syria at the Younger Dryas Onset (~12.8 ka)：High-temperature melting at > 2200°C，ScientiFic Reports（2020）.

3〔美〕阿莫斯圖《食物的歷史》。

4 Mayewski P A，Rohling E E，Stager J C，et al. Holocene climate variability[J]. Quaternary Research，2004，62（3）：243-255.

5 徐旭生《中國古史的傳說時代》。

6《逸周書・嘗麥》。

7《漢書・地理志》，《續漢書・郡國志》。

8《論語・陽貨》。

9〔三國魏〕曹丕《與群臣論秔稻書》。

10《漢書・王莽傳》。

11《漢書・李廣蘇建傳》。

12〔唐〕韋莊《鄠杜舊居》。

13《新唐書・食貨志》。

14〔唐〕白居易《風雪中作》。

15〔唐〕段公路《北戶錄》。

16 葛劍雄《中國人口發展史》。

17《宋會要輯稿》。

18 漆俠《宋代經濟史》。

19〔南宋〕周去非《嶺外代答》。

燒烤恩仇錄

燒烤大概是最古老的烹調方式了，最初的烤肉可能來自山火燒死的動物，人類撿拾食用後察覺香美，因而聯手祝融，開創了偉大的燒烤文化。在漫長的幾十萬乃至上百萬年間，燒烤是加熱食物的唯一手段，那時的生活是名副其實的「極簡」，用不著「斷舍離」，也不存在「午飯究竟該吃啥」的糾結——根本沒得取捨，也沒得選擇，要麼燒烤，要麼血淋淋地生吃或者吃臭烘烘的腐肉，要麼啥都不吃等著餓死。直到七八千年前新石器時代早期，先祖玩泥巴玩開了竅，學會摶泥燒造陶器，才在烹調技能上相繼點亮煮、蒸、煎等技能，拓展了新味覺領域。

毫不誇張地說，人類是靠燒烤擼串成長起來的。燒烤的好處顯而易見：首先是簡單粗暴，鼎鼐釜鑊、鍋鏟刀俎一概不用，能生火、有食材便足矣；二來食材浴火，較易激發其中所蘊含的香味的潛力，長於此道的能手，即使不用椒鹽，也有本事將腥膻的生肉烤得鮮腴誘人。武俠小說寫及孤男寡女流落荒野，總是燒烤互餵，因為在患難之中，此為第一等簡便美食，肉嫩汁多，金脂流香，倍增溫馨，無異於如今的約會吃串燒，吃著吃著，感情便熱絡起來了。

燒烤還有一樣好處——萬物莫不可烤。前章已述，人類採食穀物的歷史極其悠久，而在陶器出現之前，加熱穀米，只能倚仗燒烤的方式。鄭玄《禮記正義》注：

「中古未有釜、甑，釋米捭肉，加於燒石之上而食之耳，今北狄猶然。」

釜以煮，甑以蒸，未有蒸煮之先，主流吃法是石板烤飯。鄭玄所處的東漢，塞北之民仍燒石燔穀，當為石器時代遺風。

至於飛禽走獸、毛羽鱗介，更不妨盡付於炬，古人經常烤些在現代人看來不可思議之物，比如貓頭鷹。《莊子・齊物論》中說「見彈而求鴞炙」，意思是看見彈弓，就忍不住想要把貓頭鷹從樹上打下來烤了吃。貓頭鷹轉動著無辜大臉，表示迷惑不解，今人每讀至此，亦難免詫怪。烤貓頭鷹是古今自然觀差異的典型體現，而今連孩童也知道，貓頭鷹乃是益鳥，當堅決反對獵食。但古人觀點正好相反，以貓頭鷹為絕惡之物甚至死亡的使者，其聲淒厲，尤招人忌，民間傳有夜貓子啼鳴，是在數人眉毛、勾魂索命之說；又言貓頭鷹「不孝」，生而食母，才得飛翔[1]，簡直是造物之敗筆、生物界之惡魔。此等「凶禽」，古人不但不會保護，而且由官方提倡，鼓勵捕殺。顏師古《漢書》注：

「孟康曰：『梟，鳥名，食母。破鏡，獸名，食父。黃帝欲絕其類，使百吏祠皆用之。』如淳曰：『漢使東郡送梟，五月五日作梟羹以賜百官。』」

據說軒轅黃帝對此鳥深惡痛絕，規定百官祭祀，皆殺之為祭品，希望示範百姓，以「絕其類」。漢代朝廷祖述古制，也把燉貓頭鷹加入「端午節豪華禮盒」，當作節日福利頒賜官員。於是鄒纓齊紫，人手一張彈弓，踴躍獵殺，這才形成「見彈而求鴞炙」的條件反射。北宋人孔平仲在一首詩裡說：「彎弓既有獲，豈不願鴞炙。」[2]意思是既然打獵有所收穫，難道你不想再吃一次烤貓頭鷹嗎？這……都已經打了不少正常的野味了，為啥還要吃貓頭鷹！到了元末，有好事者掇拾墳典所載各種奇異食物，撮成一套魔幻版「八珍」，包括出自《呂氏春秋》的猩唇、出自《左傳》和《孟子》的熊掌、出自《韓非子》的豹胎等，烤貓頭鷹也收錄其內，與龍肝鳳髓、豹胎猩唇並列，益發予人荒誕之感。

中國歷史上至少出現過三套廣為人知的「八珍」組合。最早一組，始見於《周禮》，為八種進呈天子的頂級珍饈，據載有淳熬、淳母、炮豚、炮牂（zāng）、擣珍、漬、熬、肝膋（liáo）[3]。據《禮記．內則篇》闡發的材料和做法，可知肝膋、炮豚、炮牂均與燒烤有關。肝膋即烤狗肝，「膋」為腸上的脂肪，也就是腸油，這道菜取狗腸油包裹狗肝而烤，以腸油烤至發焦為度，做法相對簡單。炮豚指烤乳豬，炮牂指烤羊羔，兩者做法近似，步驟要繁複得多。以炮豚為例：掏除乳豬內臟，腹腔填滿大棗，整頭豬用蘆葦包起來，外裹一層泥巴，置之猛火，謂之「炮」。炮畢，剖開泥巴草蓆，兩手按在豬上一頓猛搓，必須經過這一步驟，才能搓掉豬體表面因高溫而形成的皺皮。接下來，調米粉成糊，均勻塗遍豬身（類似後世的掛糊），浸沒鼎中油炸。炮和炸均是外層功夫，難以熟透，炸過之後，需連鼎一起端進大鍋，投以紫蘇等調味香菜，隔水連燉三天三夜，方告成功。上席之際，臠割成塊，調和肉醬、醋等一起食用。

筆者少年讀《封神演義》，對蘇妲己勸紂王所作「炮烙」之刑印象極深。先秦酷刑，頗不乏法自烹飪之術者，這殘忍的啟發，是奴隸社會輕賤人命使然。奴隸時代，底層低賤之輩被視為狗畜，因此貴族毫無憐憫地將用於畜肉加工的技術移入刑罰。炮刑之外，尚有醢刑、脯刑、烹刑，等等。醢指剁碎，脯指曬乾、風乾，都是紂王的拿手好戲。《史記．殷本紀》：「九侯有好女，入之紂。九侯女不喜淫，紂怒，殺之，而醢九侯。鄂侯爭之強，辨之疾，並脯鄂侯。」因為嬪妃「不喜淫」，就把嬪妃之父剁成肉醬，著實喪心病狂。漢初名將彭越也遭醢刑，劉邦還饒有興致地將其分賜諸路王侯，以收震懾之效。烹刑就是用大鍋煮人，比起西方歷史上動輒把人燒死的焚刑，中國古代烹刑更為常見，東西方烤、煮之異，恰好也符合各自的烹飪習慣。西晉皇甫謐《帝王世紀》載，紂王囚西伯侯姬昌，烹其長子伯邑考，以賜姬昌，以為試探：「都說姬昌是聖人，真是聖人的話，就不會吃這碗用他兒子做成的羹。」結果姬昌不明就裡而食，紂王得意道：「怎麼樣，姬昌連吃了自己兒子都不知道，算哪門子聖人？」

烹刑大盛於周至秦漢之間，尤其是禮樂崩壞的東周，一言不合便開鍋煮人。《左傳》所載宋國伊戾、《史記》載齊國阿大夫、秦末酈食其，皆罹難於烹刑。又如楚國高手石乞，助白公勝劫持楚惠王造反，後來白公勝兵敗自縊，石乞寡不敵眾，戰敗就擒。王師逼問白公勝埋屍之處，威脅道：「不說就煮死你。」石乞道：「造反這件事，本來就是成則公卿，敗則被烹，烹就烹吧，我沒啥好說的。」從容受烹而死[4]。直到漢文帝時緹縈上書救父，這些野蠻酷刑才開始被廢除。

古人造字，精益求精，僅表示燒烤食物者，就有炮、煨、焙、燔、炙等字，細究其義，又各有不同。「炮」字從火從包，指用泥包裹而烤；「煨」指文火加熱，或將食物置於高溫的灰燼中烤熟，如煨紅薯、煨芋頭；「焙」謂微火烘烤；「燔」字強調「整隻燒烤」，《詩經．小雅．瓠葉》寫了一對好友喝酒吃燒烤，主人待客之肴，就是一頭整隻燔熟的兔子：

> 有兔斯首，炮之燔之。君子有酒，酌言獻之。
> 有兔斯首，燔之炙之。君子有酒，酌言酢之。
> 有兔斯首，燔之炮之。君子有酒，酌言酬之。

一隻兔子炮了又燔，燔了又炙，炙了又炮，《詩經》的重章疊句令這只兔子飽受折磨。關於「炙」，東漢鄭玄《禮記正義》注：「貫之火上。」意思是穿成串兒架在火上烤，這不正是現代的串燒嗎？《說文解字》則說：「炙，炮肉也。從肉，在火上。」「炙」字上半部分實際上是個橫過來的「月」字，月字作部首時，多與肉有關，像「脂肪」、「腎臟」、

「肚腹」、「肝腸」。所以「炙」字的結構，就是「火」字上一塊肉，所表何義，一目了然。

成語所謂「膾炙人口」，意思是膾和烤肉（一說切成薄片的烤肉）人人都喜愛。孟子有一次接受採訪時被問道：「膾炙和羊棗相比，哪個更美味？」眾所周知，孟老師曾深受美食選擇困難症的困擾，在魚和熊掌之間猶疑不決。羊棗俗稱黑棗，即君遷子的果實，也是當時的頂級零食，擁躉眾多，實力不容小覷。但這一次，孟子不假思索，斷然選擇了膾炙。《孟子・盡心下》：

「**公孫丑問曰：『膾炙與羊棗孰美？』孟子曰：『膾炙哉！』**」

「膾炙哉！」短短三字，斬釘截鐵，不留餘地。孟子的果斷，充分反映了烤肉地位之高，鮮有其匹，從儒家亞聖，到帝君王侯，莫不為之著迷。《帝王世紀》載：「宮中九市，車行酒，馬行炙。」紂王打造酒池肉林，運酒馱肉的車馬道路相望，其所用之肉，就是烤肉，所以酒池肉林，實為一座串燒之林。西方《格林童話》中描寫森林深處用麵包糖果搭建的魔女小屋，已頗令人神往；東方這位暴君氣派更大，逕自把整座王宮改造成一片「串燒森林」，實現了許多「吃貨」宅男的終極幻想：坐擁美女，沉迷美食，百事不理。傳說他最終自焚而死，擼了半輩子烤串，炮烙了多少良臣，最後被火燒死，洵為諷刺。

貪吃烤肉，固非紂王下場之由，禍福無門，唯人所召，取禍之道，多由人心。《韓非子．內儲說下》記有一則圍繞烤肉展開的陰謀故事：

「（晉）文公之時，宰臣上炙而髮繞之。文公召宰人而譙之曰：『女（汝）欲寡人之哽耶？奚為以髮繞炙。』宰人頓首再拜請曰：『臣有死罪三：援礪砥刀，利猶干將也，切肉，肉斷而髮不斷，臣之罪一也；援木而貫臠而不見髮，臣之罪二也；奉熾爐，炭火盡赤紅，炙熟而髮不燒，臣之罪三也。堂下得無微有疾臣者乎？』公曰：『善。』乃召其堂下而譙之，果然，乃誅之。」

是說晉文公重耳有一次吃烤肉，發現肉上繞著根頭髮，當即大怒，喚來廚師長叱問：「肉上纏了這麼一坨頭髮，你想噎死寡人？」廚師長叩頭謝罪，從容回道：「臣伏死罪，臣罪有三。」頭髮繞肉，不過一罪而已，另外兩罪從何而來？晉文公挺好奇的，問道：「何謂也？」廚師長道：「臣的切肉刀磨得有如干將劍般鋒利，削鐵尚且如泥，以之切肉，肉切碎了而頭髮卻沒斬斷，這是第一樣死罪；臣親手拿木簽一根一根串起肉塊，咫尺之近，卻沒看見這麼長一根頭髮，是第二樣死罪；烤肉的爐子炭火熾紅，肉都烤熟了而頭髮居然完好無損，是第三樣死罪。臣確實該死，不過此事蹊蹺，恐有小人栽贓，伏乞國君垂鑒。」晉文公一聽言之成理，便召集庖廚雜役嚴加審問，果然查出作祟者另有其人，意在嫁禍廚師長。機智的廚師長洗冤脫罪，陰謀者害人不成，作法自斃，被晉文公處死。

因烤肉取禍者還有南朝宋的庾悅。庾悅是東晉重臣庾亮的曾孫，仕晉為司徒右長史，相當於相府幕僚長，品秩不算太高，但權力不小。一次庾悅赴京口（今江蘇鎮江）公幹，召集府州僚佐，在東堂宴會。東堂就是練習箭術的靶場，其地寬敞，適合集會娛樂。庾悅來到東堂時，先有一群人正在習射，見庾悅要徵用場地，知道招惹不起，紛紛退避離去。只有一人不走，此人姓劉名毅，是後來追隨宋武帝劉裕起兵的大將，那時尚未發跡，亂世浮沉，貧不得志。有道是「光腳的不怕穿鞋的」，劉毅完全不怵這位領導，不但不肯離開，還上前理論：「我們這些人困頓已久，覓一遊樂之地殊非容易。你老人家恁大權力，路子又廣，要開派對，多得是地方可找，就別徵用這靶場了罷。」庾悅聽了這話，不則一聲，連看都不屑看劉毅一眼，表示極度蔑視。激得劉毅脾氣發作，你不走，那我也不走！自顧自在一旁練箭如故。少時佳餚上席，肉香四溢，自然沒有劉毅的份兒。劉毅眼睜睜看著眾人大快朵頤，饞得受不了，開口索食道：「烤鵝看起來味道不錯，有誰吃不完的，給我一塊嘗嘗（以殘炙見惠）。」這幾乎是乞討了，庾悅翻著白眼，依舊不加理會。劉毅連吃兩次閉門羹，把庾悅恨到了十足。及劉裕建宋，遷庾悅江州刺史，而劉毅軍功卓著，拜江州都督，開府儀同三司，正是庾悅的頂頭上司。可憐庾悅撞到這個冤家手裡，那是「年三十看黃曆，日子過到了頭」，先被劉毅解散了軍府，爾後數遭挫辱，忿懼交加，不日就鬱鬱而終了[5]。

世事微妙難測，恩仇之異，有時竟取決於一道烤肉的取予，庾悅因烤肉結怨致死，也有人以烤肉行恩而獲救，此人便是晉代顧榮。顧榮字彥先，吳郡吳縣（今江蘇蘇州）人，弱冠時曾仕孫吳，吳亡後入洛陽，與陸機、陸雲並稱「三俊」，名動當世。西晉「八王之亂」，趙王司馬倫慕名將其辟為僚屬，顧榮不願屈事亂臣，也清楚諸王是什麼貨色，知道此輩必無善終，每天只管置酒高會，酣醉避禍。一次筵席之上，酒炙交至，上菜的侍者川流不息。有個侍者手捧一盤烤肉呈送上堂，他一路走著，眼睛不住瞟向盤中，喉頭聳動，顯然是在大吞饞涎。顧榮瞧見，果斷將自己那一份盡數賞給了侍者。當時的公卿名流大多自命清高，講究「往來無白丁」，不屑與下人打交道，顧榮此舉立即招致眾賓客嗤笑。顧榮說：「豈有終日執之，而不知其味者乎？」你們一個個吃得油頭肥腦的，人家成天給你們上菜，卻連肉味都沒嘗過，寧有是理？後來顧榮南遁回吳，歷經兵亂，每遇性命憂危，總蒙一人死力營救。顧榮既感激又疑惑，動問起來，方知救命恩人就是昔日獲賜烤肉的侍者[6]。

這位侍者的行事頗見「士為知己者死」的戰國俠客風骨。一盤烤肉，在顧榮之輩看來不值一提，何以侍者念念不忘，以畢生之力湧泉相報呢？「推食食我」之情固然可感，還有另外一個原因，是當時肉食珍貴，為底層庶民所難得，烤肉更是珍物中的美味，貧下之民，或許終其一生也不得嘗其一臠。漢初賈誼曾利用這一點，想出一條奇計，建議將烤肉列入邊境飯館的菜單，用來引誘匈奴人歸降。他樂觀地展望了一幅圖景，匈奴人聽說大漢飲食豐足，有烤肉可吃，紛紛棄國而來，湧入漢境爭食烤肉：「以匈奴之饑，飯羹啗膹䏑，嘽潛多飲酒，此則亡竭可立待也。」[7]觀乎後世戰爭中對敵宣傳美食勸降的心理戰，賈誼此計，雖然荒誕，倒也未必無稽。

平民食菜，貴族食肉，是中古以前的社會常態，也是絕大多數人預設和接受的現實。《國語》云：「士食魚炙，庶人食菜。」飲食結構的劃分，儼然已成為階層制度了。平民通常在鄉飲酒禮和臘祀時才有肉吃，「古者，庶人糲食藜藿，非鄉飲酒、膢臘祭祀無酒肉」[8]。孟子說「雞豚狗彘之畜，無失其時，七十者可以食肉矣」[9]，恐怕只是「王道蕩蕩」的願景。因此，曹劌直接用食物為階層打上標籤，言「肉食者鄙」[10]。

鄙視肉食者的曹劌，所鄙視的並非吃肉，而是「不善遠謀」的位高之人。假使曹劌生於晉代，目睹肉食者種種侈靡荒唐，不知又該作何評語。西晉王愷，貴為晉武帝舅父，此人最出名的，一是身為《三國演義》中被諸葛亮活活罵死的司徒王朗之孫（真實歷史的王朗沒被罵死），一是與巨富石崇一系列驚世駭俗的燒錢鬥法。王、石鬥富，王愷拉上了外甥晉武帝為援，拿大內珍寶冒充自己的東西跟人家比鬥，結果石崇的創意、手筆皆高一籌，王愷鬥一次輸一次。但這人好鬥成性，每每輸得灰頭土臉，還是到處找人賭賽。有一次約駙馬王濟（妻常山公主為晉武帝姐妹）比箭，王濟從小習射，箭術精絕，史稱「好弓馬，勇力絕人」，不知王愷搭錯了哪根筋，居然挑上這麼個資深玩家較量人家擅長的玩意兒。既是比賽，便需設彩頭，王愷有一匹拉車的健牛，生得神俊非凡，奔行起來又快又穩，號稱「八百里駁」，極為珍視。王濟便提議：「在下若僥倖贏了，你這匹神牛便歸在下所有；若是輸了，賠給你一千萬錢。」王愷尋思：「嘗聞王濟是個馬癡，他覬覦此牛，無非是為了外出兜風時用來拉車，顯顯神氣。那麼就算輸給了他也無妨，這次輸了，下次找機會贏回來便是。」便答允道：「就是這樣。」話音才落，王濟抬手就是一箭，正中鵠的，王愷看傻了眼。王濟大笑，丟開弓箭，坐上胡床，叱左右道：「速取牛心來！」左右轟然應諾，牽出那「八百里駁」一刀宰了，須臾呈上一盤烤牛心，王濟只嘗一塊便揚長而去，丟下王愷獨自在風中目瞪口呆[11]。原來王濟的豪侈，殊不在王愷、石崇之下。《世說新語》載：「武帝嘗降王武子家，武子供饌，並用琉璃器。婢子百餘人，皆綾羅紈絝，以手擎飲食。蒸豚肥美，異於常味。帝怪而問之，答曰：『以人乳飲豚。』帝甚不平，食未畢，便去。」是說王濟請大舅子晉武帝吃飯，上了一道蒸豬肉，味道異常鮮美，晉武帝以天子之尊，竟也不曾領略，忍不住出言相詢，意思是讓御廚學學，回頭好經常做給朕吃。王濟道：「臣家的豬，是用人奶餵大的，所以肉質與眾不同。」晉武帝一聽，氣不打一處來，好傢伙，你這麼個法子，讓朕的御廚怎麼學？難不成朕還得給皇家養豬場配一批奶媽？那群臣的唾沫不得把朕淹死？給史官記上一筆，說民不厭糟糠，朕卻拿人乳餵豬，後世不得把朕罵死？這事萬萬做不得。身為皇帝，吃得不及臣子講究，活得不及臣子瀟灑，晉武帝越想越不平，飯沒吃完就摔下筷子氣憤地走了。

古訓原有「君子不食圂腴」[12]之說，意思是君子不應食用豬、狗的腸子。但從周天子的烤狗肝、王濟的牛心炙來看，畜類的其他內臟似乎並未禁食。馬王堆一號漢墓的遣策亦記有「犬肝炙」，由此看來，貴族食用內臟當為普遍之事。《齊民要術》又載有「牛胘炙」，就是烤牛百葉：

「老牛胘，厚而脆。剗穿，痛蹙令聚，逼火急炙，令上劈裂，然後割之，脆而甚美。若挽令舒申，微火遙炙，則薄而且肕。」

之所以選用老牛的百葉，很可能是農耕社會不輕易殺牛之故（王濟是個異類），一般情況下，需待耕牛老死方食其肉。老牛百葉厚而脆，本不易烤，《齊民要術》建議，在籤子上壓緊，猛火急烤，使牛胘上部開裂，便易於烤熟。倘不依此法，微火遙炙，那麼肉容易老，變得難以咀嚼。由此可見，古人烤肉，並非總是不加切割地大塊烤製，現代形制的串燒，彼時也已然流行。東漢訓詁專著《釋名》中描述的肉串，與如今所見者幾無二致：

「脂，銜也。銜炙，細密肉和以薑、椒、鹽、豉，已乃以肉銜裹其表而炙之也。」

意即肉切成小塊，用薑、花椒、鹽、豆豉醬醃漬入味，串滿籤子（銜裹其表），就火烤熟。《釋名》的編者劉熙是漢末人，那麼可以確定，至少在一千八百年前的中國，就可以看到貴族們手持大把籤子，橫舉於焦黃的門牙前，縱情恣意地擺動腦袋大口擼肉的情形了。設或冠服換一換，食案升一升，送上幾打啤酒，當年的風流名士、裂土豪雄，跟那些深更半夜虎踞街頭大排檔、揮舞著烤韭菜指點江山的摳腳大漢相比，不見得有啥區別。

吃完百葉，君子們的眼睛不由得瞄向了大腸。大腸富含脂肪，軟嫩筋道，畜類內臟之中，恐怕以此物最宜於炙烤，棄而不用，實在暴殄天物。何況百葉吃得，一脈相通的腸子為何吃不得？天下沒有這般道理。話雖如此，君子們還是瞻前顧後，生怕被人家指責為了吃串燒拋棄先聖「君子不食圂腴」的規訓，因此選擇烤腸時，避開「圂腴」（豬狗腸），優先選用祖訓並未明文禁止的羊腸，可謂煞費苦心。《齊民要術》記「灌腸法」：

「取羊盤腸，淨洗治。細銼羊肉，令如籠肉，細切蔥白，鹽、豉汁、薑、椒末調和，令鹹淡適口，以灌腸。兩條夾而炙之。割食甚香美。」

即羊大腸料理乾淨，羊肉剁餡兒，和蔥白、豆豉汁、鹽、薑、花椒末調勻灌入。烤熟切段，搛一塊慢慢咀嚼，滿口濃香。

秦漢以後，隔物（多是金屬或石板）炙烤及油煎也被歸為「炙」類。《齊民要術》介紹的炙蚶、炙蠣，就是鐵板烤蚶子、牡蠣。又如名為「餅炙」的煎肉餅：

「取好白魚，淨治，除骨取肉，琢得三升。熟豬肉肥者一升，細琢。酢五合，蔥、瓜菹

各二合，薑、橘皮各半合，魚醬汁三合，看鹹淡、多少，鹽之，適口取足。作餅如升盞大，厚五分。熟油微火煎之，色赤便熟，可食。」

這道菜的主料是白魚和豬肉。白魚是鯉科淡水魚，廣泛分佈於華南、西南水域；其中淮河所產，號稱「天下眾鱗誰出右」[13]；太湖白魚，則與白蝦、銀魚並列「太湖三白」，隋代為入貢洛陽的珍物，一道蘇州本幫清蒸白魚，至今鮮殺四瀆。白魚肉嫩刺細，且細刺極多，因此做餅炙需下水磨工夫：仔細挑淨魚刺，與豬肉皆剁成泥，用醋、蔥白、瓜菹（醃瓜）、薑末、橘皮末、魚醬、鹽來調和，捏成小餅，熟油微火煎至焦紅。所有食材要剁到極爛，方能成餅，若黏性不夠，可輔以雞蛋、麵粉，確保入油不會煎碎。

《齊民要術》又載一道名為「擣炙」的烤鵝肉串，特別述及在肉串上刷抹醬汁，已具今人印象中串燒的模樣：

「取肥子鵝肉二斤，銼之，不須細銼。好醋三合，瓜菹一合，蔥白一合，薑、橘皮各半合，椒二十枚作屑，合和之，更銼令調。聚著充竹弗上。破雞子十枚，別取白，先摩之，令調，複以雞子黃塗之。唯急火急炙之，使焦，汁出便熟。作一挺，用物如上；若多作，倍之。若無鵝，用肥豚亦得也。」

「子鵝」指幼鵝，鵝肉剁塊，用竹籤串紮。將醋、瓜菹、蔥白、薑、橘皮、花椒末調汁塗刷，相繼裹以蛋清蛋黃，急火烤至微焦而油脂欲滴為度。

西域人好燒烤，更甚於中原。唐代岑參駐邊之際，與會酒泉太守之宴，見識過一道驚人的大菜——渾炙犁牛：

琵琶長笛曲相和，羌兒胡雛齊唱歌。
渾炙犁牛烹野駝，交河美酒歸叵羅。
三更醉後軍中寢，無奈秦山歸夢何。[14]

「渾炙」就是整隻烤，那麼「渾炙犁牛」，顧名思義，便是烤全牛。在充滿異域情調的胡笳羌笛曲之中，太守公吩咐一聲「上菜」，侍者便推上來了一頭烤全牛。這麼一道數百斤之重的龐然大菜擺在廳上，熾烈的熱氣裹挾著濃香撲人眉髮，太守舉箸：「吃，吃，別客氣。」一場面壯觀且有些無厘頭。唐人作風豪放，我們是早已領教過的，但像烤全牛這等剽悍之物一出，還是令人瞠目結舌，難以想像，無怪乎吃到三更天才散席。

渾炙、渾蒸烹法，在唐代廣受歡迎，武則天的面首張昌宗最喜烤全驢：「昌宗活攔驢於小室內，起炭火，置五味汁如前法。」[15]唐朝中期，天子賞賜扈從禁軍，總是準備一種套娃式的全羊燜鵝：

「見京都人說，兩軍每行從進食，及其宴設，多食雞鵝之類。就中愛食子鵝，鵝每隻價值二三千。每有設，據人數取鵝。去毛，及去五臟，釀以肉及糯米飯，五味調和。先取羊一口，亦燖剝，去腸胃。置鵝於羊中，縫合炙之。羊肉若熟，便堪去卻羊。取鵝渾食之，謂之『渾羊歿忽』。」[16]

該菜屬於「釀菜」的一種，特殊之處，是以整腔羊為容器，將鵝燜熟。幼鵝去毛，掏除五臟，填充已經摻入調料拌勻的糯米飯拌肉，再將鵝塞進剝皮、去腸胃的羊腹之中，縫合後上火烘烤。炭火逼出羊肉的香氣，羊腹內的鵝好似八卦爐裡的九轉金丹，運化修煉，飽吸鮮味精華，在羊油的滋潤下，越發香嫩多汁。吃這道菜，與宴者只取吸收了羊肉鮮味的鵝食用，作為容器的烤羊則被丟在一旁，大概賞給宮人、侍者享受了。

宋代炒菜興起，燒烤的江湖地位有所下降，不過菜式依然豐富。北宋的炙腰子、酒炙肚胘、炙金腸繼承了君子們烤食內臟的優良傳統[17]；到南宋臨安美食街上轉一遭，只要手裡有錢，炙骨頭[18]、酒炙青蝦、五味炙小雞、蜜炙鵪子、蜜燒膂肉炙、潤熬獐肉炙[19]，各色下酒佳餚任君品嘗。事實上，宋人的烤肉熱情毫不遜於先輩，北宋「浮休居士」張舜民的《畫墁錄》記有一個故事：

「相國寺燒朱院舊日有僧惠明，善庖，炙豬肉尤佳，一頓五斤。楊大年與之往還，多率

同舍具飧。一日，大年曰：『爾為僧，遠近皆呼燒豬院，安乎？』惠明曰：『奈何？』大年曰：『不若呼燒朱院也。』都人亦自此改呼。」

千年名刹大相國寺，在北宋為皇家寺院。《水滸傳》中，魯智深就是在此刹看菜園子時，順便拔了棵楊柳樹。魯智深本在五臺山出家，因喝酒吃肉打架鬥毆，為僧眾所不容，才被攆到大相國寺。而據張舜民記錄，大相國寺有個和尚，廚藝一流，烤豬肉烤得極好。和尚廚藝一流不足為奇，和尚烤肉烤得好就不對勁了。寺裡成天肉香飄溢，魯智深若真到了此處，真是得其所哉，湔改守戒什麼的，那是想都不用想了。這位烤肉和尚每頓飯要烤出五斤豬肉，顯然不是只供自己食用，很可能還對外出售。和尚擅長烤肉已經很不對勁，對外出售就更不對勁了，對外出售而且生意火爆，就越發不對勁了。這和尚手藝極佳，烤肉遐邇聞名，京城人都管和尚所居下院叫「燒豬院」。方外好友楊大年問和尚：「你說你好歹是個和尚，現在遠遠近近都管你這兒叫燒豬院，你心裡能踏實嗎？」和尚說：「那我還能咋地？」倒是真性情。

和尚都練起了燒烤攤，可想大宋燒烤業何等興旺。宋元時代，大約受食療養生觀念影響，烤大腰子悄然流行開來，世存一位南宋太子——很可能是後來的宋度宗趙禥（趙禥是史上有名的風流皇帝，他即位之後耽溺酒色）的日常食單，二十六道菜中就含有三道腰子[20]，幾乎無日不食。

到了元朝「宮廷營養師」忽思慧手裡，畫風陡然一轉，烤腰子刷醬汁，刷的居然是藏紅花浸玫瑰露：

「羊腰一對。咱夫蘭一錢，右件用玫瑰水一杓，浸取汁，入鹽少許，籤子籤腰子火上炙。將咱夫蘭汁徐徐塗之，汁盡為度，食之。」[23]

花香馥郁的大腰子，真令人猝不及防，好比方才還是「許褚裸衣鬥馬超」，一晃眼畫風急轉，換成了「寶釵合藥」。忽思慧這路婉約派烤腰子，或許專供后妃享用，溫柔紅粉，漠漠芳菲，意在沖淡腰子煙熏火燎的凜冽。而藏紅花「主心憂鬱積、氣悶不散，久食令人心喜」[23]，舒懷破鬱，聊或稍解深宮女子「長門槐柳半蕭疏，玉輦沈思恨有餘」的濃稠幽怨。

宋元俗語，燒烤又稱「燒肉事件」。「事件」一詞，原指動物內臟，相當於「下水」，隨後引申開來，泛指一切烤肉。一部南宋末年的文人筆記，留下了當時貴族宴席上常見的二十五味燒肉事件：

羊羔前腿，煮熟後烤；羊肋排，生烤；麋、鹿肉、黃羊肉，煮熟後烤；野雞，雞腿生烤；鵪鶉，去內臟生烤；水紮（一種水鳥）、兔子，生烤；苦腸（小腸的一部分）、蹄子、火燎肝、腰子、膂肉（里脊肉），生烤；羊耳、羊舌、黃鼠、沙鼠、土撥鼠、膽灌脾，生烤；

羊乳房，煮半熟烤；野鴨、川雁，熟烤；督打皮，生烤；全身羊（去除內臟的全羊），架於爐中烤。

以上種種，除烤全羊外，烤時皆在籤子上插定，油、鹽、醬、調料、酒、醋等調成醬汁，翻動籤子塗拭，烤至明黃為度[22]。

明代的烤肉，看起來與今之習見者只差一味辣椒。江南才子高濂府上珍供的烤里脊：

「烘肉巴：肉巴，用精嫩切條片，鹽少醃之，後用椒料拌肉，見日一晾，炭火鐵床上炙之，食。」[24]

即里脊肉切條，鹽醃片刻，拌抹花椒末，靜置晾曬，攤在炭火鐵板上烤熟。

烤鹿肉：

「用肉皺二三寸長微薄軒，以蔥、地椒、花椒、蒔蘿、鹽、酒少醃，置鐵床上，傅煉火中炙，再浥汁，再炙之。俟香透徹為度」[25]。

即鹿肉片作兩三寸許的薄片，蔥、地椒、花椒、蒔蘿、鹽、酒略醃，鋪展鐵床之上，炭火煨炙，其間不斷沐以醃肉的醬汁，直到表裡烤透。後世流行的鐵板烤肉，乃至韓式、日式烤肉之法，概莫出此藩籬。

北京烤鴨也在明代庖廚中悄然孵育，初具神形：「炙鴨，用肥者，全體漉汁中烹熟，將熟油沃，架而炙之。」[25]高湯煮熟的肥鴨，刷油渾烤。同樣的做法也適用於烤驢腸：「漉汁烹熟，復沃香油，炙乾。宜蒜醋。」[25]驢腸煮熟，澆淋香油烤乾，佐蒜泥和醋。

自明徂清，北京烤鴨進化趨於完善，有詞為證：「爛煮登盤肥且美，加之炮烙制尤工。此間亦有呼名鴨，骨瘦如柴空打殺。」[26]《清稗類鈔》中注：「填鴨之法，南中不傳。其製法有湯鴨、爬鴨之別，而尤以燒鴨為最，以利刃割其皮，小如錢，而絕不黏肉。」鴨用填鴨，烤後片取銅錢大的鴨皮饗客，皆如今法。

清人慣以肴饌之品命名酒席，有燒烤席、燕菜席、魚翅席、海參席、三絲席（雞絲、火腿絲、肉絲）、全羊席、全鱔席、豚蹄席種種。燒烤席奉為諸席第一，稱之「滿漢大席」，認為是無上上品。凡富貴人家，張置盛筵，必含燒烤，大者烤乳豬、烤全羊，小者燒方（一整塊烤豬肉）、烤鴨。酒過三巡，呈上席來，廚師、僕人衣禮服而入，手持小刀當客臠解，盛於碗碟之器，僕人屈一膝，將第一器奉與首座貴客，貴客拾起筷子嘗過後，其他人才紛紛下箸[27]。清代重烤肉，與滿人食俗有關，那時滿人貴族家遇祭祀喜慶，必請客吃肉。請客不發帖子，唯以聲傳，且「來的都是客」，縱使是陌生人登門，也一般款待。這一餐遵從古式，眾賓席地而坐，廚子捧出一盤盤十幾斤重的大肉塊，賓客解下腰帶上所佩小刀隨意割取，就著滾燙的肉湯、甘冽的白乾兒，大快朵頤，「添肉」之聲不絕於耳，主人毫不心疼——按照習俗，客人吃得越多，主人越感欣慰。滿人食風使然，為北方尤其是京津一帶的飲食打上了鮮明烙印。乾隆、嘉慶年間，北京城裡有位風雅的廚子，姓楊，烤肉一絕。他的餐館大門上釘著一塊牌額，上書「絲竹如何」，這是對「絲不如竹，竹不如肉」的有意曲解，意思是天地之間，以大口吃肉為第一賞心快意之事[27]。一部清代初、中期飲食的集大成之作《調鼎集》，記錄了上流社會最風行的「滿漢席」之滿席的配菜標準，觸目皆是整隻烤、蒸的豬羊雞鴨，抑或大塊蹄膀、排骨：

「全豬、全羊、八斤重的燒乳豬、掛爐烤鴨一對、白蒸乳豬、白蒸鴨一對、扒乳豬、糟蒸乳豬、香鴨、六斤重的蒸肘子、白蒸雞、白煮烏叉（蒙古人的全羊）、松仁煨雞、五斤重的胸叉肉、燒肋條、白煮肋條、豬骨髓、羊照式、肉丸火腿海參燒羊腦、大蒜筍片肉絲炒羊肚、糟羊尾。」

上列許多肴饌而今早已合流，不復滿漢之分。實際上飲食歷史，也正是炊具改革、食材發現和文化融合的歷史。百萬年前，山林間一簇天火刺穿夜空，千秋萬代的烹飪從此明確了航向。人海茫茫，每個人顒望燈塔，義無反顧地首途，前路風號浪吼，但他們終會相遇。

注釋

1 〔唐〕劉恂《嶺表錄異》。
2 〔北宋〕孔平仲《子明棋戰兩敗輸張遇》。
3 〔東漢〕鄭玄《周禮注》。《禮記・內則》所載無「炮牂」，而代之以「糝」。
4 《左傳・哀公十六年》。
5 《晉書・劉毅傳》，《南史・庾悅傳》。
6 《晉書・顧榮傳》，《世說新語・德行》。
7 〔西漢〕賈誼《新書》。
8 〔西漢〕桓寬《鹽鐵論》。
9 《孟子・梁惠王上》。
10 《左傳・莊公十年》。
11 《世說新語・汰侈》。
12 《禮記・少儀》。
13 〔南宋〕楊萬里《謝葉叔羽總領惠雙淮白二首其二》。
14 〔唐〕岑參《酒泉太守席上醉後作》。
15 〔唐〕張鷟《朝野僉載》。
16 〔唐〕盧言《盧氏雜說》。
17 〔南宋〕孟元老《東京夢華錄》。
18 〔南宋〕周密《武林舊事》。
19 〔南宋〕吳自牧《夢粱錄》。
20 〔南宋〕司膳內人《玉食批》。
21 〔清〕畢沅《續資治通鑒》。
22 〔元〕陳元靚《事林廣記》。
23 〔元〕忽思慧《飲膳正要》。
24 〔明〕高濂《遵生八箋・飲饌服食箋》。
25 〔明〕宋詡《竹嶼山房雜部》。
26 〔清〕嚴辰《憶京都・填鴨冠寰中》。
27 〔民國〕徐珂《清稗類鈔》。

千年一麵

四千年前的一天，在位於今天青海省民和縣官亭鎮喇家村的地方，平靜的生活在一個原始聚落裡慢慢流淌。居民們大約剛剛進食過早餐，如同往日一樣，垂髫孩童相聚遊戲，或依母親身前撒嬌弄癡；女人懷抱幼兒，閒話家常；成年男子多已出門，留下幾個少年在家做些輕鬆的勞作。誰也不曾料到，一場滅頂之災會突然降臨：大地劇烈震動，簡陋的房屋不堪一擊，立即坍塌，地震引發的山體滑坡和泥石流接踵而至，剎那間吞沒聚落，將他們的生命永久定格。

西元兩千年，中科院考古研究所聯合青海省文物考古研究所正式展開對青海省民和縣喇家遺址的考古發掘。在遺址北區，考古人員清理出數十具古人類遺骸，在其中一座房屋遺址的東牆下，跪坐著一具成年女性的骸骨，她背靠牆壁，面朝房屋入口，右手撐地，左手環抱著一個嬰兒，臉頰緊貼嬰兒頭頂。雖然無法重現她的面部神情，但後人還是能從她的這一姿勢，想像到這位母親臨終前巨大的恐慌和無助。在她的西南方向，另一個成年女性的骨骸面朝門口，雙手向後張開，拼命把四個孩童護衛在身後。該房的鄰室，俯臥著一個成年女性的遺骸，她朝向房門，身軀下緊緊摟著一個嬰兒，她的身後，還有一個背向大門，匍匐在地的兒童[1]……

四千年前的瞬間，凝固成為永恆，在生命的最後一刻，鑄就了永不磨滅的人性豐碑。突如其來的災難，封印了一切生活細節，喇家遺址彷彿一片歷史的樹葉，為樹脂所包裹，沉入泥土，凝化為淚珠般的琥珀。除了腐朽和死亡，這裡的一切仍維持著四千年前的模樣，包括一碗未及食用的麵條。

二〇〇二年，考古人員從遺址二十號房舍內清理出一批保存完好的陶器，其中一隻籃紋紅陶碗靜靜地倒扣在地面上。揭開碗時，一盤彎曲蜷繞、總長超過半公尺的麵條赫然現身[2]，淡淡的米黃色澤，兀自保留著食物天生的誘人風情，令人忍不住想要加熱一嚐。這碗世界現存最古老的麵條，也許是四千年前一個平凡的妻子留給丈夫的早餐。地震打翻了陶碗，泥石流厚厚掩埋，密閉封存，使陶碗內部形成半真空狀態，西北地方乾燥的環境，進一步阻止了有機物的腐敗，於是這碗終究沒能等到良人歸來享用的麵條，一直留到了今天。

回首四千年前的農業版圖，那時小麥剛剛走完它的史詩旅程，穿過莽莽絕域，從西亞來到中國落地生根[3]。中國麥作農業萌芽不久，規模不大，北方地區種植最廣的是粟（小米）和黍（黃米）。而喇家遺址的麵條，正是帶殼的粟混合少部分的黍所製成的。麵條樣品分析還檢測到了油脂和動物骨頭碎屑[4]，說明它搭配了豐盛的肉塊，是一碗經過調味的爊肉麵。小米缺乏麵筋蛋白，極難塑形，且中國的麵粉磨製技術要到距此兩千年後的漢代才得以普及，也就是說，在這碗麵條所處的時代，技術不成熟，原材料也不合適，但它竟然被製作了出來。可以想見，從脫粒、磨粉、和麵到揉撚，整個過程何其不易，它凝聚著一位妻子或母親長長的情愫，千載之下，猶可體味。

泥土掩埋了喇家古麵條，也掩埋了此後兩千年的中華麵條史。直到東漢以前，傳世文獻和考古資料再未出現過麵條的身影，不論是周天子古怪而龐雜的食單，抑或諸子列侯獻酬交錯的宴饗，均難覓其蹤。

先秦主食，不論蒸、煮、烘、油煎，清一色用的都是穀粒，南方人蒸米而食，北方人吃的是粟、稷或黍蒸飯。其實粟、稷、黍，包括小麥在內，都並不適合整粒蒸食。拿小麥來說，小麥籽粒種皮堅硬，蒸煮不易軟爛，整粒進食難以咀嚼，也不利於消化吸收。而且上古時代糧食加工粗率，「舂之於臼，簸其秕糠，蒸之於甑，爨之以火，成熟為飯，乃甘可食」[5]。舂搗脫殼，簸箕揚一揚，接著上甑便蒸。漫說杵臼舂搗的脫殼效率低下，大量穀粒殼不能脫盡，即令是所謂精挑細選甄選而出的「精粹」，嚼起來也同樣費力，一口飯含在嘴巴裡，需鼓動腮頰，使勁兒嚼上半天。當年周公為了會客，一飯三吐哺，就是因為急切間嚼之不爛，客人來了，總不能含著滿口飯渣跟人家見面吧，所以只好吐出來。設或周公吃的是麵條，唏哩呼嚕三下五除二咽將下去，哪裡用得著反反覆覆地吐個沒完。

蒸煮的麥飯，長久被視為野人農夫之食，一些孝子居喪期間，只吃麥飯，以示樸素克制，表達孝思。平民人家，麥飯卻是日常主食，底層黎民食用麥飯的歷史極長，一直到明代，麥飯才逐漸淡出了百姓的餐桌，退居為祭祀遺饗。南宋時期，鄉村人家仍在蒸麥飯為食，按照陸游的描述，縱使豐稔之歲，農民也普遍選擇蒸製麥飯，而不是磨製麵粉：

歌起陂頭正插秧，梯斜籬外又劙桑。
日長處處鶯聲美，歲樂家家麥飯香。[6]

小麥轉換為麵粉期間勢必產生損耗，深知稼穡艱辛的藜藿之民，珍視寸絲粒粟之微，他們節儉的生活觀，不能容忍像磨麵這樣「奢侈」的浪費。達官貴人食麥飯，則多被譽為清廉之舉。光武帝劉秀早年戎馬倥傯之際，曾親自在灶前烘衣服，吃麥飯充饑，《後漢書》為此大書一筆：「光武對灶燎衣，異復進麥飯、菟肩。」頌揚皇上吃苦耐勞，勤儉節約。

粒食粗糲難嚼，麵食問世乃是大勢所趨。西漢以降，麥作區域大幅擴張，從華北平原到河西走廊以東，平坦低溼的土地幾乎悉為小麥佔據。同一時期，磨麵利器旋轉石磨走紅全國，有能力的家庭競相置備。家裡擺臺台石磨，說明糧食充裕，吃得起麵粉，不在乎那點加工損耗，石磨儼然成了優渥家境的象徵。西漢部分時期民風不淳，攀比成風，一家置辦，家家步武，就算吃不起麵粉的，好歹也得搞一臺放在家裡充充門面。不過話說回來，搞都搞來了，為啥不用？就算自家吃不起麵粉，磨製販售，也是不錯的外快，於是在石磨轉動的軋軋聲中，麵食悄然流行開來。

麵條誕生於新石器時代，是麵食家族絕對的元老，爾後不載經傳，豹隱市野，神龍見首不見尾，逍遙了兩千多年。到東漢，終於有人想起這位老前輩，把它請回簡帙。東漢劉熙的

《釋名》談及「餅」時，提到了兩個指稱麵條的概念：「湯餅」和「索餅」。按照劉熙「隨形而名」的注腳推測，前者是就烹製方式而言，指一切下入熱湯的麵食，包括麵條、麵片、甚或如棋子大小的棋子麵之類；後者是就形狀而言，「索」之一字，既指出了麵條的繩索之狀，亦點明了揉握搓撚的製作手法，特指細長形的麵條，不拘於湯麵、蒸麵。麵條的這兩個概括性別稱，一直沿用到明清。

那時最好的湯麵，湯是「三牲之和羹」，用豬骨、牛骨、羊骨熬製，眾味調和相濟的高湯；麵是初夏新麥磨製的「蕤賓之時麵」。揉麵師傅手藝高絕，成品麵條弱似春綿，白若秋練，「細如蜀繭之緒」，沒入湯中「靡如魯縞之線」，就像沉水的冰紈素絲那樣彷彿溶化不見[7]，舉箸一撈，掛滿箸梢，這才驚覺那不是幻術，神妙至斯，眩目奪神。伴隨著吮吸的快感，它潤滑的身體溫柔繞過舌尖，令人欲罷不能，一時多少食客拜倒在麵條的銷魂滋味下。宮廷御廚當然也不會遺漏，將其納入萬方玉食。吃過菟肩蓋飯的光武帝劉秀有沒有吃過麵條，史無可考，但他的七世孫——漢質帝劉纘肯定吃過，不僅吃過，而且把命吃進去了。

東漢永憙元年（西元一四五年），梁太后之兄，大將軍梁冀扶立年僅八歲的劉纘為帝。幼君委裘，梁太后臨朝，以梁冀輔政。梁冀是中國歷史上外戚專權的典型，威行內外，權傾天下，朝中大小政事皆由他一言而決。百官任命升遷，需先至他府上謝恩，再向尚書台報到。遼東太守侯猛不吃這套，拜官後不去禮謝，居然被他砍了腦袋。汝南袁著上書請削其權，被他派人追殺，袁著百計避匿，易名改姓，又佈設疑陣，弄了個假人扮成自己入棺下葬，宣示死亡，仍是避不開梁冀的耳目，被他拿住，活活打死。袁著的一位好友只因株連之罪，全家六十餘口全數被殺。這樣一個殺人狂魔陪伴君側，那就不是「伴君如伴虎」，而是「君入虎口」了。然而幼主沖齡，童言無忌，哪裡曉得厲害，一次看梁冀驕橫，衝口便道：「此跋扈將軍。」梁冀聽了這話，勃然大怒，回頭就安排宮人在皇帝進食的湯麵中投毒。劉纘飯後難受異常，臥床不起，急召太尉李固進宮。李固問道：「陛下何故難受？」劉纘那時尚能開口說話，忍痛說道：「朕剛吃過湯麵，肚內劇痛，口渴得緊，給朕找些水喝。」梁冀站在一旁，陰惻惻地道：「不行，喝了水要吐的，別喝了罷。」這一句話徹底絕了劉纘的生路，他強撐的一口氣登時渙散，死在榻上[8]。

十二年後，梁冀惡貫滿盈，被漢桓帝清算自殺，全族夷滅。但東漢王朝亦病入膏肓，殺了梁冀，冒起了宦官五侯，去了五侯，又出了個何進，誅了何進，又出了個董卓，朝綱掃地，天下騷然，終為曹魏篡代。篡漢自立的魏文帝曹丕，是歷史上好奇心最強的君主之一，號稱「窮覽洽聞」、「於物無所不經」。他身為九五之尊，居然寫了一本靈異故事集，題為《列異傳》。此書的性質，跟干寶的《搜神記》一樣，書中收有大量臣子家的八卦奇聞，以及民間超自然事件，著名的「宋定伯捉鬼」便首見該書，自古皇帝寫靈異志怪鬼故事的，大概曹丕是獨一份。不曉得一個雅好搜奇、愛聽八卦的皇帝，平日跟臣工相處是怎樣的光景，也許每每常朝之末，少不得囑咐一句：「眾愛卿有八卦就啟奏，沒有就退朝。」曹丕的好奇性子，體現在各個方面，也包括飲食。前章提到，他叫人蒸了一鍋洛陽稻米，親自體驗後，慷慨激昂地發表了吃後感，現身說法，證明魏國粳稻不遜吳楚名米。他還手植過甘蔗，觀察其生長習性：

掘中堂而為圃，植諸蔗於前庭。
涉炎夏而既盛，迄凜秋而將衰。[9]

曹丕曾與鍾繇合作，推出了九宮格火鍋的先驅「五熟釜」。《三國志．魏書．鍾繇傳》：「文帝在東宮，賜繇五熟釜，為之銘。」注引《魏略》：「繇為相國，以五熟釜鼎范，因太子鑄之。釜成，太子與繇書曰：『昔有黃三鼎，周之九寶，鹹以一體，使調一味，豈若斯釜，五味時芳。』」這段記載明確指出，五熟釜分為五格，可同時烹煮五種食物，已然具備九宮格火鍋的形韻。

有一年夏末秋初，餘暑未散，曹丕醉酒宿醒，口渴煩悶。侍者呈上一盤葡萄，那葡萄是新摘的，兀自帶著露水。果肉入口，遍體清爽，曹丕吃得停不下來，越吃越開心，忍不住又大發議論，提筆給別人寫了一封信分享葡萄的好處，說這種水果清甜多汁，光是想想就口齒生津，喉頭咽唾；真到吃的時候，腦皮層持續「爆炸」，喜歡得連甄姬都忘了：「甘而不餌，脆而不酸，冷而不寒，味長汁多，除煩解倦……道之固以流涎咽嗌，況親食之邪……即遠方之果，寧有匹者乎？」[10]

曹丕自己在炎夏吃著葡萄除煩解倦，卻勒令妹夫吃熱湯麵。曹丕有個妹妹，封金鄉公主，招的駙馬是曹操眾多養子之一，姓何名晏。何晏長得極為秀氣，玉面丹唇，膚白俊美，愛打扮，還喜歡嗑五石散，這種重金屬丹藥吃多了，本就白皙的臉上更是白得沒點血色。曹丕打小就看這油頭粉面的小子不順眼，後來見他的臉越來越白，不禁懷疑：難道這廝偷用了我妹妹的脂粉？他好奇性子發作起來，不可抑制，非把這事查清楚不可。但如何驗證呢？總不能把何晏喚到御前，伸手去捏他的臉吧？倘使讓何晏誤會自己癖好斷袖，可就尷尬至極了。思來想去，曹丕想到一個主意，傳召何晏進宮，說是要請他吃飯。那時正是盛夏，侍者捧來一大碗滾燙的湯麵，這是皇上賞飯吃，何晏豈敢遲疑，顧不得燙口，舉箸就吃。三兩口吃得大汗淋漓，隨手舉起衣袖拂拭面額。曹丕坐在上首，目不轉睛地緊盯著，只見何晏那張俊臉被熱氣一逼，白裡泛紅，愈發俊俏，並沒有出現汗浸脂粉、抹個大花臉的情形，這才釋去疑心[11]。

荊楚一帶，流行六月伏天吃湯麵辟邪之俗[12]，其他地區，盛暑時節請人吃湯麵則不太常見。西晉人束晳作《餅賦》強調說，湯麵最宜冬季食用禦寒：「玄冬猛寒，清晨之會，涕凍鼻中，霜凝口外。充虛解戰，湯餅為最。」嚴冬寒晨的聚會，大家凍得乞乞縮縮，鬍子上沾滿了冰碴子，鼻管都凍堵塞了。這時來一碗暖烘烘的湯麵，真彷彿是雪中送炭，四肢百骸無不熨貼。只苦了那些侍候主人的書童奴僕：「行人失涎於下風，童僕空噍而斜眄。擎器者舐脣，立侍者乾咽。」眼巴巴地瞧著，饞得魂不守舍，卻沒資格染指，足見那時吃麵乃是上流階層的享受。

「水引餅」便是深受上流社會歡迎的一種湯麵。蕭道成草創南齊之前，時與好友何戢歡宴。何戢細心體貼，清楚蕭道成所好，每置水引餅款待[13]，蕭道成吃得流連忘返。蕭道成體格肥胖，大腹便便，他那副大肚腩，說不定正是在何府上吃麵吃出來的。漢魏時代諸種麵條，多半造法失考，所幸北魏賈思勰的《齊民要術》（《齊民要術》撰於北魏、東魏之間）保留了水引餅的製作教程：

「細絹篩麵，以成調肉臛汁，待冷溲之。水引：挼如箸大，一尺一斷，盤中盛水浸，宜以手臨鐺上，挼令薄如韭葉，逐沸煮。」

水引餅有三大特點：一是不用清水，只取肉湯和麵；二是將麵團搓到筷子粗細，截斷成尺把長的麵條時，要先在水裡浸一會兒，浸泡令部分澱粉析出，麵筋比提高，口感更勁道；三昪麵片極薄，薄如韭葉，手臨鍋邊，隨撚隨下。這樣的麵條，占得鮮、勁、滑三字，難怪讓一代梟雄蕭道成欲罷不能。還有一路做法，是把肉湯換成茶湯，魏晉六朝那些清雋自許，脫略狷介到似乎一陣風吹過就要飛升成仙的雅士，最好這一口。茶水經細絹過濾，倒入極細的麵粉中調和，麵團揉到剛軟適中，水浸拉長。茶湯揉造的水引餅，據說有代茶的作用，「羹杯半在，才（原文為「財」）得一咽，十杯之後，顏解體潤」[14]，提神醒腦，潤膚開顏。

在蕭道成們看來，冬天固然要吃湯麵，夏天恐怕也不忍捨棄，只是麵與清爽不可得兼，殊為恨事。千百年來，不知多少老饕，只為割捨不下那口濃腴，甘願頂頭酷暑，揮汗如雨，啜吸麵條。至晚到唐代，這千古遺憾終於得以解決，杜甫便身受其惠，一次過足嘴癮，骨清神爽之餘，興奮揮毫寫道：

青青高槐葉，采掇付中廚。
新麵來近市，汁滓宛相俱。
入鼎資過熟，加餐愁欲無。
碧鮮俱照箸，香飯兼苞蘆。
經齒冷於雪，勸人投此珠。
願隨金騕褭，走置錦屠蘇。

路遠思恐泥，興深終不渝。
獻芹則小小，薦藻明區區。
萬里露寒殿，開冰清玉壺。
君王納涼晚，此味亦時須。

這首詩題名《槐葉冷淘》，「淘」字作「汁液拌和」解，槐葉冷淘，便是槐葉榨汁和出來的涼麵。其降溫之法大概有二，或吊在井裡冷透，或直接過涼水。此麵色呈碧綠，冷卻之後，經齒似雪，入喉透心。再佐以香菜（藿香等芳香植物的葉子）、茵陳、冰藕之類[15]，火傘高張時節，吞下一碗，彷彿「振衣千仞岡」（出自左思《詠史八首》），風滿襟袖，肺腑皆沁。

杜詩心懸魏闕，三句話不離君國，自己吃得舒服了，還惦記著把這好東西覲獻皇上，因道：「君王納涼晚，此味亦時須。」考《唐六典》「夏月加冷淘粉粥」以及南宋朱翌《猗覺寮雜記》注「太官令夏供槐葉冷淘」，看來皇上們早就享過這份口福了。另一位純粹的「吃貨」蘇東坡在吃冷淘時，就沒有餘暇像杜甫這般思緒聯翩，東坡先生一旦遇到美食，便滿心唯剩個「吃」字：

枇杷已熟粲金珠，桑落初嘗灩玉蛆。

暫借垂蓮十分盞，一澆空腹五車書。
青浮卵碗槐芽餅，紅點冰盤藿葉魚。
醉飽高眠真事業，此生有味在三餘。[16]

「吃貨」的人生之樂，莫過於蹭吃蹭喝。蘇東坡也喜歡蹭吃蹭喝，但他畢竟有頭有臉，不好意思總是空著手到人家裡白吃。這次去吃槐葉冷淘，也許是怕人家不給白吃的緣故，很細心地帶了桑落酒和鱸魚作禮物。桑落酒是新釀的，酒裡還浮著白色的酵米（玉蛆）。主人很高興，說了許多客套的話，東坡先生心思全在食物上，只見冷麵撒著碧綠的槐芽，紅殷殷的生魚片陳列冰盤，主人說了些啥，大概一句也沒聽見。

唐朝東都洛陽又有一家名店，經營「水花冷淘」。這家冷淘鋪子開在洛陽郊外一泓清泉之畔，那泉名叫「野狐泉」，水色澄碧，四季長流，石岸一帶細柳如煙，夏日正宜遮陽。煮麵、釀酒，都是就近取用泉水，酒不是用來喝的，而是用來和麵的，加入米酒，麵團微微發酵，麵條口感倍加細膩綿軟。鋪子的主人是一位姥姥。姥姥年紀已經不輕，但手法依舊迅捷無比，她使一口吳刀削麵，調和土釀米酒揉製的麵團，隨著刀光閃爍，化為漫天花雨，灑落湯中，激起水花點點。觀者想要鼓掌稱讚，才拍了一下手掌，那麵早已削完了。姥姥宛如一位幻術師，隱身在氤氳的熱氣裡，不聲不響地幻化出一碗碗涼麵。食客目眩心驚，既饜口腹，又飽眼福，大有不虛此行之慨，水花冷淘名動京洛，富豪子弟競相攜金就食[17]，活脫脫是家大唐網紅店。

宋代流行一句俗諺：「冬餛飩，年餺飥（湯麵）。」[18]建議春節吃麵。到了明清，這句話卻變成了「冬至餛飩（餃子）夏至麵」。所謂夏至麵，指的就是當時北京（北宋的北京為大名府，今河北大名縣）號稱「天下無比」的冷淘[19]。

兩稅法的實施，明確將麥納入稅收範疇，唐代小麥產量隨之猛增，各色麵食蔚為大觀，麵條也日益普及。過生日吃長壽麵之俗，很可能肇始於唐代。南宋朱翌《猗覺寮雜記》云：「唐人生日多具湯餅。」馬永卿的《嬾真子》中也有記載：「世所謂『長命麵』者也。」早在魏晉之世，民間就時興端午節於臂上繫五彩絲繩，呼為「長命縷」。唐人好口彩，結婚納采都要送長命縷，圖個吉祥平安。那麼同樣細長如絲線的麵條被稱為長命麵，安排在生辰食用，也就合情合理了。古人避忌講究極多，像生日、本命年這些與出生時間有關的年日更需留神，否則就會「犯沖」，今天民間還留有若干本命年躲災傳統，譬如穿紅襪子、紅內衣云云，為該俗信的餘緒。生日吃麵的初衷，或許與端午節佩長命縷及本命日、本命年躲災一樣，原是為辟邪去惡，後來祓禳的色彩慢慢為祝福之意取代。祝福的對象，不獨限老人，弄璋之慶，新生兒的父母也會請客人吃麵。唐代進士張盥出生時，張家擺酒慶賀，劉禹錫受邀與宴，吃的就是麵條。轉眼張盥長大成人，要進京赴考，劉禹錫猶記得當年席間所食湯麵之味，寫詩相贈，助他掛帆滄海，獵取功名：

爾生始懸弧，我作座上賓。

引箸舉湯餅，祝詞天麒麟。

爾今持我詩，西見二重臣。

成賢必念舊，保貴在安貧。

清時為丞郎，氣力侔陶鈞。

乞取斗升水，因之雲漢津。[20]

……

以上所舉的例子，可能會造成唐朝人人有麵條吃的印象，其實不然。麵粉價格不菲，麵條製作費時，底層小民無力備辦，大多數人的每日主食仍是蒸粟飯和蒸麥飯。甚至王爵之尊，有時想吃碗麵條，也不能輕易得到。唐玄宗李隆基發跡前，是個八竿子打不著皇位的郡王。那時他娶了軍中一位王姓將領的女兒為正妃，與軍人聯姻，有助於爭取軍方好感，也為他日後動員軍隊發動政變打下了基礎，不過那是後話了。做郡王的時候，沒人能料到他將來竟能身登大寶，因此很少有人巴結他。郡王時期的李隆基窮得很，過生日連口麵條都沒得吃，岳丈瞧著心疼，拿出自己一套限量款潮牌紫半臂（短袖上衣）換了一斗麵粉，替李隆基做壽麵，李隆基感動得稀里嘩啦。後來李隆基登極為帝，髮妻王氏晉位皇后。當了皇帝的李隆基，心態、條件皆不同昔日了，且不說後宮三千佳麗，單一個千嬌百媚的武惠妃，足以勾留君王不早朝。皇后王氏久無所出，色衰恩弛，眼見武惠妃日益得寵，玄宗日漸冷漠，安全感碎了一地。她不斷找機會重提往事，希望以當年相濡以沫的患難情分打動玄宗。玄宗聽皇后提起「陛下獨不念阿忠脫紫半臂易斗麵，為生日湯餅邪？」亦憫然動容。不過舊愛總是難敵新歡，開元十二年（西元七二四年），王皇后被廢為庶人，未幾淒涼而終[21]。

宋代市民經濟勃然興起，村野之地也可見煮麵營生的小食攤，庶幾為麵條平民化的標誌。陸游的《老學庵筆記》中記錄了一個故事，說蘇東坡和黃庭堅同時被貶，兩人謫途偶遇，相約吃飯。山鄉荒野，沒啥好吃的，便在路邊買了份麵條將就著對付。村野麵食磨製不精，泥沙、麩子混雜麵中，不勝揀剔，粗惡難咽。黃庭堅吃了一口就吃不下了，筷子一扔直歎氣。蘇東坡呼嚕嚕一口氣吃完，擦擦嘴，看著一旁愁眉苦臉的患難好友哈哈大笑，揶揄道：「怎麼著，九三郎，吃這種麵條你不囫圇吞，難道還打算細嚼品嘗？」

蘇黃遇到的，是「下等人求食粗飽」，代表當世做得最粗的麵條。宋代隱士食譜《山家清供》所載「梅花湯餅」，則可謂另一個極端：

「泉之紫帽山有高人，嘗作此供。初浸白梅、檀香末水，和麵作餛飩皮，每一疊用五出鐵鑿如梅花樣者，鑿取之。候煮熟，乃過於雞清汁內。每客止二百餘花，可想一食亦不忘梅。後留玉堂元剛有和詩：『恍如孤山下，飛玉浮西湖。』」[22]

浸過白梅花、檀香末的水和麵做餛飩皮大小的麵片，用梅花形的鐵模子印刻麵片，成梅花五出之狀，下水煮熟，過入吊好的雞清湯饗客，供應限量，每客僅限兩百片。雞湯鮮美，白梅暗香浮動，奇異的味覺組合層次豐富，有位食客形容得妙：「恍如孤山下，飛玉浮西湖。」

還有更雅致的：直接採新開的梅花花瓣榨汁，用花汁和麵，薄擀縷切成絲，急火煮之，候熟投冷水過涼，隨意浸以豬、羊、雞、蝦、蟹等高湯。味既甘美，色更鮮翠，窮靈盡妙，號稱「翠縷冷淘」[23]。這樣清高拔俗的吃法，若非古籍言之鑿鑿，今人未必敢信。

山野清供已如此不同凡響，九陌京華，琳琅珍味，更不知多少。北宋汴京市肆上，有「生軟羊麵」、「桐皮麵」，四川風味的「插肉麵」、「火燠麵」，南方風味的「桐皮熟膾麵」[24]；南宋臨安，有「豬羊庵生麵」、「絲雞麵」、「三鮮麵」、「魚桐皮麵」、「鹽煎麵」、「筍撥肉麵」、「炒雞麵」、「大麃麵」、「子科澆蝦燥麵」、「銀絲冷淘」、「大片鋪羊麵」、「炒鱔麵」、「卷魚麵」、「筍辣麵」、「筍菜淘麵」[25]。吳自牧卻稱臨安城的麵館「非君子待客之處」，有身份的客人，以及正兒八經請客的人都不會踏足，這裡只是里巷負販、芻蕘小民平時果腹的去處，此為麵條普及化的一證。

宋代麵條向細長化發展，並開始搭配各種葷素澆頭（指加在盛好的飯或麵上的菜，主要是供調味和裝飾之用）。一份江南家常水滑麵，澆頭就包括芝麻醬、杏仁醬、鹹筍乾、醬瓜、糟茄、薑、醃韭菜、黃瓜絲和煎肉[26]，簡樸而豐饒。元明時期，出現了接近現代水準的肉臊子麵：臊子選嫩豬肉，肥瘦各半，去筋去皮切丁，水、酒煮半熟撈起。將水傾去，重新燒鍋，次第下入豬油、肥肉臊子、瘦肉臊子、醬、香椒、縮砂仁、蔥白翻炒，出鍋前以綠豆粉勾芡[27]。

當此之時，麵條發展趨於成熟，掛麵、扯麵絡繹問世。元人忽思慧《飲膳正要》：「掛麵，補中益氣。羊肉一腳子切細乞馬，掛麵六斤，蘑菇半斤洗淨切，雞子五個煎作餅，糟薑一兩切，瓜菹一兩切。右件用清汁下胡椒一兩，鹽、醋調和。」羊肉、蘑菇、雞蛋、糟薑、醃瓜，饒美的配角陣容，踵事增華，滋養得麵條味道益發動人。扯麵是今天拉麵的前身，若有機會走進明代廚房，或許可以欣賞到形韻彷彿後世的魔術「麵團秀」：

「用少鹽入水和麵，一斤為率。既勻，沃香油少許，夏月以油單紙微覆一時，冬月則覆一宿，餘分切如巨擘。漸以兩手扯長，纏絡於直指、將指、無名指間，為細條。先作沸湯，隨扯隨煮，視其熟而浮者先取之。齏湯同前制。」[28]

麵點界有句老話，叫作「鹽是骨頭鹼是筋」。鹽水和麵，麵粉的蛋白分子陣列變得緊密，這是麵條勁道的祕訣。略略醒發，繞指抻拉，成品細勻而不斷，需要嫻熟的技巧。清代麵師又有新創見，他們使用鹼改良麵團延展性，麵條被拉得更細，口感更彈。自然界的鹼不難獲取，西北地方砂地、山坡和石灘生長著大片白莖鹽生草，燒成灰燼，就是後世蘭州拉麵必備的「蓬灰」。清代，拉麵又名「桢條麵」，山東、河北、山西、陝西製作尤其出色，薄如韭葉，細於掛麵，甚至能成三棱之形：

「其以水和麵，入鹽、鹼、清油揉勻，覆以濕布，俟其融和，扯為細條，煮之，名為『桢條麵』。其法以山西太原平定州，陝西朝邑、同州為最佳。其薄等於韭菜，其細比於掛麵，可以成三棱之形，可以成中空之形，耐煮不斷，柔而能韌，真妙手也。」[29]

嗜吃螃蟹，人稱「蟹仙」的清初才子李漁，對於飲食之道，秉持著近乎偏執的要求。李漁原名叫仙侶，字謫凡，號天徒，整個人仙氣繚繞，就是吃碗麵，也吃得出塵脫俗，卓爾不凡。李漁很少光顧麵館，在他看來，外間麵條皆無足觀，最好的麵條出自他自家廚房。他以為，尋常煮麵，入料於湯，令湯有味而麵無味，是喧賓奪主，食客評價麵條，實際上多半是在評價麵湯和澆頭，麵條本身卻往往被忽略了。

為給麵條正名，李漁倡議將作料混入麵粉。他親自指導家廚炮製了兩種麵，一名「五香麵」，一名「八珍麵」，前者自己享用，後者款待客人。所謂五香：醬、醋、花椒末、芝麻、筍或蕈菌煮蝦之湯。筍、蕈、蝦皆極鮮靈物，取此湯代水和麵，麵擀得極薄，切得極細，下麵之時，毋庸再求肉、雞高湯，而精粹之味已盡在麵中了。

「所製麵有二種，一曰『五香麵』，一曰『八珍麵』。五香膳己，八珍餉客，略分豐儉於其間。五香者何？醬也，醋也，椒末也，芝麻屑也，焯筍或煮蕈、煮蝦之鮮汁也。先以椒末、芝麻屑二物拌入麵中，後以醬、醋及鮮汁三物和為一處，即充拌麵之水，勿再用水。拌宜極勻，擀宜極薄，切宜極細，然後以滾水下之，則精粹之物盡在麵中，盡勾咀嚼，不似尋常吃麵者，麵則直呑下肚，而止咀咂其湯也。八珍者何？雞、魚、蝦三物之肉，曬使極乾，與鮮筍、香蕈、芝麻、花椒四物，共成極細之末，和入麵中，與鮮汁共為八種。醬、醋亦用，而不列數內者，以家常日用之物，不得名之以珍也。雞魚之肉，務取極精，稍帶肥膩者弗用，以麵性見油即散，擀不成片，切不成絲故也。但觀製餅餌者，欲其鬆而不實，即拌以油，則麵之為性可知已。鮮汁不用煮肉之湯，而用筍、蕈、蝦汁者，亦以忌油故耳。所用之肉，雞、魚、蝦三者之中，惟蝦最便，屑米為麵，勢如反掌，多存其末，以備不時之需；即膳己之五香，亦未嘗不可六也。拌麵之汁，加雞蛋青一二盞更宜，此物不列於前而附於後者，以世人知用者多，列之又同剿襲耳。」[30]

李漁晚年，為歸正首丘，在杭州清波門外的雲居山麓築園卜居，江湖歸白髮，詩畫醉紅顏，了卻「老將詩骨葬西湖」之願。清波門一帶，自古名食集萃，龍井茶是不消說了，可甜可鹹、千層鬆脆的蓑衣餅名震天下，還有鋪著鮮嫩鱔段的鱔魚麵。杭州的鱔魚麵，是用黃鱔熬滷，加麵煮過。或熟鱔切段，麻油炸酥，以醬油、薑汁、醋調成澆頭，厚厚澆在雞湯麵上[31]。

現代工業技術能夠精細分離麥粒的各個部分，生產出高筋、中筋、低筋等不同級別和分類的麵粉，適應麵包、餃子皮、餅乾之類不同食物或口感需求。從前的石磨可不具備這般本事，麥粒倒進去，甭管麥心、胚芽還是麩皮，一股腦碾碎，混在一處，篩也篩不清楚。平心而論，這種名副其實的「全麥粉」營養可能比精麵粉更全面，但有一樣不好——不耐貯存，易酸敗。為了對抗麵粉變質，明代人研製了一種超越時空、極其超前的「泡麵」。松江人宋詡在《竹嶼山房雜部》寫道：

「用麵調鹽水為小劑，沃之以油，纏之於架而漸移，架孔垂長細縷。先用水煮去鹽，復以前制齏湯調淪之，暴燥，漸用。」

意即鹽水和麵入味，麵條塗油煮熟後撈出，曝曬脫水後收起，隨食隨取。由於麵條已經煮熟，下次食用，熱水泡開即可，正合「泡麵」之宗旨。

麵條舊稱湯餅，就字面意思而言，「湯餅」涵義顯然廣於「麵條」，也更適合這種食物

——一切經水處理過的條狀、片狀、塊狀麵食，皆可稱湯餅。而麵條只是湯餅的一種——「索餅」。但後來隨著俗語的流傳，麵條的詞義也在一定程度上發生了變化，出現了詞義擴大現象，最終成為一切形狀湯餅的通稱。

湯餅家族，活躍著一支與麵條並道演進的同胞兄弟，名為「餺飥」（bó tuō）。餺飥形制非條，而是片。《齊民要術》記錄的餺飥，兩寸長，拇指寬：

「**挼如大指許，二寸一斷，著水盆中浸。宜以手向盆旁，挼使極薄，皆急火逐沸熟煮。非直光白可愛，亦自滑美殊常。**」

餺飥之名，據說原為「不托」。蓋最初的湯餅，麵團揉成之後，不以刀截，而是托在掌上，手撕下湯。後來金屬炊具普及，廚房裡有條件配備菜刀了，廚師這才把掌托的麵團放下，改用刀切，故稱「不托」，取「不必掌托」之義[32]。當然此說十分牽強，刀具的歷史遠比湯餅悠久，況且最遠古的喇家麵條也是手搓的條狀，而非手撕捏扁的麵片。麵條、麵片孰為兄，孰為弟，難說得很。

餺飥的麵湯、澆頭調製，與其他麵條無異，獨以其形狀特殊，在唐代衍生出一路豪放吃法。唐人將生羊肉縷切，置於碗底，上覆一片一片的餺飥，澆五味汁、花椒粉、酥油，拌勻而食，名為「鶻突餺飥」[33]。餺飥軟滑香嫩，生肉膻氣縱橫口腔，凜冽飛揚，那是洛水橋上的青雲，也是玉門關前的風霜。宋代「紅絲餺飥」，則透著宋人精緻的小資氣質。紅絲餺飥的紅絲來自蝦肉，研取鮮蝦肉泥和麵，煮熟的麵片，色作青紅，輔以剁爛的雞白肉、蝦腦燒成的澆頭，鮮美異常[23]。南宋隱藏「吃貨」陸游毫不掩飾自己見到餺飥時忘我的失態，其《朝饑食齏麵甚美戲作》：

一杯齏餺飥，老子腹膨脝。
坐擁茅簷日，山茶未用烹。

陸放翁吃了「一杯」素臊子澆頭餺飥，吃完坐在茅舍前，肚子鼓了起來，這一杯想必分量不小。

湯餅家族，餺飥還有一位小弟，叫作「棋子」，也作「碁子」、「棊子」或「粸子」，顧名思義，是棋子大小的麵片。六朝時期，吃得起麵食的人家為了免於反覆磨麵、揉麵之勞，會蒸上大量棋子，冷透裝袋，存放起來，備以日常煮食。《齊民要術》：

「剛溲麵，揉令熟，大作劑，挼餅粗細如小指大。重縈於乾麵中，更挼如粗箸大。截斷，切作方棊。簸去勃，甑裏蒸之。氣餾，勃盡，下著陰地淨席上，薄攤令冷，挼散，

勿令相黏。袋盛，舉置。須即湯煮，別作臛澆，堅而不泥。冬天一作得十日。」

到宋代元代，棋子開始放飛自我，形狀不再限於圍棋形，菱形、柳葉形、雀舌形等均可，想做成什麼形狀，沒人管得著，不嫌麻煩的話，甚至可以在麵片上印花。南宋臨安「三鮮棋子」、「蝦米棋子」、「雞絲棋子」、「七寶棋子」、「百花棋子」名動江左，三鮮、雞絲云云，大抵指麵片湯中同煮之物。元代「水龍棋子」是正方形小麵片，搭檔水龍子（小肉丸）、山藥、胡蘿蔔、糟薑，用清湯、胡椒、鹽、醋共同成就的美味[34]。還有講究刀工的米心棋子，麵片切成米粒大小，煮熟、過涼、撈起、控乾，麻汁、碎肉、糟薑末、醬瓜末、黃瓜末、香菜組成澆頭，夏日一碗，清鮮爽神[35]。

北方的麵餶飿（gǔduò）、麵疙瘩、揪片、剔尖這些形狀不規則的塊狀湯麵，約莫也在宋元成型。剔尖又叫「撥魚兒」，調好麵糊，用匙或筷子一縷縷挑入開水，成品身圓尾尖，形似小魚。元代的「玲瓏撥魚」，還要在麵糊中攪入切成豆大的肥牛肉或羊肉丁，復以湯匙撥進沸水，麵浮而肉沉，是謂「玲瓏」，佐料很簡單，鹽、醬、椒、醋足矣。又有「山藥撥魚」，取搗爛的熟山藥及豆粉和麵，喜歡甜口的，可於此時拌入白糖。大凡撥魚，最相宜的搭檔還是肉臊子[35]，幾百年前的食譜這樣推薦，幾百年後，晉陝老饕偏愛猶然。

中國的主食格局，自古就有「北麵南米」之稱，南方的米線米粉，是否受麵條啟發而來，誰也說不清楚。不過傳世文獻中米線的記載，殊不晚於麵條。東漢服虔《通俗文》言「煮米為䊩」，「䊩」大約便是米線。米線後來又稱為「粲」，賈思勰《齊民要術》引《食經》寫道：

「用秫稻米，絹羅之。蜜和水，水蜜中半，以和米屑。厚薄令竹杓中下。先試，不下，更與水蜜。作竹勺，容一升許，其下節，概作孔。竹勺中，下瀝五升鐺裡，膏脂煮之熟。三分之一鐺，中也。」

「秫稻米」即糯米，糯米磨成粉，用蜜和水調成膏體，以能夠流動為原則，不可太乾。灌入底部鑽孔的竹勺（漏勺），粉漿流出而成細線，漏入燒沸的油鐺，這就是早期的炸米線，其形態口感大約類似後世的饊子（一種點心，用麵粉做成一束細絲之後，加以油炸即成）。

《齊民要術》另刊有一種「粉餅」：

「以成調肉臛汁，接沸溲英粉。若用粗粉，脆而不美。不以湯溲，則生不中食。如環餅麵，先剛溲，以手痛揉，令極軟熟。更以臛汁，溲令極澤，鑠鑠然。割取牛角，似匙面大，鑽作六七小孔，僅容粗麻線。若作『水引』形者，更割牛角，開四五孔，僅容韭葉。取新帛細紬兩段，各方尺半。依角大小，鑿去中央，綴角著紬。以鑽鑽之，密綴勿令漏粉。用訖，洗，舉，得二十年用。裹盛溲粉，斂四角，臨沸湯上搦出，熟煮，臛澆。若著酪中及胡麻飲中者，真類玉色，稹稹著牙，與好麵不殊。一名『搦餅』，著酪中者，直用白湯溲之，不須肉汁。」

意即用肉湯和米粉調成糊——肉湯需是沸騰狀態，否則米粉將是生的。割一片牛角，鑽若干小孔，縫在一塊新製的白絹上，製成絹袋。牛角孔洞直徑的標準，是絹袋盛裝米糊，不會自然滲漏，但用力擠捏，能夠以線狀噴出。噴入沸水煮熟撈起，澆以肉湯、乳酪或芝麻糊。此粉白如脂玉，香糯適口。

到宋代，江西的「米纜」已達到細如銀絲的水準，宋人樓鑰《攻媿（愧）集》：「江西誰將米作纜，卷送銀絲光可鑒。」不僅細，而且有乾製的鳥窩狀米粉出現，此物耐久存，易於售賣[36]，與今市場所見者，相去不遠。

老話說「人走茶涼」，時光送走了來來往往的無數匆匆過客，而留在飯桌上的那碗麵，依然濃香醇厚，熱氣騰騰。它一端連著石器時代，一端延續向望不到頭的美好未來，它串聯起世界，串聯起時代。今後百世千年，這碗麵還將繼續傳承下去，廝守人間，長情星河。

注釋

1 任小燕，王國道，蔡林海，等.青海民和縣喇家遺址2000年發掘簡報 [J]. 考古，2002（12）：12-28.

2 Ren X，Cai L，Wu N，et al. Culinary archaeology：Millet noodles in Late Neolithic China[J]. Nature，2005，437（7061）：967.

3 趙志軍．小麥傳入中國的研究——植物考古資料[J]. 南方文物，2015（3）：44-52.

4 呂厚遠，李玉梅，張健平，等. 青海喇家遺址出土4000年前麵條的成分分析與複製 [J]. 科學通報，2015（8）：744-756.

5 〔東漢〕王充《論衡》。

6 〔南宋〕陸游《戲詠村居》。

7 〔西晉〕傅玄《七謨》。

8 《後漢書．梁統列傳》，《後漢書．李杜列傳》。

9 〔三國魏〕曹丕《感物賦》。

10 〔三國魏〕曹丕《與吳監書》。

11 〔南朝宋〕劉義慶《世說新語．容止》（一說請何晏吃麵者系魏明帝曹叡）。

12 〔南朝梁〕宗懍《荊楚歲時記》。

13 《南齊書．何戢傳》。

14 《太平御覽》引弘君舉《食檄》。

15 〔唐〕盧肇《逸史》。

16 〔北宋〕蘇軾《二月十九日攜白酒鱸魚過詹使君食槐葉冷淘》。

17 〔五代〕王仁裕《入洛記》。

18 〔北宋〕呂原明《歲時雜記》。

19 〔清〕潘榮陛《帝京歲時紀勝》。

20 〔唐〕劉禹錫《送張盥赴舉詩》。

21 《新唐書．后妃列傳》。

22 〔北宋〕林洪《山家清供》。

23 〔元〕陳元靚《事林廣記》。

24 〔南宋〕孟元老《東京夢華錄》。
25 〔南宋〕吳自牧《夢粱錄》。
26 《吳氏中饋錄》。
27 〔明〕韓奕《易牙遺意》。
28 〔明〕宋詡《竹嶼山房雜部》。
29 〔清〕薛寶辰《素食說略》。
30 〔清〕李漁《閒情偶寄》。

31 〔清〕《調鼎集》。
32 〔唐〕李匡文《資暇錄》。
33 〔唐〕楊曄《膳夫經手錄》。
34 〔元〕忽思慧《飲膳正要》。
35 〔元〕《居家必用事類全集》。
36 〔南宋〕陳造《徐南卿招飯》。

糕點的脈絡

「點心」一詞，大約始稱於唐朝。唐人所謂「點心」，多用作動詞，意思是「點飢」、「吃點東西以安心」。下面舉兩個故事，請列位看官體會。

第一個故事，見於劉崇遠《金華子雜編》、吳曾《能改齋漫錄》。說的是唐朝有個江淮留後（江淮代理鹽鐵轉運使），名叫鄭傪，這人是個小氣鬼，坐享肥缺，家裡金帛山積，富得流油，卻吝嗇得要命。他家的規矩是每天早上廚下備好晨饌，統統送進一間密室鎖起來，誰要吃飯，需打報告，鄭傪批准了，才交給僕人鑰匙，取出一份。一天清晨，鄭傪的小舅子來給姐姐請安，鄭夫人剛剛起床正在化妝。你知道的，那時女子梳妝起來較為麻煩，堆鬟挽髻，選釵試璫，精描巧畫，仔細端相，一時三刻搞不定。小舅子乖巧地站在一旁，想等著姐姐一塊兒吃早飯，直等得饑腸轆轆。鄭夫人道：「哎呀別在這兒傻杵著了，我妝還沒化完，你先去胡亂吃些，墊墊肚子。」（治妝未畢，我未及餐，爾且可點心）小舅子便去領餐，但是鄭家沒備他的份兒，小舅子只好把鄭夫人那份領來吃了。及至鄭夫人妝畢，僕人又去找鄭傪討要鑰匙取餐，鄭傪急了眼：「剛才不是吃過了嗎！咋又要吃？」鄭夫人道：「剛才那份是你小舅子吃了。」鄭傪跳起來，把鑰匙一摔：「吃吃吃！就知道吃！別人家的娘子，也不見得吃這許多！」

第二個故事則具有志怪色彩，出自戴孚的《廣異記》。說洛陽思恭坊裡住著一個姓唐的錄事參軍，此人生性內向，極為憚煩應酬待客，平日除了公務，深居簡出，從不到別人家串門，通常也沒什麼客人去他家拜訪。一天，門子忽然送進兩張名帖，說是有兩人投刺請謁。唐參軍接了帖子一看，上面寫著兩個陌生人名，唐參軍皺著眉道：「這是誰？我不認識，你去問問他們找我幹啥。」須臾門子回報，說這兩個客人「止求點心飯耳」（求一點用來充饑的食物），是來蹭飯的。唐參軍一臉詫異：「素不相識到人家蹭飯吃？神經病嗎？就說我不在，不便接待。」門子奉命出去回絕，那二客聽了，卻不肯走，反倒一把推開門子，逕自闖了進去。到得堂前，見唐參軍赫然在座，道：「唐都官果然在家，何以卻說不在，拒人千里之外，難道連區區一頓飯都不捨得見惠麼？」唐參軍訕訕地起身作揖，轉頭罵門子：「貴客上門為何不報！」引二客至外廳就坐，道：「兩位請寬坐片刻，容某安排酒飯。」說著走到廳外，叫了個僕人近前，悄聲道：「我看這二人賊頭賊腦的不像好東西，你去取柄短劍，藏在食盤之中，端來給我。」少頃，食盤端至，唐參軍倏地掏出劍來，暴起挺擊，一客反應極快，身形晃動，閃了開去。唐參軍腳步一錯，劍鋒轉處，陡然刺中了另外一客。那客人慘聲厲嘯，化作一頭大狐，竄入庭前池中不見了。

第二個故事的「點心飯」，已略具名詞性質。作名詞時，「點心」又發展出廣狹二義。廣義指糕餅之類能充饑的食物，涵括主食和糕點，像包子、饅頭、粥、大餅均可稱為「點心」，如《儒林外史》正文開頭寫薛家集眾家長請私塾教師周進吃飯，周進因吃長齋，肉、魚不入口，於是「廚下捧出湯點來，一大盤實心饅頭，一盤油煎的扛子火燒。眾人道：『這點心是素的，先生用幾個！』周進怕湯不潔淨，討了茶來吃點心。」狹義則單指糕點，進食時間多在餐餘，供人略紓饑餓心慌，解饞消閒，《清稗類鈔》：「米麥所製之物，不以時食者，俗謂之點心。」本章就其狹義指稱，略舉幾樣古代糕點及其在今世的昆裔，供君點飢。

❖ 粔籹、寒具

饊子、麻花之類米粉、麵粉揉製的油炸點心，起初叫作「粔籹」（jù nǚ）。《楚辭・招魂》：「粔籹蜜餌，有餦餭些。」東漢王逸《楚辭章句》：「餦餭，餳（同糖）也。言以蜜和米麵熬煎作粔籹，擣黍作餌，又有美餳，眾味甘美也。」南宋洪興祖補注：「擣黍，一作擣麥，一作揉米。」說的是屈原拿麥芽糖、蜂蜜混合不知是粟粉、麵粉還是米粉炸了一鍋點心，試圖誘惑楚懷王的魂魄前來享用：

「麥芽的香氣。」
「行家啊，嘗嘗臣炸的粔籹。」
「你這個粔籹甜掉牙了。」
「是你牙齒不好吧君上。」

可惜王逸和洪興祖的注疏並未交代粔籹的形狀，屈原所炸之物，究竟是條狀、片狀、球狀、飛碟狀，還是秦昭襄王狀？不大清楚。所以我們「演播室」請到了觀眾朋友們非常熟悉的賈思勰「賈指導」，來給我們做一下介紹。賈思勰《齊民要術》：

「膏環，一名粔籹。用秫稻米屑，水、蜜溲之，強澤如湯餅麵。手搦團，可長八寸許，屈令兩頭相就，膏油煮之。」

這段文字講的是南北朝一種名為「膏環」的食物，主料為糯米（秫稻米）麵，用水及蜂蜜和麵，捏成二十多公分的細長條，首尾對接，扭作環形，下鍋油炸。「賈指導」特別指出，古人說的粔籹正是此物。審其製法形狀，分明便是後世的饊子、麻花。秦漢時期的兒童啟蒙識字讀本《倉頡篇》也說：「粔籹，餅餌也，江南呼為『膏環』。」朱熹《楚辭集注》敲釘鑽腳，確認道：「粔籹，環餅也，吳謂之『膏環』，亦謂之『寒具』，以蜜和米麵煎熬作之。」

朱熹這句話，又提到了一個概念——「寒具」。寒具是中古以後世人對饊子、麻花之類點心的別稱。而在兩周秦漢，寒具的範疇原本廣得多。寒具的字面意思是「涼的小食」，《周禮》所稱「朝事之籩」，用的就是寒具。東漢鄭玄《周禮注疏》：「朝事，謂清朝未食，先進寒具口實之籩。」天子早上起來，用餐之前，先以寒具祭宗廟，所用的寒具包括「麷、蕡、白、黑、形鹽、膴、鮑魚、鱐」。麷（fēng），指炒（烘）麥粒，蕡（fén）是乾炒大麻籽，白是油煎米飯，黑指油煎黍米，形鹽是壓鑄成虎形的大鹽塊，膴（hū）是大塊的魚、肉，鮑魚指鹹魚，鱐（sù）是魚乾。這堆亂七八糟的東西統稱寒具，其中有主食，有調味品，有小吃，顯然超越了饊子麻花「油炸米麵點心」的範疇，也超越了現代概念的「零食」範疇，只能說是「小食」。

至晚到魏晉，寒具的詞義縮小，變成了粔籹、饊子的同義詞，指「油炸米麵點心」。南朝宋檀道鸞《續晉陽秋》記，東晉末年的大反派桓玄府中多藏書畫，客人上門，桓玄喜歡拿出來顯擺顯擺。桓府餉客，起初總會準備很多寒具，有的客人吃完，沾了滿手的油、糖，也不洗，也不擦，毛手毛腳地便去摸畫，抹了一畫的油污指印，不知多少絕世珍品就這麼給糟蹋了。桓玄拿出一幅畫被糟蹋一幅，拿出一幅糟蹋一幅，氣到自閉，又沒法發作——誰叫你先請人吃油炸點心，又請人賞畫來著？再後來桓府管待客人，便不用寒具了。

「桓玄嘗盛陳法書名畫，請客觀之，客有食寒具，不濯手而執書畫，因有涴，玄不懌，自是會客不設寒具。」[1]

不曉得桓玄為何不給客人準備筷子，又或者準備了而客人不用。其實當時體面人優雅地享用寒具是用筷子的，南朝宋劉敬叔《異苑》：

「永初中，張驥於都喪亡。司馬茂之往哭，見驥憑几而坐，以箸刺粔籹食之。」

張驥雖然死了，鬼魂卻依然保持優雅，端坐几前，手持筷子斯斯文文地進食可能是用作祭品的饊子。他的朋友司馬茂之大老遠跑去哭唁，涕泗滂沱，嚎啕奔進靈堂，見得此情此景，腦瓜子嗡嗡的，一臉愕然。

劉禹錫（一說蘇軾）有詩贊寒具云：

纖手搓來玉數尋，碧油煎出嫩黃深。

夜來春睡無輕重，壓匾佳人纏臂金。

「纏臂金」謂形如臂釧，可知所謂寒具，確為饊子、麻花一類。不過唐宋之世，寒具、粔籹之稱已基本淡出了俗語視野，許多人提到寒具，懵然不知其為何物，李綽《尚書故實》中說：「晉書中有飲食名『寒具』者，亦無注解處。後於《齊民要術》並《食經》中檢得，是今所謂『糫餅』。」知唐人稱饊子、麻花為「糫餅」。李綽曾任膳部郎中，專掌陵廟祭品、諸王以下常食及外賓食料供給，算是帝國頂級飲食專家，連他都不識，可見民間已絕少使用「寒具」一詞。

北宋陶穀《清異錄》保留著一份「燒尾食單」，是唐中宗朝宰相韋巨源受命掌揆之初，為感謝皇上提拔之恩，請皇上吃飯的御宴菜單。菜單所列的第三道食物就是饊子，時稱「巨勝奴」，陶穀批注：「酥蜜寒具。」「巨勝」即芝麻，結合陶穀的批注，推測這道食物當為蜂蜜、酥油和麵炸製，裹黑芝麻的饊子，酥香鬆脆，大嚼之聲「驚動十里人」。好傢伙，李顯「吭哧」一口，方圓十里之內，行旅駐馬，農夫罷鋤，望向聲音的來處，口水不爭氣地從每個人的眼角流了下來；小孩嗷的一聲，蹙起小臉，一齊饞哭。南宋林洪《山家清供》簡述製法：

「閩人會姻名煎餔，以糯粉和麵油煎，沃以糖食之，不濯手，則能汙物，且可留月餘。」

謂閩地習俗，到婿家做客，或招呼嬌客，皆用寒具。糯米粉和麵油炸，澆糖即成，留月餘不壞。林洪語焉不詳，工藝細節沒有交代清楚，比如說糖，不知是用糖粉還是糖漿，成品的形狀又如何。僅就其描述，似乎又不大像饊子，倒令人想起江米條或者福建的寸棗。

到了明代，松江人宋詡寫了一本「媽媽做的菜」，收入《宋氏養生部》，才終於詳詳細細、明明白白地把製法講清楚：

「用油、水同鹽少許和麵，揉勻，切如棋子形，以油潤浴，中開一穴，通，兩手搓作細

條，纏絡數周。取蘆竹兩莖，貫內，置沸油中，或折之、或紐之，煎燥熟。亦有和赤砂糖者以蜜者。」

水、油和少許鹽（或紅糖加蜂蜜）和麵，揉勻。醒發半個時辰左右，斷為相同大小的小麵糰（麵糰大小關係到每一盤饊子的長度），揉成圍棋子之形，兩面潤油。小麵糰中央通開一孔，插手入內，搦、搓成細條，一圈一圈纏在手上，進一步拉細。一定要注意控制力度，不要拉斷。取蘆葦杆、細竹棍或筷子兩根，繃住麵環兩端，沒入滾油，或對折，或扭花，炸熟即成。

《宋氏養生部》記載的工藝，與現代尤其北方農村炸饊子的操作幾乎完全一致。換句話說，饊子在我們口腔中留下的口感和味道，基本上與四百年前明朝人的體驗無異。數百年來未曾進化的饊子，連通了古今味覺神經。這裡推薦給要穿越回明朝的讀者，假如抵達後飲食不習慣，不妨買些饊子適應一下呢。

❖ 糗餌、粉糍

《周禮》：「籩人，掌四籩之實……羞籩之實，糗餌、粉糍。」

這句話提到的幾個概念，稍微解釋一下。首先是「籩」（biān），籩是一種容器，用來在祭祀、宴會時盛放果實、乾肉之類的小食，像前文的炒麥、炒大麻、大鹽塊，都是盛在籩裡的。

「羞」與「膳」相對，是「饈」的通假字。《周禮》：「凡王之饋，食用六穀，膳用六牲，飲用六清，羞用百二十品。」這句話概括了周天子的飲食，主食來自六穀，飲料有六種，「膳」是馬、牛、羊、豬、狗、雞肉，通常不加調味（周代祭禮，高級祭品多不調味，如大羹、玄酒，旨在把質樸之物交予神明），所以需要蘸醬吃；「羞」的種類就多了，有一百二十種，包括調味而烹的菜肴、糕點、水果，基本上好吃的東西都在這裡面，是故後世謂美食為「珍饈」。羞又分「膳羞」、「好羞」、「內羞」等幾個大類，膳羞指正餐的菜肴，好羞是進獻先祖的頂級食物，諸如「荊州之鮺魚，青州之蟹胥」。內羞是供給王、后、世子的點心，其中盛放於籩中的內羞，便是糗餌、粉糍。

東漢經學大師鄭玄為我們還原了糗餌、粉糍的做法：

「玄謂此二物皆粉稻米、黍米所為也。合蒸曰餌，餅之曰餈。糗者，搗粉熬大豆，為餌餈之黏著，以粉之耳。」[2]

稻米、黍米磨篩成細粉，加水，攪勻，搓細，至手握成團、輕壓即散的程度，上甑蒸熟，這就是「餌」。《說文解字》：「糕，餌屬。」言糕為餌之一種。餌的做法也確與後世桂花糕等糕點相仿，其工藝關鍵是米粉加水攪拌後，不可如蒸饅頭般揉團，而是保持鬆散狀態直接蒸熟，明末才子李漁所謂「糕貴乎松，餅利於薄」者是也。

糍就是糍粑（餈粑，類似於臺灣的麻糬），關鍵工藝跟餌剛好相反。鄭玄說「餅之曰糍」。「餅」在此處作動詞，參考今天的手打糍粑，那是要掄開大錘，猛夯狠砸，反復舂搗，砸得稀黏。做餌連一指頭都不敢輕加，做糍唯恐打得輕了，打個比方，就像下面所說：「要像呵護嬰孩的皮膚般做餌，像摧毀仇敵的腦瓜子般搞糍。」當然，還有一種懶人法，米粉注水調成糊蒸熟，同樣可以得到黏糯的糍粑。至於周天子的糕點師「籩人」用的是懶人法還是猛男法，史料漫滅，已不可考。

炒熟（先秦炒法不成熟，周人用的是油煎）的黃豆磨粉，叫作「糗」，撒在餌上，就是「糗餌」，裹黏於糍，即成「粉糍」。若將糗餌之糗換作糖桂花，庶幾便是現代的桂花糕，「月在東廂，洒與繁華一色黃」。粉糍也同樣留下了聲名顯赫的後裔——它的脈絡傳承了兩千多年，今天的「驢打滾」，正是周天子手畔古老糕點的進化之形。

棗糕

東漢崔寔《四民月令》：「齊人呼寒食為冷節，以麵為蒸餅樣，團棗附之，名曰棗糕。」大棗囫圇或切碎，與麵同和，蒸作饅頭之狀，便是漢代的棗糕。

棗糕本是齊地寒食節專屬節物。寒食習俗禁火，稱為「龍忌」。歷史上部分時期，官方極為重視寒食，會派人到民間巡視督察，嚴禁百姓用火，不許生火做飯，晚上也不許點燈，所謂「普天皆滅焰，匝地盡藏煙」，所以寒食期間，百姓只能吃冷食。而寒食之期，短則一天，長則一月，如東漢太原，《後漢書》：「太原一郡，舊俗以介子推焚骸，有龍忌之禁。至其亡月，咸言神靈不樂舉火，由是士民每冬中輒一月寒食，莫敢煙爨，老小不堪，歲多死者。」長達一個月禁斷煙火，百姓絕炊，至有老弱不能耐受冷食而病死者。即便青壯年，若事先未儲備足夠的食物，亦不免飢餒枵羸。棗糕的出現，多多少少紓解了寒食之困：早春時節，天氣乍暖還寒，北方麵食貯藏妥當，可日久不壞，有條件的家庭，不妨多準備些；饅頭納入紅棗，口感改善，健脾開胃，補中益氣，童叟皆宜，媽媽再也不用擔心孩子寒食時吃不下飯了。

民間傳說，寒食節禁火寒食，是為紀念拒絕了晉文公重耳的「工作邀請」而被燒死的介子推。廣大上班人紛紛表示，重耳這種老闆真不是東西，為了逼離職員工回來工作，居然放火燒人家社區，於是發起了「熄火十二時辰」活動，支持「說不回去上班，死也不會回去」的狷介鬥士介子推。因此民間又稱棗糕為「子推餅」、「子推燕」、「棗錮（糊）飛燕」。北宋高承《事物紀原》：「故俗，每寒食前一日，謂之炊熟，則以麵為蒸餅樣，團棗附之，名為子推，穿以柳條，插戶牖間。」是說宋人習俗，寒食前一天蒸棗糕，蒸熟了拿柳枝串起來，掛在門窗上。孟元老《東京夢華錄》也說：「寒食前一日謂之『炊熟』，用麵造棗䭅飛燕，柳條串之，插於門楣，謂之『子推燕』。」

❖ 糗

漢魏之前，中國鮮見蔗糖，彼時所食者，唯米、麥熬製的飴、餳，以及蜂蜜而已。這些甜味食材質地較軟，遇水黏稠，宜乎糕點成型後澆淋潤浸，不宜在和麵階段加入。當然，糗（yè）是一個例外，糗是一種糯米棗栗蒸糕，可能屬於粽子的衍生食物。

《齊民要術》：

「用秫稻米末，絹羅，水、蜜溲之，如強湯餅麵。手搦之，令長尺餘，廣二寸餘。四破，以棗、栗肉上下著之遍，與油塗竹箬裹之，爛蒸。」

意即糯米磨粉，絹網篩細，注入水、蜂蜜拌和，軟硬參考湯麵的麵團標準，搓為長約二十五公分、直徑五公分的條狀，多嵌棗肉、栗肉，均勻塗油，以箬葉封裹蒸熟。

煮粣

煮粣（miàn，原作「糗」，後者為粣的異體字）見載於《齊民要術》，原文繁瑣，且多脫文，不具。煮粣約略算是一種鹹味的米糊。沸水衝開米屑，濾去渣滓，用特殊器具攪打出豐富的泡沫，這叫作「勃」。另取精米熬製米湯，叫作「白飲」。將一部分勃和白飲混合，加鹽同煮，煮好澆落在半小杯蒸熟的米飯上，再堆以泡沫狀的「勃」，即成。

清甜的米漿，散散地浸著半甌精米，上浮厚厚一層泡沫，宛若幽谷石泉，雲水空濛，品位滿滿，當時人吃這玩意兒，大概相當於後人喝奶蓋茶。不過氣質總被雨打風吹去，一千五百年後再回顧這道輕奢小食，很難不讓人滿頭問號，沒有食欲。

䭔

䭔（duī）的出現，不晚於南北朝時期，當時䭔是饅頭（蒸餅）的別稱，南朝梁顧野王編撰的字典《玉篇》中說：「蜀人呼蒸餅為䭔。」

到了隋唐，不知為啥，它忽然不想當饅頭了，改頭換面，變成了油炸糯米糰子。「䭔」字生僻，世人大多不識，於是在流傳過程中，訛變為「堆」字，又因該食物是油煎而成，故稱為煎堆，也叫麻圓、麻球、麻團。

在唐代的上流社會，餡是廣受歡迎的點心。盧言《盧氏雜說》中記有一個故事，細緻地敷述了餡的做法：

> 那是唐懿宗在位的時候，有個姓馮的給事中到中書省面見宰相，彙報公務。到得中書門前，見一個穿緋色官袍的老者，正踧踖地站在那裡，等候通報。唐制，四品、五品官員著緋色，馮給事看那老者的服色，乃是正五品，跟自己品階相若，卻不知在哪個衙門供職。蓋衙門有閒有要，同樣是五品官，閒曹冷局出來的，自然比不了他這手握封駁實權的給事中。門吏看人下菜，權要來謁，優先通報，若是閒官，要麼押後，要麼乾脆不報。瞧那老者模樣，似乎已在此地等了很久，但宰相日理萬機，沒空見他，也莫可奈何。
>
> 馮給事無暇細思，匆匆入省。那時夏侯孜居揆為相，留他坐談，直談至黃昏方罷。馮給事拜辭出來，一眼看見晚照之下，那老者兀自垂手立在階下，神色已頗為困頓，馮給事心中歎息，打發隨從上前通問。老者趨前作揖道：「某是新任尚食局令，有事求見相國，因在此恭候。」馮給事道：「你這樣等下去不是辦法，相公每日繁忙，不知幾時才有空見你。這樣罷，我來替你通傳一聲，看看相公意思如何。」老者大喜，馮給事隨即交代門吏進去通報，門吏不敢違拗，少頃回轉，說道：「相國召見。」帶了老者進去。不一刻，老者便神采飛揚地出來了，快步走到馮給事馬前，稱謝道：「若非給事恩遇，某何以得相國傳見。敢問給事尊宅何處？某原是尚食局包子手，若蒙不棄，願敬造高

齋，略獻薄藝，饋謝給事恩情。」馮給事嚇了一跳，堂堂尚食局一把手，掌供皇上御膳的尚食令，居然要到他家替他做飯，這事說起來雖然很有面子，但身為人臣，怎好僭越？因道：「舉手之勞，何足掛齒。」那老者再三懇請，一定要表示表示，馮給事拒卻不過，只得道：「寒舍在親仁坊。」老者道：「給事何時在家？」馮給事道：「來日奉候便了，不知舍下需準備些什麼東西？」老者道：「煩請預備大臺盤一只，木楔子三五十枚，油鐺一口，上好的麻油一二斗，南棗、爛麵少許。」馮給事一一記下，告辭分別。

馮給事平時精於飲饌，起居講究，家裡一應炊具、食料都是現成的，回家便吩咐取出備好。到得次日，早早開了大門，迎候那尚食老者，家眷也都垂下簾子，聚在後面觀看。卯牌時分，只聽得馮給事在外大聲寒暄，須臾引了老者上廳，作揖坐下，小廝端上茶食，老者吃了一甌，便丟下道：「吃這個作甚，待某為給事調鼎。」起身出廳，解卸長衫，脫靴去冠，只戴一頂小帽，青半臂，三幅布褲，取了條極其鮮豔的花色圍裙在腰上一繫，套一副錦彩皮套袖，手撐臺盤，繞步察看，但見有不平處，隨手取木楔子填平。接著生火熬油和麵，從自帶的口袋中取一口小盒、一柄笊籬、一把篦子，皆是白銀打就，晨曦之下，銀光四射，耀眼生花。已而油熱，老者打開小盒，挑些豆餡兒裹在麵中。左手抓握麵團，指隙間擠出麵來，右手持篦疾刮，一顆顆小小的麵糰驟雨般落入油

鐺。略略炸過，笊籬撈起在新汲的井水裡冷浸片刻，再投入油鐺，三五沸後瀝油而出，拋在臺盤之上，一個個圓不隆咚的膨化團子到處亂滾，旋轉不定。其口感酥脆，不可名狀。

這位尚食令煎䭔之法，雖與今人炸煎堆不盡相同，不過雛形已具，炸出來的東西既圓而脆。以煎堆圓滾滾的軟萌賣相，酥糯兼具且不失韌性的神奇質地，千年後的今天尚且有大批擁躉，千年之前在點心界何等地位，不難想像。

䭔在唐代東渡日本，平安時代被列入「八大唐果子」（梅枝、桃枝、餲餬、桂心、黏臍、饆饠、䭔子、團喜）之列，點綴茶席，竹下紫茗，塵心盡洗。唐代的䭔，多半內藏錦繡——是帶餡兒的。前文說到唐朝宰相韋巨源請唐中宗吃飯，席間除巨勝奴外，還有多種點心。其中一樣叫作「金粟平䭔」，古注「魚子」，大概是以板栗為餡兒，炸熟拍平鋪以魚子而食；或以魚子為餡兒，「金粟」是一種頭飾，與桂花同義，言其造型似桂花；又或像現代煎堆裹生芝麻一般，沾滿栗肉炸成。一樣叫作「火焰盞口䭔」，可能是將䭔的頂端打開，圈口撕作火焰之狀。

歷史上，䭔曾試圖混入元宵陣營，擠進元宵節湊熱鬧，白白軟軟的元宵們看著巨大的煎堆蜂擁逼近一臉驚恐：「你不要過來啊！」文獻間或記載了上元日（元宵節）食䭔的習俗。北宋陶穀《清異錄》說，洛陽閶闔門外有家食譜，人稱「張手美家」，平時賣些水產及時新果蔬，每到節日，則百貨下架，專賣一種特色食物，比如寒食賣「冬凌粥」，端午供「如意圓」，七夕賣的是以佛陀嫡子羅睺羅命名的「羅睺羅飯」，而元宵節賣的「油畫明珠」，很可能就是餡的一種。南宋陳元靚《歲時廣記》引《歲時雜記》：

「京師上元節食焦䭔，最盛且久。又大者名柏頭焦䭔。凡賣䭔必鳴鼓，謂之䭔鼓。」

孟元老《東京夢華錄》：

「（上元燈節）唯焦䭔以竹架子出青傘上，裝綴梅紅縷金小燈籠子，架子前後亦設燈籠，敲鼓應拍，團團轉走，謂之『打旋羅』，街巷處處有之。」

宋代小販把䭔連成串兒掛在青羅傘上，與成串兒的小燈籠相間成趣，轉動傘子，燈光與香氣甩得飛起，路人瞧著好玩，忍不住駐足光顧。到了元朝，小販失去了轉傘子的興致，直接找棵樹一掛了事，熊夢祥《析津志》：「（正月）十六日名燒燈節，市人以柳條掛焦䭔於（樹）上叫賣之。」

明代宋詡的《宋氏養生部》明確了䭔的原料為糯米粉：「用碓細白糯米粉，湯溲之，鎖以糖蜜豆沙為小䭔，油中煎熟。」

清代的南方，䭔仍然在春節和元宵節期間徘徊，屬於半個節令食物。顧祿《清嘉錄》說蘇州人元宵節做元宵之餘，也會順便煎䭔：「上元，市人簸米粉為丸，曰圓子。用粉下酵，裹餡，制如餅式，油煎，曰油䭔，為居民祀神、享先節物。」屈大均《廣東新語》：「廣州之俗，歲終以烈火爆開糯穀，名曰炮穀，以為煎堆心餡。煎堆者，以糯粉為大小圓，入油煎之，以祀先及饋親友者也。」時至今日，年節之際，廣東人還會說「年晚煎堆，人有我有」、「煎堆轆轆，金銀滿屋」。看著圓頭圓腦的煎堆如珠寶般堆滿盤子，人們心中安恬，一年辛勞，到此收尾，企盼諸事圓滿，闔家團圓。

巧果

七月初七變為象徵愛情的七夕節以前，原本是「女性能力提升日」的乞巧節。在這一天，女孩子們仰望夜空銀河，虔誠祝禱，立下志願，表示未來要提高自己的織造技術，請求織女姐姐打開升級介面，給自己加一點敏捷屬性。

從前乞巧節流行的許多喜聞樂見的習俗，隨著節日屬性的變化而消失了。比方說，唐代乞巧節這天，女孩子們會被要求徒手捉蜘蛛。

是的，捉蜘蛛。

為啥呢？因為蜘蛛會織網，被視作織女的使者。七夕這天，女孩子們開開心心捉到蜘蛛，放在小盒子裡養著，第二天湊在一起打開來看，誰盒子裡的蛛網多，說明誰得到織女姐姐的眷顧就多。倘因為膽小而不敢捉蜘蛛，第二天姐妹們開盒攀比之時，就不免受人白眼，被人嘲笑。設或該風俗遺留到現在，每逢七夕，滿大街可能都是擺地攤賣蜘蛛的，跟平安夜賣蘋果一樣。男孩子會網購蜘蛛送給心儀的姑娘，女孩子高高興興地拆開包裹，裡面密密麻麻爬出一大群蜘蛛。《開元天寶遺事》：

「帝與貴妃，每至七月七日夜，在華清宮遊宴。時宮女輩陳瓜花酒饌，列於庭中，求恩於牽牛、織女星也。又各捉蜘蛛於小合中，至曉開視，蛛網稀密，以為得巧之候。密者言巧多，稀者言巧少。民間亦效之。」

乞巧節這天的標配食物，叫作「乞巧果子」，省稱「巧果」。北宋龐元英《文昌雜錄》中記載：「唐歲時節物……七月七日則有金針織女臺、乞巧果子。」

巧果是麵粉或糯米粉混合糖、蜂蜜的油炸點心，麵粉做的叫「麵巧」，糯米粉做的叫「粉巧」。乞巧節是女孩子的節日，作為節日食物的巧果造型亦頗為可愛討喜，要麼做成憨態可掬的笑臉，要麼仿照方勝之形，精巧繁複。

孟元老《東京夢華錄》：「七月七夕……以油麵糖蜜造為笑靨兒，謂之『果食』，花樣奇巧百端，如捺香、方勝之類。」

清代顧祿《清嘉錄》：「七夕前，市上已賣巧果，有以麵白和糖，綰作苧結之形，油汆令脆者，俗呼為『苧結』。至是，或偕花果、陳香蠟於庭或露臺之上，禮拜雙星以乞巧。」

所謂「方勝之形」，為兩個菱形相交。民國《清稗類鈔》狀巧果則謂「以粉條作花勝形」，花勝就是「華勝」，是一種雍容精雅的女子頭飾。不論笑臉、方勝，還是華勝，綜合來看，巧果形狀好像並無定規，只要是在七夕這天炸製的糖麵點心，皆可呼為巧果，哪怕你炸的是張餃子皮，你說它是巧果，誰又能反對？其實形狀什麼的都是浮雲，重要的是戀人幸福甜蜜，女子祈願得償。

❖ 見風消

見風消也是韋巨源侍奉唐中宗李顯的燒尾宴點心之一，原文語焉不詳，就辭索義，或指一種極為酥脆、風吹即化的薄餅。明人筆記《易牙遺意》收載一則「風消餅」，字裡行間，略可體味唐中宗筵前祕製點心的味道：

「用糯米二升，搗極細為粉，作四分。一分作餺，一分和水作餅煮熟，和見在二分粉一小盞，蜜半盞、正發酒醅兩塊、白糖同頓，溶開，與粉餅捍作春餅樣薄皮，破不妨，熬盤上熯過，勿令焦。掛當風處，遇用，量多少入豬油中炸之，炸時用箸撥動。另用白糖炒麵拌和得所，生麻布擦細，摻餅上。」

原材料是糯米粉、蜂蜜、酒醅（固態發酵法釀造白酒時，窖內正在發酵或已發酵好的糧食）、白餳（麥芽糖）。諸物和勻，擀至極薄，先烙後炸，撒糖霜米屑，輕白如雲。

《宋氏養生部》的風消糖，雖號為糖，其實一樣：

「白糯米五升為率，磨細粉，先取多半雜糖水或餳，溲為厚餅。每飯中通一穴，入豆萁灰淋，水中煮過熟。漉起後，以少半生粉漸揉和帶稍堅，擀薄小餅，暴之使燥，置沸油內，以箸挾其緣聚而取之。用糖炒麵摻。」

清代，江南人演「消」為「枵」。《隨園食單》中談道：

「以白粉浸透，製小片，入豬油灼之，起鍋時加糖糝之，色白如霜，上口而化，杭人號曰『風枵』。」

此當是今蘇州、湖州一帶「風枵茶」之濫觴。蘇湖人說的風枵，實為糯米鍋巴，纖薄如紙，正與明代筆記所載之物相仿。今人以之泡茶，已不求其脆，風枵折落碗盞，點入紅糖或白糖，熱水沖開，香暖柔糯，溫甜縹緲，寧帖澹然。湖州人家待客三道茶，首飲風枵，一盞傾盡，憂煩雲散，顏開心甜。

❖ 蓼花糖

蓼花糖以成品形如蓼花而得名，最早見於明代松江人宋詡父子的《宋氏養生部》：

「蓼花：取芋魁劘去皮，搗糜爛七分，雜白糯米絕細粉三分，復擣一處，為厚餅數十枚，水煮過熟，置器中，調攪甚勻。先將一木板，傅餅在上，擀開，暴半燥，切片段，復暴燥用。又切小顆，同乾沙炒肥。或同小石子炒。為後四制。以豬脂熬為油，入煎之，尤肥而鬆也。」

這是蓼花糖的「芯」，也就是「裹皮」的製法。芋魁刮皮，同極細的糯米粉拌和搗爛成餅，煮熟，擀開，反復晾乾，切成小顆，用豬油炸鬆。接下來，《宋氏養生部》提供了四種外層糖粉配方：

一是「檀香毬」：「用白砂糖水煮，加炒熟麵，乘熱染之，火炙燥。」白砂糖熬化，和入炒麵，趁熱裹皮一滾，再烤乾。

一是「七香毬」：「用赤砂糖同炒熟麵，和糖香、香油，煮鎔染之。」

一是「芝麻毬」：「用先染以赤砂糖，後衣以炒熟芝麻。」用的是赤砂糖、炒麵和炒熟的芝麻。

一是「薄荷毬」：「用薄荷葉坋之，同芝麻毬制。」熟芝麻換成薄荷葉粉，其餘同上。

❖ 澆切

澆切出自明代高濂《遵生八箋》，原本叫作「芝什麻」。清代朱彝尊《食憲鴻秘》中注「南方稱之澆切」：

「糖鹵下小鍋熬至有絲。先將芝麻去皮曬乾，或微炒乾，碾成末，隨手下在糖內，攪匀和成一處，不稀不稠。案上先灑芝麻末使不沾，乘熱潑在案面上，仍著芝麻末使不沾。古轤捶捍開，切象眼塊。」

意即糖鹵熬至拉絲狀態，混合炒乾的芝麻，翻拌均勻。案板鋪一層厚厚的炒芝麻，將糖鹵潑在上面，擀開，切塊。

按照高濂所授一路做下來，你會發現，這分明就是今時的芝麻糖。芝麻糖源自何世，不甚了然，高濂大概也是法自前人，比他早生三百多年的明人韓奕在《易牙遺意》中已有所提及，只不過步驟和關鍵工藝交代得不大清楚：

「麻糖：芝麻一升、砂糖六兩、糖稀二兩、炒麵四兩，更和薄荷末少許，搜搙成劑，切片。凡熬糖，手中試其稠黏有牽絲方好。」

糖稀（麥芽糖）做的芝麻糖口感更酥，韓奕還建議加入少許薄荷末，清涼解膩。

❖松黃餅、松黃糕

餅雜松黃二月天，盤敲松子早霜寒。
山家一物都無棄，狼籍乾花最後般。

蘇轍表面高冷，實際跟他哥一樣，得空就喜歡搜羅美食，他這首《次韻毛君燒松花六絕》，寫的是松黃餅，他自己附注道：「蜀人以松黃為餅甚美。」

松黃有兩指，一指松花，一指松花的黃色花粉。「細雨魚兒出，微風燕子斜」[3]、「時光晝永，氣序清和」[4]，山松春花，舉杖叩枝，紛紛而落，拂取其粉入麵，清香若仙。古人取松黃做點心，起先多是作為餡兒，如《本草綱目》：「今人收黃和白沙糖印為餅膏，充果餅食之。」又或直接同糯米粉混合，如《宋氏養生部》所記松黃糕：

「松黃六升、白糯米絕細粉四升、白砂糖一斤、蜜一斤，少水溲和，復碓之，復篩之，甑中界之，蒸至粉熟為度。」

到晚清、民國時期，今天的浙江名點松花糰子浮出紙面。民國初沖齋居士《越鄉中饋錄》中記有松花麻糰：

「摘松花曬燥，取其粉，細絹篩過。用糯粉裹甜餡為團，或餃，下水放熟。撩起，外松花，清香可口。有因水煮太濕，而先將糯粉調水，入鑊柳熟後，裹餡粉者，惟嫌冷耳。」

即糯米粉裹餡為糰，如元宵之狀，煮熟，撈起，滾松黃粉。若嫌煮出來的糰子太濕，沾粉不勻，不妨調換一下順序。先將糯米粉和水揉成團，擀得薄些，蒸熟再揪作小塊，捏扁裹餡兒，搓成團子。這時米糰已冷，滾入松黃，薄薄地沾上一層，恰到好處。製成的松花糰子表沙裡糯，清新婉秀，絲絲甜意，入口便帶走心頭的哀愁。春日踏青足倦，憩馬漱泉，食此物最為相宜。

❖ 芝麻葉

芝麻葉如今多呼為「排叉」、「麻葉兒」、「焦葉子」，是中國老北方的傳統年貨。

此物早見於明代中葉成書的《宋氏養生部》。該書作者宋詡世居松江，自道「習知松江之味」，其母朱氏曾隨丈夫宦轍在北京長住，留心烹飪，凡遇到朋友眷屬善烹調者，輒與交流，學得一身精湛廚藝。宋詡聽母親口授經驗，整理記錄，成就此書，儼然便是一部「母親的廚藝」。後來，宋詡之子宋公望克紹箕裘，繼承了父親的工作，也寫了一本養生食譜，叫作《宋氏尊生部》，收錄了兩百多種食物的製作和保藏方法，算是他爹著作的續集。一家三代精於調鼎，別人都是什麼「一門三鼎甲，四代六尚書」[5]，他家是「一門三大廚，三代六『吃貨』」，真可謂家學淵源，傳承有序。

「**芝麻葉：用麵同生芝麻，水和，擀開薄，切小條子，中通一道，屈其頭於內而伸之，投熱油內煎燥。**」[6]

❖ 到口酥

清初詞宗、大學者朱彝尊寫過一本食譜，叫作《食憲鴻秘》，其中有一種名為「到口酥」的點心：

「酥油十兩，化開，傾盆內，入白糖七兩，用手擦極匀。白麵一斤，和成劑。擀作小薄餅，拖爐微火熯。」

朱彝尊寫得不是很清楚，高濂《遵生八箋》則在細節處交代得更為詳細：

「到口酥，用酥油十兩、白糖七兩、白麵一斤。將酥化開傾盆內，入白糖和匀，用手揉擦半個時辰，入麵，和作一處，令匀。擀為長條，分為小燒餅，拖爐微微火焊熟，食之。」

酥油十兩，麵一斤，白糖七兩，和麵搓成長條，以做千層餅的手法一環一環圈繞成餅，然後烤製。

記得聽過一種說法，說當年的到口酥便是後來揚州、鎮江一帶的「下馬酥」。下馬酥大概取的是「聞香下馬」之意，然而文化程度偏低的市井俚俗不解風情，硬是把「下馬」誤認為「蛤（蝦）蟆」。於是，原本饒有意境的下馬酥就變成了蛤蟆酥，該俚稱因仍至今，反倒成為約定俗成的正式名稱了。

其他糕點如綠豆糕、茯苓糕、玫瑰餅、馬蹄卷、雲片糕者，古今名稱通用，做法也一脈相承；粽子、元宵、重陽糕等，迄今已司空見慣，均不需贅述。至於紫龍糕（隋代謝諷《食經》）、百花糕（唐代劉餗《隋唐嘉話》）、貴妃紅（宋代陶穀《清異錄》）之類，豹隱塵外，製法不傳，難以復原，每深悵憾。

曾幾何時，多少聲華，都成塵土。穀麥細碾輕摶的糕點，一身弱骨，竟可抵敵歷史的激流，百世千載，不敗不朽，素心如初。無數次輪迴之後，依舊執著地穿越人山人海，皈依你我，種下動人心魄的種子，繼續傳承。今天我們回首古事，未來亦將有人回望我們，連通時間的道路非止一途，沿途尋索，必能發現食物的脈絡。

注釋

1 《太平廣記・書四》。
2 《周禮注疏・卷五》。
3 〔唐〕杜甫《水檻遣心二首》。
4 〔宋〕孟元老《東京夢華錄・卷八》。
5 〔清〕吳敬梓《儒林外史》。
6 〔明〕宋詡《宋氏養生部》。

從超級刺客到詩星之死：吃魚漫談

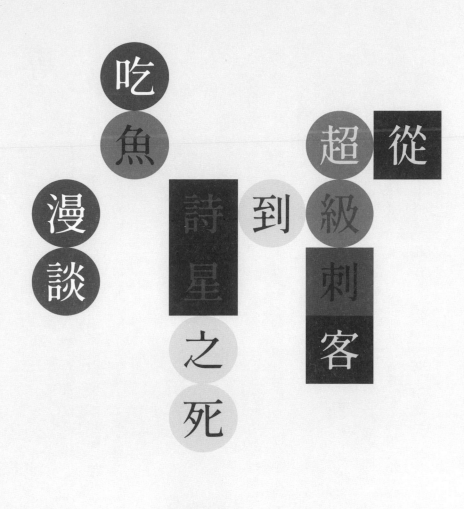

專諸藏身太湖之畔燒魚，已是第八個年頭了。

巷子口的柳葉，青了八次，落了八次，專諸日復一日起早貪黑苦練手藝，八年重複枯燥的習練，讓他早已能夠將魚燒得鮮美絕倫，但他食不知味。他在等一個信號，那是他辟居陋巷、默默燒魚八年的目的。他苦練燒魚，不是為了品嘗、果腹、販賣，而是為了——殺人。

八年前，專諸遇到了一個名叫伍子胥的男人，兩人結為朋友。不久，伍子胥把他引薦給了公子光。

《儀禮》：「諸侯之子稱公子。」在先秦，「公子」指的是諸侯的兒子，並非什麼人都能叫公子。公子光的父親諸樊、祖父壽夢，都做過吳國國君，而公子光沒能繼承父祖之位，因此只能是個公子。

公子光的祖父壽夢有四個嫡子：老大諸樊、老二余祭、老三余昧、老四季札。季札最賢，是壽夢的指定接班人，但季札這個人素性清高，對王位毫無興趣，堅辭不受，壽夢只好傳位長子諸樊。諸樊同樣愛重季札，因此把親兒子公子光撇在一旁，傳位給了二弟，想用「兄終弟及」的方式，最終讓季札上位。諸樊、余祭、余昧三位兄長先後為王，算是為季札打個樣子，然而余昧死後，輪到季札即位時，他還是執意不肯，彷彿那王位有刺似的。臣民苦苦相求，逼得急了，季札乾脆捲舖蓋離家出走。歷史上為了爭位奪位不擇手段的人很多，為了避位遜位不擇手段的，百世難得一見。

季札逃了，王位總不能一直空著，吳國高層會議決定擁立先王——四兄弟中老三余昧的兒子，此人名僚，世稱「吳王僚」。

吳王僚即位，第一個不服的就是四兄弟中老大諸樊之子公子光。當年諸樊若非為了季札，王位早就傳給公子光了，既然現在季札明確表態不願為王，那麼王位應當物歸原主，交還給他才是，怎能讓僚即位？而僚也毫無父輩推位讓國的風度，讓他即位他便即位，完全沒有交還給公子光的意思。

既然你不肯歸還，那我只好動手搶了。自僚即位的第一天起，公子光的篡弒計畫便悄然展開了。

伍子胥深悉公子光的野心，也非常清楚公子光的計畫，所以引薦了專諸給他——專諸正是計畫的關鍵。

在春秋戰國時代的遊俠刺客身上，大都具有一種品質，「國士遇我，國士報之」，你如何待我，我便如何回報。你待我以恩，我湧泉相報；你待我以仇，我以牙還牙。公子光待專諸極厚，並敬其母，專諸是個孝子，只這一點，已足以使他為公子光效命。

《吳越春秋》還記載了兩人關於行刺計畫的一席對話：

專諸道：「公子何不使近臣從容諷諫，陳明先王之命，令吳王明白王位本該歸公子所有。動用劍士，流血相殘，豈不有負列位先王心願？」

公子光道：「僚那廝貪婪成性，從來只知爭權奪利，絕無退讓的襟懷。在下是逼不得已，欲求同憂之士，共擔大義，合謀大事。眼下唯壯士可以荷此重任。」

專諸道：「公子是讓我弒君嗎？這話說得未免太露骨。」

公子光道：「在下絕不敢陷壯士於不義，相反，此舉純然是為了社稷、道義。只恨在下力弱，不能親手執行，唯有將這條性命託付給壯士。」

專諸默然片刻，道：「欲殺人君，需從其所好入手。吳王何好？」

公子光道：「好味。」

專諸道：「何味所嗜？」

公子光道：「最嗜炙魚。」

從那天起，專諸便卜居太湖，習練炙魚，三個月掌握烹炙精髓，直到八年後，這道魚才有機會端到吳王僚面前。

當時，吳王僚的兩個弟弟督師伐楚，為楚軍所困。親信、軍隊皆被隔絕在外，僚的力量出現了前所未有的空虛。於是公子光設宴奉請，準備動手了。

吳王僚未嘗不曾察覺公子光的野心，赴宴之時，已部署了極為周密的防護。《史記》：「王僚使兵陳自宮至光之家，門戶階陛左右，皆王僚之親戚也。夾立侍，皆持長鈹。」他帶了一整支軍隊來吃這頓飯，兵士從王宮直排入公子光家裡，親信近衛布列門庭，人人手持白刃，只要公子光有所異動，立即將其斬殺護駕。

公子光好像看不見這一切似的，只管言笑晏晏，把酒歡敘。吳王僚見他乖巧服帖，深信他是被自己的護衛陣勢鎮住了，得意之餘，不免有所鬆懈。酒過三巡，公子光突然抱起腳丫子哼哼唧唧，告罪說腳疾犯了，要入內包紮。吳王僚環顧四周，觸目所及，皆是自己的親衛，諒他公子光再詭計多端，又能搞出什麼花樣？當下大大方方地應允。公子光轉入地下密室，與此同時，專諸手捧炙魚，呈進吳王之前。

彼時貴族進食，行分餐之制，食者雙膝著地，上身挺直，跽坐於地，身下鋪有兩層坐具，下層的叫「筵」，上層的叫「席」[1]，俎豆酒食，俱置席上。人各一席，肴饌則每人一份，上菜之際，侍者與食者距離極近，近到足以行刺。專諸放下那道魚，探手一撕，從魚腹中抽出一柄短劍。沒有花裡胡哨的劍術，只有一劍！當胸平刺，貫穿三層鎧甲，透背而出。吳王僚當場身亡，衛士亂刀齊下，將專諸分屍。公子光預先伏下的甲士蜂擁殺出，封鎖門戶，盡誅吳王親衛，隨即接收政權。公子光自立為王，後來賓服荊楚，威震東南，史稱「吳王闔閭」。

專諸苦練八年，獻食吳王的，乃是一道炙魚，也就是烤魚。魚腹中能藏入一把匕首，此魚必非細瘦。要將一尾大魚烤得外不焦而裡嫩，確需下一番苦功。除了「貫之火上也」這種直接架設在炭火上炙烤的方式，當時的烤魚也有隔物加熱的做法。戰國早期湖北曾侯乙墓出土過一隻雙層青銅爐盤，上層盤中留存著一條鯽魚骨[2]，盤底發現了燻烤痕跡，下層盤內積有木炭。這件爐盤可能就是當時的一種炙魚炊具。

因中國水資源分佈使然，就魚饌而論，無論數量品質，古來皆南勝於北。專諸卜居太湖之濱練習燒魚，有大把資源供他取用。北方的情況則淒慘一些。北方人口稠密，增長迅速，原本就不富裕的魚類資源日益短缺，春秋戰國時代，北人食魚之奢侈，不下食肉。孟子將魚和熊掌相提並論，視之為最頂級的食材。戰國四公子之一的孟嘗君，門下養士三千，這三千食客，分為三等，待遇不同。末等食則粗糲，出則徒步；次者食有魚，出行徒步；最高級的人才，則享受食有魚、出有車的優待[3]。天下有數的大集團中層幹部才吃得起魚，足見畫之珍稀。

先秦北人取食淡水魚，必稱魴、鯉。《詩經．陳風．衡門》：

衡門之下，可以棲遲。泌之洋洋，可以樂飢。
豈其食魚，必河之魴？豈其取妻，必齊之姜？
豈其食魚，必河之鯉？豈其取妻，必宋之子？

詩中後兩段的意思是，吃魚何必一定要吃魴魚、鯉魚，娶妻何必非得去娶齊姜、宋子那個級別的美女？反過來說，齊姜、宋子是當時男人夢寐以求的女中絕色，魴魚、鯉魚就是老饕垂涎三尺的魚中極品。當時魴魚、鯉魚之貴重，超乎今人想像。孔夫子喜得麟兒那天，魯昭公派人送了份賀禮，孔子拆開一看，是條鯉魚。以孔子的國際地位和影響力，長子出生這麼大的喜事，國君居然只送條普普通通的淡水魚，孔子非但毫不介意，反倒感動得一塌糊塗，當即給兒子取名叫孔鯉，字伯魚，以紀君恩[4]。國君賜禮，固有其象徵意義，而鯉魚之珍，也確非等閒可致。

好在漁業發展非止捕撈一途，春秋時期，各國已有意識推行池塘養魚，比如齊國「陂池之魚，以利貧民」[5]。越國范蠡建言勾踐，養魚資國：「臣竊見會稽之山，有魚池上下二處，水中有三江四瀆之流，九溪六谷之廣。上池宜於君王，下池宜於民臣。畜魚三年，其利可以致千萬，越國當富盈。」[6]三年盈利千萬，可見魚市生意十分火爆。孟子談民生，也說：「數罟不入洿池，魚鱉不可勝食也。」話雖如此，可實際情況並不樂觀，「不可勝食」的盛況絕少出現，北方的魚還是遠不夠吃。不夠吃怎麼辦？繼續擴大養殖規模。養魚這件事，漢武帝的兒子漢昭帝頗有心得。漢武帝雄才大略，為出兵遠征滇國，特意在長安城外，仿照雲南滇池的大小，開鑿昆明池演習水戰。這座京畿水軍基地、皇威霸業的象徵，傳到武帝兒子昭帝手裡，卻被改成了魚塘，用來養魚賺錢了，不曉得武帝泉下有知，該作何感想。《三輔故事》說：「武帝作昆明池以習水戰，後昭帝小，不能復征討，於池中養魚以給諸陵祠，餘付長安市，魚乃賤。」大量魚鮮湧入長安市場，魚價暴跌，這才算實現了孟子「魚鱉不可勝食」的願景。

那時的魚行又稱魚肆，沒有冷藏技術，魚肆囤積的水產保藏，主要依賴食鹽醃漬。鹽很可能是人類發現的第一種抑菌物質，當食品中的鹽濃度達到百分之十至十五時，大部分微生物的活動會被抑制。可惜古時鹽價不菲，魚肆多半做不到足量使用，原該用一斤鹽的，只用八兩，魚貨不免發臭，因此魚肆周遭往往腥臭逼人。有句話這樣寫道：「與善人居，如入芝蘭之室，久而自芳也；與惡人居，如入鮑魚之肆，久而自臭也。」[7]聯想到北歐著名「黑暗料理」鯡魚罐頭那足以替代催吐劑的臭氣，出入魚肆買魚的顧客恐怕全程掩鼻，也不免被熏得頭昏腦漲。西元前二一〇年，秦始皇東巡途中龍馭上賓，丞相李斯擔心天下生變，祕不發喪，「棺載轀輬車中」。時值盛夏，屍身很快腐敗，為遮掩屍臭，李斯徵調了一百多斤鹹魚（鮑魚）置於車中，「以亂其臭」[8]。連屍臭都可蓋過，魚肆的氣味可想而知。

歷經百年發展，至遲到魏晉時代，通都大邑建成了專業魚市。《洛陽伽藍記》：

「別立市於洛水南，號曰四通市，民間謂永橋市。伊、洛之魚，多於此賣，士庶須膾，皆詣取之。魚味甚美，京師語曰：『洛鯉伊魴，貴於牛羊。』」

「城南歸正里，民間號為『吳人坊』，南來投化者多居其內。近伊洛二水，任其習御。里三千餘家，自立巷市。所賣口味，盡是水族，時人謂為魚鱉市也。」

市場興起，原因有二，要麼從地利，要麼就人和。四通市地近洛水，便於捕撈運輸；吳人坊則開設在南方人聚居的社區之旁，南人飯稻羹魚，魚類消費量大，社區附近自然而然便形成了魚市。

魚饌烹法，不出膾、鮓、炙、煎、脯、醬、羹、蒸。烤魚之法，六朝以前的傳世文獻絕少披露，幸而北魏賈思勰的《齊民要術》保留了若干詳盡教程，後人大可據之推想古時滋味，甚至走進廚房自行複製一千五百年前的珍饈：

「炙魚，用小鱝、白魚最勝。渾用。鱗治，刀細謹。無小，用大為方寸准，不謹。薑、橘、椒、蔥、胡芹、小蒜、蘇、欓，細切段，鹽、豉、酢，和以漬魚。可經宿。炙時以雜香菜汁灌之。燥復與之，熟而止。色赤則好。雙奠，不惟用一。」

選用鱝魚或白魚，大魚切片，小魚整條，用薑、橘皮、花椒、蔥、紫蘇、茱萸、胡芹、小蒜、鹽、豉醬、醋等調汁，花上一整宿工夫醃漬入味。翌日向火，不斷澆淋香菜汁，烤至焦紅色。烤魚澆香菜汁，在現在「反香菜派」的眼裡，簡直「大逆不道」，但其實古人說的香菜，並非特指現代俗稱「香菜」的傘形科芫荽，而是泛指富有芳香氣的可食用植物，比如藿香。藿香汁液，去腥提鮮，為烤魚增添了一種奇異風味。豆豉扮演的角色與現代的醬油相當，《齊民要術》記載的「釀炙白魚」，即取豆豉汁生香著色：

「白魚長二尺，淨治，勿破腹。洗之竟，破背，以鹽之。取肥子鴨一頭，洗治，去骨，細剉；酢一升，瓜菹五合，魚醬汁三合，薑、橘各一合，蔥二合，豉汁一合，和，炙之令熟。合取從背、入著腹中，弗之。如常炙魚法，微火炙半熟，復以少苦酒、雜魚醬、豉汁，更刷魚上，便成。」

「釀菜」是中餐烹飪江湖的一門奇功，中國人的哲學講究涵養，所謂「內秀」，涵之於內，養乎其中。這個道理施諸烹飪領域，精華藏斂，易於鎖住味道；內有乾坤，則創造出視覺和味覺的雙重驚喜。主食方面，包子、餃子是內秀的踐行者，而肴饌的代表就是釀菜了。釀菜所用胚料——也就是作為容器的食材，可以是禽類，如整只雞、鴨、鵝、鴿子；可以是畜類內臟，如肚、腸；可以是水果，像「蟹釀橙」的柳丁、「八寶釀梨」的梨子；可以是豆腐；可以是蔬菜，茄子和青椒就經常被塞進一堆亂七八糟的東西烤炸煎蒸；當然也可以是魚。《齊民要術》推薦的釀炙白魚，不開膛，而是開背，除去臟腑，內外抹鹽略醃。肥鴨去骨剁成肉丁，加醋、瓜菹、魚醬、薑、橘皮、蔥、豆豉汁，炒熟，填充魚腔，文火烤至半熟，刷一遍醋和魚醬、豆豉汁烤熟。白魚肉質細嫩，易於入味，腹中餡料的味道被炭火逼出，表裡夾攻，徹底浸潤，造就令人欲罷不能的鮮香。

煎炸之法，極為古老。最早的煎卻不是油煎，而是像煎茶、煎藥，以收汁為目的，故稱「煎熬」。《齊民要術》有一道「蜜純煎魚」，明確使用動物膏油，無疑是貨真價實的油煎魚，不過彼時鐵鍋暫未普及，炊具壁厚，很難煎出現代廚房的味道，所謂煎，其實還是「熬熟」：

「用鯽魚，治腹中，不鱗。苦酒、蜜中半，和鹽漬魚，一炊久，漉出。膏油熬之，令赤。渾奠焉。」

「苦酒」為醋之別名，這道菜蜜醋合璧，味作酸甜。鯽魚去內臟，不刮鱗，浸到蜜、醋各半，加鹽調配的味汁裡。一頓飯後，取出瀝乾，慢慢煎到兩面焦紅。

煎魚用蜜不用糖，是時代的無奈，在唐太宗派人赴天竺引進優化的蔗糖熬煉技術之前，中國的甜食大抵取自飴糖（麥芽糖）和蜂蜜。蜂蜜作用至廣，增味以外，亦可保鮮，用蜂蜜保鮮的工藝稱為「蜜漬」。南北朝時代世傳一道「蜜漬逐夷」，為天子鍾情的名菜，南朝宋明帝劉彧嗜食此物，一頓要吃幾大碗，胃都塞滿了，兀自口不忍釋，以致胸腹痞脹，差點活活撐死。御醫、宮人們忙活半天，連灌數桶醋酒，才給他消下去。《南齊書》：

「（宋明）帝素能食，尤好逐夷，以銀鉢盛蜜漬之，一食數鉢。謂揚州刺史王景文曰：『此是奇味，卿頗足不？』景文曰：『臣夙好此物，貧素致之甚難。』帝甚悅。食逐夷積多，胸腹痞脹，氣將絕，左右啟飲數升酢酒，乃消。」

宋明帝體肥貪食，遇到蜜漬逐夷，就彷彿遇到了冥冥中的另一半靈魂，完全停不下來，連召見臣工的當兒都在捧碗狂吃。有一回揚州刺史奏事，明帝把碗一伸，還做起了推廣：「朕跟你說，這東西可好吃了，你以前吃過沒有？」刺史哪敢掠皇帝之美，回稟說：「臣一向也喜歡這個，只是家裡窮，吃不起。」宋明帝聽了「甚悅」，嘉許他奏對得體，處官清廉。

《齊民要術》指出，「逐夷」就是魚腸醬，這個古怪的名字據說得自漢武帝。大約在漢武帝東巡期間，追殺夷人，追至海邊，聞到一股撲鼻奇香。漢武帝登時忘了追敵，派人到處找這香氣的來源。找來找去，死活找不到，最後捉住個漁人盤問，漁人說香氣來自埋在土坑中的魚腸。漢武帝挖出一嚐，果然極其美味，因是追逐夷人時所得，故名「逐夷」。

該食物的起源還有另一個傳說，背景時代更早，要追溯到專諸的老闆吳王闔閭時期。據說闔閭得位第十年，東夷來侵，闔閭率軍親征，夷人大敗，遁海而逃。吳軍銜尾窮追，追到一座島上，夷人已紮好營寨，背水死戰，吳軍一時不能取勝，雙方進入相持階段。那時正逢雨季，風大浪高，雙方的補給線都中斷了，只好捕魚為糧。但海況太差，捕魚作業很不順利，眼看全軍都要困死在孤島上，闔閭心焦如焚，親自乘船闖入風浪，向海神拜禱。他不眠不休，祈告了一大一夜，第二天早上，風浪悉平，走上船頭一看，但見朝霞相接的海面上，一大片燦然金色隨潮湧來，繞著闔閭的座船團團環遊。軍士下網撈起，盡是金鱗燦燦的小魚，味極鮮美，不知其名，因見其腦中有骨如白石，號為「石首魚」。吳軍自是士氣大漲，而夷人無所果腹，被迫乞降。闔閭用鹹水醃製魚腸，賜與降卒，稱之「逐夷」。爾後班師回朝，還剩一批鹹魚沒吃完，闔閭賞給群臣，其味之美，世所罕見，於是有人在「美」字之下書一

「魚」，創制了「鮝」字，直到今天，這個字仍為魚乾的專稱[9]。

兩個傳說內容判然有別，但逐夷為魚腸殆無疑義。《齊民要術》記錄做法如下：

「取石首魚、魦魚、鯔魚三種腸、肚、胞，齊淨洗，空著白鹽，令小倚鹹，內器中，密封，置日中。夏二十日，春秋五十日，冬百日，乃好。熟食時下薑、酢等。」

意即將石首魚、鯊魚、鯔魚的魚腸、魚肚和魚鰾洗淨放鹽，收入容器，密封，擺在太陽地裡。夏季二十天、春秋五十天、冬日一百天後開封。一碟老醋，一把薑末，便是吃這醃魚腸的極佳蘸料。

石首魚和鯔魚均屬近海魚類，石首魚別稱極其繁多，如鯮魚、黃魚、春來魚、江魚、郎君魚，等等，理也理不清楚。古人判別此魚的標準，是看魚頭中是否生有發達的耳石，這也是石首魚「石頭腦袋」得名之由，《閩中海錯疏》：「石首，鯮也，頭大尾小，無大小腦中俱有兩小石如玉。」著名的大黃魚（俗稱「黃花魚」）、小黃魚都屬於石首魚科，中國四大海產魚（大小黃花魚、帶魚和墨魚），石首家族獨佔半壁。

每年春夏，楝花開時，石首魚洄游至近海產卵，翹首企盼了一整年的吳人，趕緊從衣櫃裡搬出剛剛換下的冬裝、棉被典賣，換了錢買石首魚吃。民諺有云：「楝子花開石首來，笥中被絮舞三台。」一時氣新熱，鮮魚用不了多久就會微微發臭，吳人毫不在意，忍臭大啖，因為過了這旬月辰光，再想一饜口欲，又要等來年了。若實在吃不來臭魚，那就只好吃醃魚。古時冷鏈技術不發達，醃製魚腸、曬製魚乾，莫不是為了保鮮，若非沿海居民，想吃上一尾新鮮石首魚，真比登天還難，連供給皇室的上方貢物都只能是醃漬的。一部記錄隋煬帝朝青鎖祕史的手稿中詳載了吳郡（今江蘇蘇州）貢奉宸掖的石首魚保藏之法：

「（吳郡）獻鮸魚含肚千頭，極精好。作之法：當六月七月盛熱之時，取鮸魚長二尺許，去鱗淨洗。停二日，待魚腹脹起，方從口抽出腸，去腮留目。滿腹內納鹽竟，即以末鹽封周遍，厚數寸。經宿，乃以水淨洗。日則曝，夜則收還。安平板上，又以板置石壓之。明日又曬，夜還壓。如此五六日乾，即納乾瓷甕，封口。經二十日出之，其皮色光徹，有如黃油，肉乾則如糗，又如沙棋之蘇者，微鹹而有味，味美于石首含肚。然石首含肚亦年常入獻，而肉強不及。此法出自隨口味使大都督杜濟，濟會稽人，能別味，善於鹽梅。亦古之符郎，今之謝諷也。」[10]

鮸（miǎn）魚俗稱「米魚」，是石首魚的一個主要品種。吳郡進獻的一千條「鮸魚含肚」，用的是六、七月盛暑之際盛產的鮸魚，二尺來長的最好。刮去魚鱗，清水洗淨，放置一天，待次日微微腐敗，魚腹脹起，從魚嘴鉤出腸子，摘去魚腮，腹內填鹽，並厚厚塗抹周身，抹至數寸之厚，再經一宿，用水洗淨。醃漬的鹹魚，白天曝曬脫水，夜裡重物鎮壓，如此連曬帶壓五到六天，直到完全乾透，封進乾燥的瓷甕，二十天後取出。製成的鮸魚含肚，皮色光亮透明，宛如黃油，魚肉鬆軟細嫩，微鹹醇香。

用石首魚醃製的魚鮝，古人認為「食之消瓜成水[11]」，可開胃醒脾，補虛活血，是病人、孕婦產後食養之珍[12]。至今秋風一起，東南沿海城曲巷隅，仍然到處灌滿魚鮝的鮮氣，這股氣味流蕩了數千年，醃透了浙東人的鄉土。到市場打個轉，拎回幾提，滾煮去鹹之後，就是老寧波人說的「壓飯榔頭」，配合炒飯、蒸臘肉、豬肉紅燒、清燉雞湯，或者蘿蔔肥肉同煨，搭葷配素，無不可人。

逐夷的市場在唐朝冷卻了，繼之而起的是「魚肚」，也就是魚鰾所製的魚膠。大黃魚的魚肚外號「黃花膠」，製法去繁就簡：魚鰾剖開，洗淨，壓扁，曬乾，煮沸後冷凝即成。魚肚膠質豐富，凝結著濃郁奇鮮，用冷水發開，燉雞、燉排骨，口感爽滑，湯頭鮮美，入口的一刻，十萬個神經末梢齊抖擻，整個世界都氤氳虛化了，只剩下眼前這碗珍味清晰無比，光芒四射。深宮天子也按捺不住，在唐代，吳郡貢品從每年千條魚鮝換成了每年七斤「壓胞」（魚肚）[13]。

海魚魅力無窮，不過受運輸、保鮮條件限制，唐人餐桌上，淡水魚還是比海魚常見得多。馳譽先秦的鯉魚、魴魚，在唐代依然緊俏。唐人尤重避諱，以「鯉」同音皇家姓氏

「李」的緣故，開元三年、十九年，朝廷兩度禁斷捕食鯉魚[14]，膽敢販賣者，按律脊杖六十[15]。處罰措施不可謂不苛，但從唐人大量食鯉的資料來看，朝廷禁令、法律規章未曾發揮理想的作用，「吃貨」們照常捉了鯉魚，該清蒸的清蒸，該燉湯的燉湯，我行我素，不亦樂乎，完全不買官府的帳。其實唐廷多次設想禁止捕魚，武則天朝出於宗教原因，一度罷屠，不許宰割牲畜，接著又將禁漁議案提上朝會討論。大臣崔融堅決反對，指出：「江南諸州，乃以魚為命。」[16]禁漁無異於斬斷南方千萬百姓生計，勢必掀起巨大波瀾，此議最終不了了之。

至於魴魚，在唐代亦稱「鯿魚」，古時欠缺嚴謹的生物分類標準，魴魚和鯿魚常常混淆不分，古人說的這兩種魚，其實均可指今天的魴屬魚，也可指鯿屬魚。鯿魚之美，傾倒眾生，三國陸璣說：「魴魚廣而薄，肌肥甜而少肉，細鱗之美者也。」[17]武昌江段出產的「縮項鯿」，或稱「槎頭鯿」尤為翹楚。《襄陽耆舊傳》中說：

> 「漢水中出鯿魚，肥美，常禁人采捕，遂以槎斷水，因謂之槎頭縮項鯿。張敬兒為刺史，齊高帝取此魚，敬兒作書進曰：『奉槎頭縮項編一千八百頭。』峴潭有云：『試垂竹竿約，果得槎頭玉。』孫炎《釋爾雅》：『積柴木水中養魚曰椮。』襄陽俗謂魚椮謂槎頭，言所積柴木槎椮然也。」

當年襄陽人因嗜此魚，大規模採捕，逼得官府立槎斷水加以限制，「槎頭鯿」之名，就是這麼來的。鯿魚最精彩處是肚下那一塊被稱為「腹腴」的嫩肉：「魴魚，小頭縮項，闊腹穹脊，細鱗，色青白，腹內肪甚腴。」[18]唐人甚至將之與豹胎並論，譽為水陸最頂級的兩種食材[19]。多少文宗詩豪被這麼一小塊肉迷得神魂顛倒，岑參在塞外挨風沙的時候，做夢都想著那口味：「秋來倍憶武昌魚，夢著只在巴陵道。」[20]杜甫詩云：「魴魚肥美知第一，既飽歡娛亦蕭瑟。」[21]將其譽為當世無雙，這還算克制了，設或讓孟浩然見到鯿魚，簡直連命都可以不要。孟浩然的生活，三句話不離鯿魚，去人家玩耍，寫《冬至後過吳張二子檀溪別業》：「鳥泊隨陽雁，魚藏縮項鯿。」去釣魚，《峴潭作》：「試垂竹竿釣，果得槎頭鯿。美人騁金錯，纖手膾紅鮮。」餞別朋友，《送王昌齡之嶺南》：「土毛無縞紵，鄉味有槎頭。」最後這首詩作於開元二十六年王昌齡謫逐嶺南之際，孟浩然許願說：「老王，將來你到了襄陽，我請你吃魚。」王昌齡大概一直惦記著這事，兩年後遇赦北歸，路過襄陽，一下船便徑直去尋孟浩然踐約。那時孟浩然生了背疽，醫治多時，好不容易有所好轉，見了嚷嚷著要吃魚的王昌齡，孟浩然尋思：「我這病好得差不多了，稍微吃一點忌口的東西，諒也無妨。」等開出宴來，鱗龍曼舞，芳旨盈席，紅蝦白魚，說不盡的鮮香動人，孟浩然哪裡還把持得住，放開懷抱，鯨吞虎噬，也不知吃了多少，未幾疾發而死[22]。

大凡魚肉口感，與之所處水體的水深、水流息息相關。海魚活動範圍廣，每每與風浪相抗，所以肉質較淡水魚彈性更為優勝。縮項鯿出產的水域，水文特異，江水倒灌，成迴旋之勢，強勁的水流造就了縮項鯿一身卓絕骨肉。清光緒十一年（西元一八八五年）的《武昌縣誌》評釋道：「魴，即鯿魚，又稱縮項鯿，產樊口者甲天下。是處水勢迴旋，深潭無底，漁人置罾捕得之，止此一罾味肥美，余亦較勝別地。」南宋權相賈似道最喜浙江苕溪鯿魚，有個叫趙與可的湖州地方官巴結當道，為把湖州鯿魚活蹦亂跳地送到宰相府上，別出心裁地設計了一種運魚船，船上裝有水迴圈機械，模擬江河水流，灌輸不停，魚群持續運動，既保證了新鮮，亦保持了口感[23]。

更為重要的運輸技術——原始的「冷鏈物流」，也在宋代初步投入應用。有條件的魚販冬季收集冰塊，藏諸地窖，夏月漁汛之時，取冰裹魚，能跨四百餘里，從蘇州運至金陵（今江蘇南京）以西[24]。不過冰鎮運輸成本高昂，非市井小民可以享受，尋常百姓餐桌上的，依舊是聞著臭、入口鮮的鹹魚、魚乾。

臭味之於美食，別具不可思議的魔力，能夠化生邪異，使人無端著迷。從前缺鹽的時代，魚肆醃魚，醃得臭氣沖天，一半是因為鹽貴，一半也是故意為之，那些有同嗜焉的逐臭之客，非但不會掩鼻疾走，反而趨之若鶩，甘之如飴。中國的臭味美食，大抵以長江中下游的湖北、湖南、江西、安徽為最，湖北武漢的乾燒臭鱖魚（俗稱中也寫為桂魚），至今為鄂菜經典，下酒恩物。此魚的歷史，可以追溯到宋朝百姓餐桌：

「漢陽武昌，濱江多魚，土人取江魚皆剖之，不加鹽，暴江岸上，數累千百，雖盛暑為蠅蚋所敗，不顧也。候其乾乃以物壓作鱐，謂之淡魚，載往江西賣之，一斤近百錢。饒信間尤重之，若飲食祭享無淡魚，則非盛禮，雖臭腐可惡，而更以為佳。一船淡魚其直數百千，稅額亦極重，黃州稅物，每有三淡魚船，則一日課利不憂。」[25]

北宋武昌江岸，白花花鋪著遍地魚乾，晾曬過程無需加鹽，聽其自然腐敗發臭，盛暑時節，蒼蠅群集，亦放置不管。經曬、壓脫水的魚乾，當地呼為「淡魚」，載往江西販賣，每斤售價近百錢，一船動輒幾十萬，獲利極厚。與其他以臭著稱的美食一樣，淡魚的臭氣越甚，越令人瘋狂，那股子奪魂攝魄的詭奇腥鮮，撩動著味蕾深處的欲望。在江西上饒，無此一味不成席，祭祀、待客等必置淡魚。淡魚需求之旺盛，竟成為湖北黃州等產地的稅收支柱，每日僅需輸出三船，便抵得全州賦稅任務。

魚市火爆，漁業隨之發達。中國「四大家魚」——青魚、草魚、鰱魚、鱅魚的養殖在宋代蔚然興起。宋人於實踐中摸索出這四種淡水魚混養的優越性，並開始直接捕撈江河野生魚苗，放入陂塘飼養。浙江大戶人家多鑿池養魚為業，一年光景即可出售，收益上千緡，成本不過牧草、糟糠而已[26]。四大家魚價格平易，養殖業發達地區如浙江、湖北等地，百姓以魚為蔬，謂之「魚菜」，言吃魚像吃菜般平常[27]。當然，也不是所有魚都如此接地氣。

子魚，正式名稱叫做「鯔魚」，自古為海錯瓊珍，雌性子魚卵巢醃漬曬乾，便是日本人眼中世界三大美食之一的「唐墨」烏魚子。宋人食子魚，深諳精要，北宋王得臣《麈史》中載：「閩中鮮食最珍者，所謂子魚者也。長七八寸，闊二三寸許。剖之，子滿腹，冬月正其佳時。」子魚珍美，遂成貢品。南宋初年，秦檜得勢，秦夫人常奉召入宮，陪侍高宗的生母顯仁太后。一次閒話家常，聊起飲食，太后感慨說近日入貢的子魚個頭太小，索然無味。秦夫人忙巴結道：「太后不必煩惱，大個頭的子魚，臣妾家多得是，明兒帶一百條來孝敬太后。」顯仁太后聽了，淡淡的，不置可否。秦夫人拍馬屁沒拍出個響兒，滿心困惑，不知自己說錯了什麼。回家跟秦檜一說，秦檜大驚：「你這婦人，好不曉事，這話怎能在太后面前說！大內都沒有的東西，咱們家倒『多得是』，咱們家豈不是蓋過了皇上！」可是覆水難收，說出去的話自是收不回來了，秦檜立即召開幕僚會議，商討補救之策。第二天，他交給夫人一百條青魚，青魚外觀與子魚略似，體型大得多，且極為普通常見，便是百姓之家，置之百尾，亦非難事。秦夫人帶了青魚進宮向太后交差，太后看罷，拊掌大笑：「這就是你說的子魚？真是個沒見過世面的村婆子。」一場猜忌風波就此渙然消釋，秦檜之貪墨狡獪由此可見[28]。相比起來，南朝宋文帝時的劉義康，在這種事情上全不避嫌，可算一號直腸直肚的鋼鐵直臣。那時劉義康拜大將軍、大司徒，獨掌朝政，四方州郡貢奉朝廷，皆以上品饋贈義康，次品才供給皇上。有一年冬季，皇上當著劉義康的面吃柑子，吐槽說今年的柑子既不好看又不好吃，劉義康想也不想，脫口說道：「今年也有上乘的柑子。」於是吩咐從人回府取些給皇上享用。取來一看，比皇上吃的大出三寸之多，皇上意難平，君臣之間便慢慢生出嫌隙。元嘉二十二年（西元四四五年），宋文帝藉故廢劉義康為庶人，六年後將其賜死[29]。

天子家珍供如子魚者，憑秦檜的權勢薰赫，也只能關起門來偷著嚐，民間就更不用做非分之想了。宋代飲譽民間的淡水魚鮮，首推河豚。河豚劇毒，宋代以前，少見食用記錄，但從東漢醫聖張仲景《金匱要略》所載「鯸鮐魚（河豚）中毒方」來看，漢代就有不少人抵不住誘惑，豁出性命吃河豚了，否則不至於積累到足夠的解毒經驗研究出醫方，也不至於被張仲景收入醫典。唐朝時，玄宗曾賞賜李林甫一系列關中稀有的水產，其中就有河豚。苑咸代筆的《為李林甫謝臘日賜藥等狀》中寫道：「昨晚內使曹侍仙至，奉宣聖旨，賜臣……鯸鮧魚、魴魚、鮭魚等，仍便令膳造。」「鯸鮧」為河豚，唐玄宗不但賜了河豚，還貼心地指派御廚到李林甫家替他烹好，使臣子切身感受天恩溫度。天子賜食，並諭御廚隨行代庖，乃是慣例，哪怕烹出來的東西有毒，臣子也非吃不可，史上許多賜死案例或許都是這麼操作的。可惜唐玄宗並未打算借河豚毒殺李林甫，那位御廚把河豚做得鮮美無比，李林甫感激涕零。

宋代，江淮地區突然掀起吃河豚狂潮，有好事者給河豚腹下嫩肉（一說魚白，即雄性河豚的精囊）取了個曖昧名目，叫做「西施乳」，與閩南一種名為「西施舌」的蛤類，並稱食界雙姝。吃頓飯吃得人面紅耳熱，想入非非，河豚一時身價百倍，元宵節前第一批出水的河豚，作價可達千錢一尾[30]。名字取得香豔，而美食也確然具有不凡的魅力，讓人就算明知有毒，也忍不住想要親近。宋代及此後歷代藥師、醫者、方士總結出來解河豚毒的方子、技巧汗牛充棟，大要而言，宋人已察覺河豚肝、卵、血液劇毒，人食必死，庖治之時，務求避免混入，但每年中毒而死者還是不計其數。梅堯臣擬之利刃：「炮煎苟失所，轉喉為莫邪。」一個搞不好，那就不是吃魚，而是吞劍了。梅堯臣的比喻毫不誇張，河豚毒素毒性之強，甚至氰化物（電影裡特務銜在齒間用來自殺的毒藥）也要甘拜下風，一隻河豚體內所含的毒素，足以毒殺三十個成年人。但江淮人毫不畏懼，不止自己吃，還拿來送禮[31]，經常坑得左鄰右舍同時斃命。世傳一種解河豚毒的配伍，是清理掉眼睛、卵、尾鰭、血液，徹底洗淨後，投以甘蔗、蘆根同煮[32]。設或不慎中毒，古人的土方是急服炒槐花末、龍腦水或橄欖湯。現代研究證明，這些法子並無解毒效果，再者炮製費時，等槐花末炒就、橄欖湯熬妥，中毒者早一命嗚呼了。古代更多見的解救之策是飲糞清催吐。糞清就是濾去渣滓的大糞汁，此物入口，搜腸刮肚、翻江倒海地嘔吐一陣，或許還有活命的機會。相傳清代常州有位御史，攜四位朋友到人家喝酒，主人家烹飪精良，飲饌講究，尤其擅治河豚，客人既至，不能不嚐。雖說主人的家廚在料理河豚方面經驗豐富，做出來的魚肉也美味絕倫，但此物畢竟劇毒，諸客一面舉箸大啖，一面繃著神經，心中警惕。吃到一半，一位姓張的客人忽然筷子一扔，跌下椅子，口吐白沫，全身痙攣。眾人大駭：「糟糕，這是中了河豚之毒！」主人火速打發小廝買來糞清，先給姓張的客人灌下，那客人一副中毒已深的模樣，兀自不醒。眾人越發害怕，都說：「趁著毒還未發，咱們趕緊把這糞湯子喝了罷！」當下顧不得臭氣逆鼻，每人強飲一杯，張口大嘔。未幾，姓張的客人甦醒過來，眾人告以解救之事，張道：「小弟一向患有羊角風，剛才那是發病，不是中毒，你們……你們莫非給我灌屎了？」眾人面面相覷，忙找來清水漱口，大嘔特嘔，比剛才嘔毒還要起勁兒些。想起原本是來吃大餐的，卻無端吃了滿口大糞，嘔吐之餘，狂笑不止[33]。

吃河豚吃到這個份兒上，無趣至極，可是不讓吃又實在忍不住，於是機智的宋朝廚師，創制了仿河豚味的素食「假河豚」，以滿足嘴饞而審慎的「吃貨」[34]。假河豚的目標顧客肯定不包括蘇東坡，古往今來，蘇東坡可稱力主吃河豚第一人，他那些流著哈喇子所作的膾炙人口的詩句，什麼「粉紅石首仍無骨，雪白河豚不藥人。寄語天公與河伯，何妨乞與水精鱗。」、「竹外桃花三兩枝，春江水暖鴨先知。蔞蒿滿地蘆芽短，正是河豚欲上時。」就不必說了，單只下面這個傳說，也足見蘇軾的河豚癮。

傳說蘇東坡謫居常州的時候，所住社區有位員外，家廚烹製河豚極妙，想請東坡先生大駕過府，品題品題，蘇東坡欣然應邀。員外家的女眷孩子，得知名動天下的文壇巨星活生生到自己家來了，大為興奮，都擠在屏風後偷看。卻見蘇東坡落座舉箸，只顧埋頭大嚼，對魚味的好壞竟然不置一詞。員外全家忐忑不安，照理說，客人就餐，哪怕只是禮節性的，也少不得誇讚一句肴饌美味，蘇東坡一言不發，豈不等於在批評「菜做得不咋地」嗎？這可真是丟人丟到家了！就在闔家相顧失落之際，蘇東坡抹抹嘴巴，長籲一口氣，大聲歎道：「也值得一死！」短短五個字，包含著至高的讚美和尊重，員外全家轉憂為喜，無不歡欣[35]。

歐陽修《六一詩話》中說：「河豚常出於春暮，群游水上，食絮而肥。」春夏應季的河豚，到收麥時節就要罷市了。不過「吃貨」不會寂寞，接踵而來的鰣（shí）魚大可慰藉胃口。宋人詩曰：

安石榴花猩血鮮，涼荷高葉碧田田。
鰣魚入市河豚罷，已破江南打麥天。[36]

河豚、鰣魚，再加一味刀魚，組成造極於江湖的「長江三鮮」。

我們先從刀魚談起。刀魚也叫刀鱭，此魚生得筆直修長，通體銀白皎潔，錦鱗一躍，宛若一口銀光射目的飛刀。春潮迷霧出刀魚，吃刀魚最好趕在早春。每年二三月份，桃花初開，正是刀魚從海洋洄游入江產卵的季節，這時的刀魚肉鮮骨軟，豐腴肥嫩，正宜把盞尋春，花前一醉。

原料鮮活，清蒸是上乘烹法，魚之至味在於鮮，蒸之為物，最能鎖住鮮嫩，保留原料天然完整形態。新鮮刀魚，澆淋酒釀（醪糟）、清醬，不添水，直接清蒸，魚肉帶著一刀入魂的奇鮮，沾舌即化，食客內心驚動，醉人的不是酒，而是魚。

刀魚多小刺，清明之後，骨鯁轉強，民諺云「明前細骨軟如棉，明後細骨硬如針」，品質也隨同下降。這時磨一口快刀，薄薄片下魚肉，細細抽淨魚刺，拿火腿湯或雞湯來煨，一大盆湯頭熬得奶白，鮮妙絕倫[37]。

二十世紀六七十年代，每值漁汛，長江中能打到將近四千噸刀魚。此後十幾年，過度捕撈、水質污染，導致刀魚資源嚴重衰減，捕撈量往往難逾百噸。後來刀魚一度要價飛漲至每斤萬元，價格超過純銀，一尾難得。可歎清朝一代食神、江南才子袁枚還在他的美食專著《隨園食單》裡對著刀魚挑肥揀瘦，實是身在福中不知福。

刀魚逐年減少，畢竟還有野生者可捕，而野生長江鰣魚則近乎絕跡。

鰣魚同屬洄游魚類，夏季溯江逆遊，至鄱陽湖、贛江一帶產卵。此物生性剛猛，水下橫衝直撞，動輒鱗破而亡，耐氧又極差，出水便死，最易餒敗，鮮魚十分難得。因此從明朝起，驛馬臨江，宮裡尚膳監的公公親臨現場監督，只等第一網出水，立時冰鎮，揚帆飛馬，直送皇城。「六月鰣魚帶雪寒，三千江路到長安」，沿途早已修好的無數冰窖，不斷補充用豬油加水凍成的新冰，千方百計護持著鰣魚的一絲鮮氣。時間是保鮮的關鍵，護送鰣魚的皇家物流，限期於五月十五日前送抵南京朱元璋孝陵，最遲六月底前到達北京，一路披星戴月，急如星火，七月初一先祭太廟，次供皇上御膳，接著官府富豪們遴選分嚐，之後魚市才敢上市[38]。

明朝皇室費心耗力，千里轉輸鰣魚，一方面是鰣魚味美，天子不免凡心騷動，但也不能全怪皇帝靡財尚侈，不恤民瘼，這件事朱元璋要負一些責任。朱元璋雄才大略，精力過人，為保他的鐵桶江山傳祚萬世，親自設計了一系列制度，要求子孫恪守。照他設想，只要子孫嚴格遵循這些制度，便可萬世一系，永垂無疆，不在話下。無奈人算不及天算，玉壘浮雲，世事變幻難測，朱元璋斷斷沒有料到，他家老四朱棣會篡了他指定皇嗣朱允炆的位子，還把首都從南京遷到了北京。如此一來，許多原本以首都在南京為基礎制定的制度，實施起來就會成本翻倍，鰣魚祭享，便是一例。《明史》：「洪武元年（西元一三六八年）定太廟月朔薦新儀物……四月，櫻桃、梅、杏、鰣魚、雉。」洪武、建文兩朝，太廟位於南京，距長江咫尺，要用鰣魚祭祀，唾手可取。靖難之役後，明成祖遷都北京，把太廟也一併遷了過去，卻不敢揚棄「祖宗家法」，太廟祭祀之物一仍舊例，那就只能千里迢迢搞運輸了。這般大張旗鼓，勢必勞民傷財，所謂「人馬銷殘日無算，百汁但求鮮味在。民力誰知夜益窮，驛亭燈火接重重」。到清康熙二十二年（西元一六八三年），山東按察司參議張能麟上《代請停貢鰣魚疏》，康熙帝批復「永免進貢」，折騰了兩百多年的「鰣貢」才告終結。

鰣魚忌斬段燉湯，忌刮鱗，皆恐鮮醇流失之故。鰣魚魚鱗飽含脂肪，蒸汽一逼，融化入肉，腴美驚天。這一點宋人已具心得，南宋《吳氏中饋錄》收錄的一道蒸鰣魚：

「鰣魚去腸不去鱗，用布拭去血水，放蕩鑼內，以花椒、砂仁、醬擂碎，水、酒、蔥拌

匀，其味和，蒸之。去鱗，供食。」

最後蒸熟去鱗，是去掉未化的鱗片。到清代，蒸法改良：鰣魚挖腮剖腹，拎入沸水略汆去腥，火腿片、筍片、香菇片、熟豬油次第排置魚身，佐白糖、鹽、蝦子、酒釀、清湯，覆豬網油、蔥薑，猛火蒸二十分鐘。棄蔥薑網油，取其湯，調以胡椒粉，重複澆淋魚身。上席的鰣魚宜配薑醋蘸食[37]。

鰣魚雖讓明朝天子惦念不已，但也有一樣壞處——細刺多如毛。張愛玲嘗歎人生三椿恨事：恨海棠無香，紅樓未完，鰣魚多刺。

可惜，而今鰣魚洄游產卵之路斷絕，野生鰣魚與我輩無緣，刺多刺少，緣慳一面。今日市面可見者，唯美洲西鯡、真鰶和長尾鰣而已，似是而非，謬之千里矣。

注釋

1 〔東漢〕鄭玄《周禮注》。
2 王仁興．曾侯乙爐盤功能研究——兼論西元前5世紀初中國煎食炊器的文化淵源及其出品的流傳 [J]. 美食研究，2016（1）：1-5.
3 〔西漢〕司馬遷《史記．孟嘗君列傳》。
4 《孔子家語》。
5 〔西漢〕劉向《說苑．政理》。
6 〔北宋〕《太平御覽》引《吳越春秋》。
7 〔北齊〕顏之推《顏氏家訓》。
8 〔西漢〕司馬遷《史記．秦始皇本紀》。
9 〔唐〕陸廣微《吳地記》。
10 〔唐〕顏師古《大業拾遺記》。
11 〔東晉〕王羲之《雜帖》。
12 〔清〕王世雄《隨息居飲食譜》。
13 《新唐書．地理志》。
14 《舊唐書．玄宗上》。
15 〔唐〕段成式《酉陽雜俎》。
16 〔清〕《全唐文》。
17 〔三國吳〕陸璣《毛詩草木鳥獸蟲魚疏》。
18 〔明〕張自烈《正字通》。
19 〔唐〕皇甫枚《三水小牘》。
20 〔唐〕岑參《送費子歸武昌》。
21 〔唐〕杜甫《觀打魚歌》。
22 《新唐書．文藝下》。
23 〔南宋〕周密《癸辛雜識》。
24 〔南宋〕范成大《吳郡志》。
25 〔北宋〕張耒《張太史明道雜誌》。
26 〔南宋〕施宿《嘉泰會稽志》。
27 〔南宋〕趙與旹《賓退錄》。

28 〔南宋〕羅大經《鶴林玉露》。
29 《宋書・武二王》。
30 〔北宋〕葉夢得《石林詩話》。
31 〔北宋〕張師正《倦遊雜錄》。
32 〔明〕宋詡《竹嶼山房雜部》。
33 〔清〕袁枚《子不語》。

34 〔南宋〕孟元老《東京夢華錄》。
35 〔南宋〕孫奕《示兒編》。
36 〔南宋〕陳造《早夏》。
37 〔清〕袁枚《隨園食單》。
38 〔明〕沈德符《萬曆野獲編》。

漢唐大餅

在先秦諸子、戰國策士奔走天下，向列國君主陳理想、「畫大餅」的時代，世上還沒有「畫餅」這個詞，甚至連「餅」字都沒幾個人聽說過。主張止戰、非攻的勸架大師墨子倒是給人畫過餅，但他畫餅，不是為了鼓舞人家進取，而是為了打消人家的「進取」心。

事情是這樣的，墨子之世，楚國有位魯陽文君，好戰亦善戰。據說他有一回跟韓國交戰，激鬥一天，直打到太陽落山。當時天一黑兩軍就得摸瞎，啥都看不見，只能退兵。魯陽文君殺得興起，焉肯撤退？他舉起手中長戈，對著夕陽連揮三次，吼聲如雷：「你個龜兒子太陽，趕緊給我升起來！」奇跡出現了，沉沉而落的太陽，竟真隨著他的號令升了起來[1]。韓國軍隊哪見過這種事，士氣盡奪，楚師大勝。這麼一位逆天神將，兵鋒所指，自是所向披靡。他看鄭國不順眼，抄起傢伙就要去打，嚇得鄭國瑟瑟發抖。眼看鄭國要遭殃，「和平守護神」墨子得到消息，一陣風地趕到楚國，勸魯陽文君罷兵。墨門勢力龐大，墨子本人足智多謀，精通機關、防禦之術，魯陽文君也不能不賣他面子，鄭重其事予以接見。先秦諸子進言，都喜歡打比方，墨子勸魯陽文君休戰，也打了個比方，他說：「假使有一位富豪，他家牛羊牲畜多不勝數，怎麼吃都吃不完，但他看見人家做餅，卻忍不住跑去偷竊，說是為了『貼補家用』。請問君上，他這是當真家裡沒東西吃呢，還是有偷竊癖？」魯陽文君說：「毫無疑問是偷竊癖。」墨子說：「楚國據有四境之地，空曠荒蕪，開墾不完，掌管川澤山林的官員多至數千人，數都數不過來。而今見到宋、鄭兩國的空城，還要竊取，跟那偷餅的小賊有什麼區別？」魯陽文君說：「行了先生別說了，我不打了就是。」[2]

畫一張餅，消弭一場戰爭，畫餅之法神通廣大，功德無量。魯陽文君為一邑之封君，是個貴族，知道、多半也吃過餅類食物。設或墨子這番話說給當時的藜藿之民聽，後者就很可能聽不懂了，還要發問：「餅子是啥？」

「南米北麵」是中國南北飲食的基本差異，「南米」自古已然，「北麵」卻是魏晉以後才逐步形成的習慣。墨子的時代，麥作農業相對不算發達，脫穀、磨粉工具原始，小麥磨製成粉，再做成餅食，不好操作，成本也高昂。當時的老百姓被稱為「粒食之民」，吃的是粟、黍、稻、麥的穀粒蒸飯，麵餅這種東西，絕大多數人畢生不得一見，不得一嚐，甚至聞所未聞，所以那句詩說「粒粒皆辛苦」，而不說「餅餅皆辛苦」。進入秦漢，農業精耕細作的水準、抗旱保墒的能力均有所提高，中原地區掀起一波小麥種植高潮。董仲舒就曾上書漢武帝，建議大力推廣小麥種植：「願陛下幸詔大司農，使關中民益種宿麥，令毋後時。」[3]產量提升，吃法便跟着豐富起來。小麥的優勢是麵食而非粒食，漢代石磨技術進步，民間大量使用，滿足了麵粉普及的條件，進一步促進了糧食作物種植格局的轉變。在漢代，小麥取代小米（粟）成為華北地區的主糧，水漲船高，餅也隨之走紅。

麵食發軔之初，「餅」的所指範圍極廣，東漢劉熙《釋名》解釋「餅」的概念時說：

「餅，並也，溲麵使合併也。」一切麵粉製的食物，不拘形狀、大小、炊製方式，都可以稱為餅。餅固然叫餅，麵條也叫餅，稱為「索餅」，饅頭稱為「蒸餅」，包子稱為「籠餅」。那時候，如果女朋友吩咐想吃餅，男孩子一定得打聽清楚，女朋友想吃的究竟是哪種餅，別人家指的是包子，你辛辛苦苦推磨和麵熬湯下了麵條，結果還落個「你不懂我」的失望評語，豈不冤枉也哉。

蒸餅、籠餅一脈發展至今，早已各立門戶，蔚然成為大宗，它們開宗立派，背後離不開麵食發酵技術的支援。早期的發麵技術，大體可分為三種。一是酵面發酵。二是酒酵發酵，用米酒、醪醩之類做發酵劑。此類供發麵的酒，在先秦稱為「酏」（yǐ），「酏食……以酒酏為餅，若今起酵餅」[4]。這些酒渣滓很多，拿來和麵之前，需要過濾。三是酸漿發酵，酸漿似醋，是穀物釀製的澱粉質酸化漿液。關於酸漿發麵的具體操作，《齊民要術》中介紹說：

「作餅酵法：酸漿一斗，煎取七升；用粳米一升著漿，遲下火，如作粥。六月時，溲一石麵，著二升；冬時，著四升作。」

即一斗酸漿熬成七升，投入一升粳米，文火燉成粥，濾取粥湯和麵。夏季，每一石麵，兩升酸漿米粥足矣；冬季天冷，需四升米粥。

發酵的蒸麵餅鬆軟回甜，較之硬邦邦、黏糊糊的死麵適口許多。優秀蒸餅的標準，是像後世開花饅頭一樣，蒸至頂部爆裂。西晉開國元勳何曾，是歷史上著名的挑食王，萬民慕尚的天家玉食在他眼裡不值一提。晉武帝司馬炎於宮廷設宴，請客吃飯，何曾坐在那裡，皺著個眉頭，一筷子不動。皇上關切下問，何曾老老實實說道：「御膳實在太難吃，臣無法下嚥。」司馬炎也不生氣，反倒特許他以後出席宮廷宴會時可以自帶飯菜。蓋何府飲饌，精緻非凡，較之御膳更為講究，每天僅何曾一人的伙食支出，就要靡費萬錢，而「猶曰無下箸處」——埋怨沒啥可吃的。他的次子、晉武帝總角之交何劭濡染父風，「食必盡四方珍異，一日之供以錢二萬為限」。爺倆一天光是吃飯就得花三萬錢，司馬炎的御膳雖精，也著實比不了。幸虧何曾父子生在西晉，又跟晉武帝私交甚篤，若是生在後世的金朝，單憑家裡有好吃的不拿出來孝敬皇上這一條，便足以抄家問斬[5]。史書寫何曾挑食，特別強調了一個例子：「蒸餅上不坼作十字不食」，蒸餅上端必須蒸裂，否則不吃[6]。從另一個角度看，今天普普通通的開花饅頭，能入挑食王的法眼，說明在當時已然躋身頂級麵點之列。後趙「天王」石虎也好食蒸餅，他的蒸餅更進一步，要求填乾棗、核桃仁為餡兒，然後再蒸到坼裂。

石虎是羯族人，跟他的叔叔、後趙開國皇帝石勒一樣，最忌諱聽到個「胡」字。漢晉時期名物所帶的「胡」字，同明清時期的「番」字用法彷彿，都表示「域外傳入」之義。在石家叔侄看來，這個字格外扎眼，時時刻刻在提醒他們「外人」的身份，也時時刻刻提醒土生土長的中原百姓，當今國君「非我族類」。因此石勒發起了一波聲勢浩大的改名運動，天下間舉凡帶有「胡」字的東西，一律更名，胡瓜改稱「黃瓜」，胡桃改稱「核桃」，胡荽（香菜）改稱「香荽」[7]，胡餅先被石勒改作「摶爐」，又被石虎改為「麻餅」[8]。

胡餅之得名，一方面或許是貼於爐壁烤製的做法傳自域外，一方面是因餅的表層撒有胡麻——也就是芝麻[9]。想像胡餅的工藝形制，似乎較為接近新疆烤饢，果真如是，那麼這種麵食經歷了兩千年歲月，至今仍保持著強大的生命力，想像兩千年前，當它剛剛沿絲綢之路進入中原的時候，何等轟動驚豔，自不待言。漢靈帝酷嗜此物，得空就微服溜上街買來解饞。兩晉的一些評論家講符驗徵應，居然說後來董卓擁胡兵破京師，就是漢靈帝吃胡餅吃多了的緣故[10]，這鍋胡餅表示不背。漢靈帝本就是個奇葩，他出身侯門，父親早逝，家裡並非大富大貴，所以從小就喜歡攢錢，然後在市井間亂竄。後來當了皇帝，在宮裡氣悶不過，異想天開，發動宮女假扮成商販，把宮苑佈置成市場，他自己則扮作市民或上游供應商，在「商販」之間周旋買賣，滿足自己的逛街欲[11]。後來他覺得這樣子過家家還不夠過癮，乾脆騎匹驢子微服出宮[12]，溜上街市玩逛，即便不買胡餅，也會買其他東西吃，純粹是貪玩喪志。而況漢晉胡餅鋪子開遍北方，也沒見北地州郡皆為胡兵所破。漢末人趙岐得罪宦官，遠走河間、北海一帶避禍，著布衣絮巾，賣胡餅維生[13]。河間在今河北，北海郡相當於今山東壽光，從西域腹地到東海之濱，萬里山河，炊煙嫋嫋相望，胡餅的香氣處處流溢。

東晉衣冠南渡，攜北地名食入主江南。那時南北食俗差異巨大，南邊的貴族自矜風物潔雅，蓴鱸清尚，瞧不上北人的食物，笑話北人連魚都沒得吃，天天粟米麥飯，活得粗糙不堪。當時有個段子，說有南方人北上做生意，供應商請他吃飯，席間上了一份乳酪，南方人不識，只覺膻氣逆鼻，強忍著反胃吞了下去。回去之後大嘔特嘔，嘔得奄奄一息，囑咐兒子道：「北方人奸惡得很，竟公然餵毒藥給我吃，你可千萬要當心！」[14]段子有所誇張，反映的南北飲食之異卻是貨真價實。不過胡餅過江，南方貴族卻罕見地沒有排斥，反而愛不釋手，閒來無事躺在床上，抱著張大餅能啃上一整天。晉明帝、成帝朝重臣郗鑒，家有掌珠長成，到了出閣年紀，郗鑒想替女兒找個門當戶對的郎君。東晉名門，首推王謝，郗鑒聽說王氏諸子芝蘭玉樹，各負才器，就決意從王家擇婿。他派了個選婿使，替他走一趟考察考察，王氏子弟知道郗鑒乃是跟自家長輩王導、王敦同級別的當朝大佬，若能攀上這門親事，飛黃騰達，指日可待，無不修飾裝容，精神飽滿地迎接考察。只有一個叫王羲之的小夥子，衣服都沒穿好，露著個肚皮，倚在東床上啃胡餅，陶然自得，旁若無人，一副「愛誰誰」的模樣，彷彿吃餅才是天下第一等大事。使者回去如實彙報，郗鑒聽得兩眼放光，大喜道：「此真吾婿也！」當場拍板定案，把閨女許給了王羲之，世人美稱為「東床快婿」[15]。王羲之一臉茫然，我這挺著肚子歪在沙發上吃了張餅，咋就吃出個媳婦來？

胡餅一統南北的魔幻香氣，主要得自麵粉中的氨基酸化合物（如蛋白質）與葡萄糖或果糖等羰基化合物，在高溫條件下互相反應釋放的香味物質，食品工業稱此為「梅拉德反應」（Maillard Reaction）。加入蜂蜜或糖和麵，可以提升反應效果；而加入油脂，受熱時脂肪融化，釋放出某些揮發性化合物，將賦予烤餅特殊的香氣。至遲到六朝，豪門快婿，就有條件躺在東床上享受既含蜂蜜又加了油脂，能帶來雙倍快樂的胡餅了。《齊民要術》中說：

「以髓脂、蜜，合和麵。厚四五分，廣六七寸。便著胡餅爐中，令熟，勿令反覆。餅肥美，可經久。」

以動物油脂、蜂蜜和麵，擀成一點五公分厚、直徑二十公分左右的餅子，貼「胡餅爐」內烤熟。胡餅爐大約形似如今的缸爐或饢坑，爐膛內壁貼滿餅子，無需翻面，烤熟即食。

胡餅進一步升級，是為餡餅，《齊民要術》呼為燒餅：

「作燒餅法：麵一斗，羊肉二斤，蔥白一合，豉汁及鹽，熬令熟，炙之。麵當令起。」

這是發麵餡餅，將羊肉、蔥白、豆豉汁、鹽一起炒熟為餡兒，跟現代餡餅相比，已看不出多大的區別。餡餅極有可能也是外來之物，《齊民要術》所載的卷肉大餅，即稱為「胡飯」：

「胡飯法：以酢瓜菹長切，將炙肥肉，生雜菜，內餅中急卷卷用。兩卷三截，還令相就，並六斷，長不過二寸。別奠『飄齏』隨之——細切胡芹，奠下酢中為『飄齏』。」

餅如蓮葉，萬象包羅，醃瓜、烤肉、生蔬菜裹挾其中，刀切小段，佐「飄齏」同食。飄齏是韭菜花醬之類的小菜或蘸料，味呈酸辣，酸來自醋，辣來自蓼屬植物；齏中還有芹菜，帶著亙古不變的別致味道，迴盪唇齒之間，留下對它的故土西域的體認。

胡食東來，博望侯張騫應記首功。這位「帶貨」界的祖師爺穿越萬里黃沙、敵國封鎖，歷盡磨難，九死一生，從中亞帶回大批漢地所無的食材物種。據說張騫使團及隨行商人貨囊中的新玩意兒，至少包括芹菜、大蒜、葡萄、核桃、石榴、黃瓜、蠶豆、芝麻、香菜等。張騫幾乎以一己之力，開啟了歷史上第一波中外文明交流高潮。

中國地域遼闊，地理環境和氣候多樣，大多數外來物種都能夠尋得一方宜居沃土生根繁衍。盛世王朝，底氣十足，於異域文化也做得到兼收並蓄、開放包容，漢代如是，唐代亦如是。《舊唐書》中說，開元後的長安，「貴人御饌，盡供胡食」。東瀛學問僧圓仁《入唐求法巡禮行記》：「時行胡餅，俗家皆然。」一個「盡」字，一個「皆」字，道破胡食供應量之大，中產以上人家，無人不知其味。胡食店肆遍滿神州，產業體量規模，比之當代的「肯德基、麥當勞、必勝客」，亦不遑多讓。宮裡當差的太監，也每每假公濟私，出來買餅解饞。

此輩巧取豪奪，在市場上名聲很臭，雖不乏市儈趨奉巴結，而餅店老闆們全不買帳，太監一到，立即關門歇業，門口掛個牌子：有事外出，歸期不定。太監們溜達一圈，到處碰壁，枵腹悻悻而去，店鋪才重新開張[16]。文人、官場送禮，亦以此物為尚，白居易在四川發現一家餅店，特意買了一沓，「快遞」給京中老友：

胡麻餅樣學京都，麵脆油香新出爐。
寄與飢饞楊大使，嘗看得似輔興無。[17]

唐朝餅業發展，受做餅師傅裝備升級之惠良多，麵點史上的神裝利器——擀麵杖，在唐代大規模投入應用，興奮的餅師開始花樣秀技術。餅師炫技，起初以「度長絜大」為主，唐末的大餅，大到不像話。同昌公主故世，唐懿宗賜了三十匹駱駝的餅，「徑闊二尺，飼役夫也」[18]，六十公分左右（兩尺闊）的大餅裝了三十匹駱駝，用來賞賜奴僕，這還是小意思。五代十國的前蜀，有位姓趙的太守，外號「趙大餅」。蜀地天府之國，庫帑豐裕，此人做了幾任地方官，搜刮脂膏無算，因致巨富，平日講究服食，精於飲饌，家裡用了十五個廚子，事一餐、邀一客，必水陸俱備，雖王侯之家，無逾於是。十五個廚子分工別細，其中一位專事做餅，每次用麵三斗（一斗大概十二斤），擀成一張，這張餅不宜在室內食用，因為實在太大，鋪展開來，遮天蔽日，直徑幾十丈（一共三十多公尺）之寬，幾間敞廳都鋪不下。那餅師也不輕易為之，唯豪門廣筵，有上百號人的大規模聚餐時，方一展神技[19]。

唐代繼續從西域引進餡餅：

「時豪家食次，起羊肉一斤，層布於巨胡餅，隔中以椒、豉，潤以酥，入爐迫之後，肉半熟食之，呼為古樓子。」[20]

大餅橫剖，層層碼進一斤羊肉，肉片之間，隔以胡椒或花椒粉、鹽豉，潤以酥油，烤至五分熟即食。這種餡餅叫作「古樓子」，粗獷爽邁，正配長刀烈馬、呼嘯江湖的關西好漢。文獻卻道「豪家食次」，竟是上流社會、朱門高牆之內的高檔正餐，足見唐人的豪邁是豪邁進了骨子裡的，縱文人雅士，商賈貴胄，皆磊落疏闊，虎虎具豪傑氣。而半生不熟的吃法頗具胡風，令人咋舌。

大唐最流行的西域餡餅，莫若「饆饠」（bìluó）。這個生僻的名字源自波斯語「Pildw」，大概是一種油煎餡餅，唐代僧人慧琳的佛經訓詁《一切經音義》：「饆羿之類，著脑油煮餅也。」兵書《太白陰經》談軍宴用食標準，說：「饆饠，一人一枚……一斗麵作八十個。」推知當為麵食，而且用麵不多。饆饠含餡，可葷可素，櫻桃饆饠清爽甘美；羊肝饆饠宜乎打一角老酒，蘸蒜泥吞啖；天花饆饠取天花粉祕製，號稱「九煉香」；蟹黃饆饠的做法，古人劄記錄述最詳：「赤蟹，殼內黃赤膏如雞鴨子黃，肉白以和膏，實其殼中。淋以五味，蒙以細麵，為蟹飥，珍美可尚[21]。」蟹黃、蟹膏，五味調和，裹一層薄麵皮，熱油一煎，鮮香之氣陡然噴發，陸旗風靡，水陣雲披，九城車馬都為之駐足。長安酒樓，大半供應此物，「天寶中進士有東西棚，各有聲勢，稍傖者多會於酒樓食饆饠」[22]。天選才子的進士郎，縫衣淺帶，烏泱泱地擠在一處，埋頭饕餮，那架勢未見得比販夫走卒矜持到哪去。

卷肉之餅，又謂之「餤」（dàn）[23]。唐末科舉放榜，新科進士會宴曲江，天子賜饌，肉餅皆封裹紅綾，叫作「紅綾餅餤」。那是讀書人一生最得意的時刻，吃這麼一張餅，足夠吹一輩子。唐昭宗光化年間（西元八九八至九〇一年），盧延讓等二十八人登科，昭宗諭令太官做二十八枚紅綾餅餤賞賜。後來大唐瓦解，盧延讓流落前蜀政權，授水部員外郎，累遷刑部侍郎。那時盧延讓年事已高，頗受朝臣排擠，他傲然抗聲說道：「莫欺零落殘牙齒，曾喫紅綾餅餤來。」我可是吃過紅綾餅餤的進士，你們衰衰諸公，誰人得過此等殊榮？蜀主聞知，遂命供膳，亦以餅餤為上品，效法唐制，取紅綾裹之。直到南宋，蜀人設宴，仍奉紅羅（與綾相似）餅為隆重的象徵，非貴客不供[24]。

餅餤所用之餅，應是一種薄麵餅，唐代豪族用餐，席上常備此物，用來卷肉卷菜。唐太宗有一次請臣工吃飯，給每個人上了一大塊烤肉。肉不能直接拿起來啃，得切，切肉需上手。若是在自己家，切完自有僕從端水淨手，但宮裡規矩大，太監們端著水盆來來往往不成體統，因此臣工沾了一手油，只好湊合著各取自帶的手巾隨便揩揩。右衛大將軍宇文士及卻懶得拿手巾，也許是平時在家吃飯養成了習慣，不假思索，隨手抓起張麵餅一擦，擦完抬手要扔。忽覺兩道冰冷鋒銳的目光從天而降，宇文士及一個激靈反應過來：「不好！這可不是在家，是在皇上眼皮底下呢！此餅一旦扔出去，皇上必然申斥我奢侈浪費，不恤民生。」霎時之間，他脊背滲出一層冷汗，臉上卻不動聲色，目不斜視，一副「不知道頂頭上司正在看我」的樣子，默默地把那張麵餅吃了[25]。

「憶昔開元全盛日，小邑猶藏萬家室。稻米流脂粟米白，公私倉廩俱豐實。」[26]盛唐之際，海內承平，天下富足，帝國人口激增，天寶年間，人口達到了八千萬至九千萬的峰值，較鼎革之初增長了四倍有餘[27]。人口增長，耕地需求隨之增加，柴薪的需求也在增加，兩種需求都勢必侵蝕森林資源。在煤炭普及應用前，柴薪是最大宗能源，「開門七件事」，柴的排名，猶居「米」之上。南宋《夢梁錄》：「人家每日不可闕者，柴米油鹽醬醋茶。」取暖炊飯，不可或缺。以帝京長安為例，周邊森林面積本就有限，皇家宮殿廷宇營建、官署修造，林木消耗極巨，常駐人口之眾，舉世無匹，市民人均可支配的柴薪就更有限了。唐德宗曾報怨：「開元天寶中，近處求覓五六丈木，尚未易得，皆須於嵐勝州來采造[28]。」唐中宗景龍年間（西元七〇七至七一〇年），有個商販走了宦官的路子，背著一捆柴詣闕進宮，蒙皇上召見。問他背柴何為，商販說：「草民一片心意，願捐贈給御廚房。」中宗大為感動，竟拜這商販為御史[29]。此固中宗昏聵荒唐之故，而長安之柴，亦可以知矣。有唐一代，長安城的柴薪供給始終緊張，「尺燼重桂，巷無車輪」。北宋人口繼續增長，全國森林覆蓋率由魏晉六朝的百分之四十一跌至三十左右[30]，柴薪極度短缺，供不應求，所以宋人大力推廣用時短、耗能低的炒菜，由此永久改變了中餐體系的格局。同樣，為節省燃料，宋人更青睞文火即可的燉、煮、蒸，北方地區因仍至今的民俗，一次性蒸、烙大量饅頭、麵餅，存儲起來徐徐食用，即出於此種考量。至於烤法，對精打細算的宋朝市民來說，能耗成本過高，不太合算。餅界風氣一變，唐代烤製麵食之尚，自此被蒸製取代。

南宋，北地遺黎湧湧南遷，南方麵食需求激增，消費拉動，加上軍隊飼馬的需要，麥價大幅上漲。農民發現種麥之利倍於種稻，於是稻作之餘，踴躍種麥，南方普遍進入冬麥、晚稻兩熟制時代。南宋江左，過春風十里，盡薺麥青青，郊野平疇翠浪，麥香遠馥，進城逛逛，市廛餅鋪櫛比，麵點琳琅。宋代，中國麵食完成了品類細化，形成了以饅頭、包子或餃子、麵條、餅為代表的四大麵食品類，這一格局沿承至今，可以說宋代主食的主要品種已基本同現代一致。

宋代以前的蒸餅其實是指今天的饅頭，宋人為避仁宗趙禎（「禎」與「蒸」諧音）之諱，改稱蒸餅為炊餅，《水滸傳》裡武大郎荷擔遊販者，即為此物。避諱更名的說法，出自北宋吳處厚的《青箱雜記》，吳處厚是仁宗皇佑五年（西元一〇五三年）進士，見聞真切，當非稗說讕語。宋人講究得很，吃個炊餅都能吃出精緻的儀式感，切作方片，撒以椒鹽，美其名曰「玉磚」。陳達叟《本心齋蔬食譜》：

「玉磚，炊餅方切，椒鹽糝之。截彼圓璧，琢成方磚，有馨斯椒，薄灑以鹽。」

而宋人所謂的饅頭，則對應宋前的籠餅，是指今天的包子，有餡，且多為葷餡。《東京夢華錄》、《夢粱錄》、《武林舊事》臚列的兩京街市麵點，什麼羊肉饅頭、獨下饅頭、灌漿饅頭（灌湯包）、四色饅頭、生餡饅頭、糖肉饅頭、太學饅頭、筍肉饅頭、魚肉饅頭、蟹肉饅頭、筍絲饅頭、菠菜果子饅頭云云，實際都相當於現代概念的包子。今天江南部分地區猶稱包子為「饅頭」，正是宋人風習之遺。以宋代為背景的舊小說或影視作品，動不動上一盤饅頭當點心，絕非主人吝嗇，要噎死來客，人家端出來的實為皮薄餡滿、肥軟流油的肉包子。

宋代北方植被生態被破壞得不成樣子，朔風一起，塵埃蔽天，吃炊餅、饅頭，必須去皮，否則牙磣[31]，這並非浪費，但清儉者終不為。王安石一生廉約，出無輿馬，居無牆垣，黃庭堅謂：「余嘗熟觀其風度，真視富貴如浮雲，不溺於財利酒色。」[32]執政期間，親家蕭氏有晚輩來京拜訪，出於禮節，王安石約他第二天過府吃飯。這晚輩是個公子哥兒，養尊處優慣了，照他想像，宰相請客，必是規格極高的盛饌，不知能吃到什麼珍稀佳餚，可得睜大眼睛，開開眼界。翌日，公子哥兒盛裝赴約，為了留著肚子，一早起來粒米不曾沾牙。到了相府，左等右等，看看日已過午，還不開飯，連點心水果都沒上一碟。公子哥兒饑腸轆轆，又不敢走，茶水喝了一碗又一碗，越喝越餓。好不容易等王安石料理公務畢，肅客入席，先行過三巡酒，上了兩張胡餅，王安石手一伸，道聲：「請。」公子哥兒目瞪口呆：怎麼連菜蔬果品都沒有，難道就乾吃餅？須臾，侍從端上一碗豬肉，一碗菜羹，接著便上米飯了。上米飯，意思就是菜已上齊。公子哥兒愁眉苦臉，這些東西，如何下得去筷子！可是宰相請客，不吃豈非無禮？他慢吞吞地摳下胡餅中央一小塊吃了，就此投箸不食。王安石見狀，拿過公子哥兒摳殘的餅子，面不改色，默默吃完，公子哥兒大慚而退[33]。

宋代胡餅花式繁多，北宋汴梁胡餅店所售，就有門油、菊花、寬焦、側厚、油砣、髓餅、新樣、滿麻之類，琳琅滿目。三五個烙餅師傅共用一張案板，擀麵印花入爐，從五更天始，擀麵杖軋軋之聲，遠近相聞。上規模的店肆，烤餅的爐子多至五十餘座[34]，集約經營，提高了能源效率。普通市民捨不得買柴，大可省下錢來，直接去買餅。像武大郎那樣自家製了麵食，上街兜售的小餅販也隨處可見。北宋徽宗朝太常少卿、蘇門四學士之一的張耒，鄰家就住著這樣一個賣餅少年，每天清晨五更不到便出門繞街呼賣，雖大寒烈風而不廢。張耒深有所感，寫詩砥礪兒子「業無高卑志當堅，男兒有求安得閒」，不論做何事業，勤謹為先，人生在世，切莫荒廢時光：

> 城頭月落霜如雪，樓頭五更聲欲絕。
> 捧盤出戶歌一聲，市樓東西人未行。
> 北風吹衣射我餅，不憂衣單憂餅冷。
> 業無高卑志當堅，男兒有求安得閒。[35]

簪纓豪門不在意些些柴禾之費，家裡的廚灶開足火力運轉，該烤的烤，該煎的煎，烤饃片，至晚就是南宋初期出現的。南宋紹興二十一年（西元一一五一年），爵封清河郡王的大將張俊，在自家府邸宴請宋高宗，那頓飯規模之大，僅供高宗一人享用的菜肴就多至一百九十六道，其中一道「炙炊餅」，很可能正是烤饅頭片[36]。而眼下流行的另一種小吃——煎餅果子，也可以在宋代找到原型。北宋呂原明《歲時雜記》：「社日人家旋作鏊餅，佐以生菜、韭、豚肉。」一時過近千年，今人攤製煎餅，依然離不開鏊子。「旋作」二字，說明製作極快。生菜、韭菜、豬肉的搭配，無疑比火腿腸、脆餅、油條實在得多了。唐宋煎烤麵食的流行遠及海外，現代日本提起餃子，默認為煎餃而非水餃，大概就是唐宋遺風。唐宋煎餃傳入日本，確立了日本人對餃子的印象。明清時期，中國水餃之尚超過了煎餃，但明清民俗文化對日本影響遜於唐宋，即使水餃東傳，亦不足以撼動煎餃在日本人心中「正宗」的地位，因此日本的餃子一直停留在唐宋的煎餃版本，並未隨同中國迭代。

元代，近似煎餅果子的卷餅繼續進化，更接近完全體。當時民間風行一本「生活百科全書」，名字很接地氣，叫作《居家必用事類全集》，書中有大量菜譜，教程詳備，足可助一個沒摸過炊帚的新媳婦兒成長為調鼎能手。例如一道七寶卷煎餅：

「白麵二斤半，冷水和成硬劑，旋旋添水調作糊。銚盤上用油攤薄。煎餅包餡子，如卷餅樣，再煎供。餡用羊肉炒臊子、蘑菇、熟蝦肉、松仁、胡桃仁、白糖末、薑米，入炒

蔥、乾薑末、鹽、醋各少許，調和滋味得所用。」

即兩斤半麵粉，冷水和成麵糰，添水調為糊。銚盤（平底鍋）內倒油，俟熱，適量傾入少許麵糊，攤成煎餅。「教程」特別提示，不是煎餅熟了起出裹餡兒，而是包入餡兒後，再煎片刻才起出，以充分激發餡料的香氣。餡用炒羊肉臊子、蘑菇、蝦肉、松仁、核桃仁、白糖、薑米，搭配炒蔥、薑末、鹽、醋調味，陣容之豪華，現代的煎餅果子恐怕望塵莫及。

此書中還介紹，蒙古人從伊斯蘭世界也帶回了一種卷煎餅：

「攤薄煎餅。以胡桃仁、松仁、桃仁、榛仁、嫩蓮肉、乾柿、熟藕、銀杏、熟栗、芭欖仁，已上除栗黃片切，外皆細切，用蜜糖霜和，加碎羊肉、薑末、鹽蔥，調和作餡。卷入煎餅油炸焦。」

即攤薄煎餅，再將核桃仁、松仁、桃仁、榛子、嫩蓮肉、柿乾、熟藕、銀杏、熟栗子、巴旦木等切碎拌和蜜糖，加羊肉、薑末、鹽、蔥，調製為餡兒，油煎後表皮焦香酥脆，內裡醇甜裕足，糅合出鮮美的口感。此法傳到明朝，用餡大異，羊肉換成了豬肉，乾果改為江南更常見的竹筍：

「餡用豬肉二斤、豬脂一斤，或雞肉亦可，大概如饅頭，餡須多用蔥白或筍乾之類，裝

在餅內，卷作一條，兩頭以麵糊粘住，浮油煎，令紅焦色，或只熯熟，五辣醋供[37]。」

明代是烙餅界神功大成的時代，千層餅、酥油餅、火燒、椒鹽餅、韭菜盒子這些火爆至今的國民餅食紛紛修煉圓滿，破爐而出。煙火氤氳，接地連雲，漫天神魔，應接不暇，走進大明人家後廚，一路看下來會發現，數百年前的造餅手藝，幾與當代無異。拿千層餅來說：

「用生熟水和麵，擀開薄，或布雞、鵝膏，或布細切豬脂肪，同鹽、花椒少許，厚摻乾麵卷之，直捩數轉，按平擀為餅[38]。」

這幾句文字，不獨明人可鑒，拿到現代，也是合格的教程。涼開水和麵，擀薄，塗油及鹽、椒粉，撒一層乾粉，畫軸般卷攏，擀平，烙至兩面金黃，層層分明，鬆脆鹹香。

❖椒鹽餅

「白麵二斤，香油半斤，鹽半兩，好椒皮一兩，茴香半兩，三分為率。以一分純用油、椒、鹽、茴香和麵為穰，更入芝麻粗屑尤好，每一餅夾穰一塊，捏薄入爐[37]。」

酥油餅

「用麵五斤為則，芝麻油或菜油一斤，或加松仁油，或杏仁油少許，同水和麵為外皮，納油和麵為餡，以手揉折二三轉。又納蜜和麵，或糖和麵為餡，鎖之，擀餅置拖爐上熟[37]。」

糖薄脆

此餅甜中帶鹹，形、味皆似餅乾，可為甜點。

「白糖一斤四兩、清油一斤四兩、水二碗、白麵五斤，加酥油、椒、鹽、水少許，搜和成劑，擀薄，如酒鍾口大，上用去皮芝麻撒勻，入爐燒熟，食之香脆[37]。」

牛奶糯米餅

元代，餅師效仿蒙人習慣，在麵糰中加入牛奶，以換取醇和的香味。明代人祖述此法，並發現了牛奶與糖的天作之合：

「凡白糯米細粉八合、白粳米細粉二合揉勻，鮮牛乳餅半斤為小餅，內鑽以白砂糖、去皮胡桃、榛、松仁，或蒸或煮之[38]。」

牛奶糯米餅細膩綿軟，奶香濃郁，核桃、榛子、松子仁的山野之氣，有如淙淙清流，妙手偶得，青天　碧。

❖韭菜盒子

北方飲饌，偏愛大開大合，直來直去，韭菜盒子最對味。明朝的韭菜盒子並非素食，跟韭菜搭夥的，不是雞蛋，而是豬肉。

「帶膘豬肉作臊子，油炒半熟，韭生用，切細，羊脂剁碎，花椒、砂仁、醬拌勻，擀薄餅兩個，夾餡子熯之。薺菜同法。」[37]

「用生熟水和麵，擀開薄。取豬肉先燖，細切醢。新韭細切菹，花椒、胡椒屑、蔥白、醬勻和入內鎖之，再餘餅，熱鍋中熯熟。」[38]

即五花肉剁臊子，炒半熟。生韭菜、羊油切碎，同肉臊子、花椒、砂仁、醬拌勻，夾入麵餅烤熟。薺菜也可如法炮製。當時尚未有「盒子」之名，「盒子」之稱見於清代，清初詞宗、大學者朱彝尊博物洽聞，學無不覽，著述頗豐，其《食憲鴻秘》二卷，記飲食、本草之事，書內「韭餅」一條寫道：

「好豬肉細切臊子，油炒半熟或生用，韭生用，亦細切，花椒、砂仁、醬拌。擀薄麵餅，兩合攏邊，熯之，北人謂之合子。」

清乾隆朝，袁枚《隨園食單》中的韭菜盒子向現代人熟悉的形態更進了一步：

「韭白拌肉加作料，麵皮包之，入油灼之。麵內加酥更妙。」

盒子之為物，非獨韭菜可以造就，《帝京歲時紀勝》說，仲春時節，北京街市、人家多喜用菠菜同金鉤蝦米烙盒子。《調鼎集》又見芝麻、脂油、白糖的芝麻盒子，鴨肉、熟栗子、醬油、燒酒調餡的野鴨盒子，蟹肉、薑汁、鹽、酒、醋、油的蟹肉米粉盒子。天生萬物，落地成盒，盒子裡住著薛定諤的那只貓，咬一口下去，方知過去未來，本末始終。

注釋

1 〔西漢〕劉向《淮南子》。

2 《墨子·耕柱》。

3 《漢書·食貨志》。

4 〔唐〕賈公彥《周禮義疏》。

5 《金史·石盞女魯歡傳》：官奴在雙門，驅知府女魯歡至，言：「汝自車駕到府，上供不給，好醬亦不與，汝罪何辭。」遂以一馬載之。令軍士擁至其家，檢其家雜醬凡二十甕，且出所有金具，然後殺之。

6 《晉書·何曾傳》。

7 〔明〕李時珍《本草綱目》。

8 〔北宋〕《太平御覽》引《趙錄》。

9 〔東漢〕劉熙《釋名》。

10 〔西晉〕司馬彪《續漢書》。

11 《後漢書·孝靈帝紀》。

12 〔南朝梁〕蕭繹《金樓子》。

13 《後漢書》，〔南朝宋〕裴松之《三國志注》。

14 〔三國魏〕邯鄲淳《笑林》。

15 〔東晉〕王隱《晉書》。

16 〔北宋〕王溥《唐會要》。

17 〔唐〕白居易《寄胡餅與楊萬州》。

18 〔唐〕蘇鶚《杜陽雜編》。

19 〔北宋〕孫光憲《北夢瑣言》。

20 〔北宋〕王讜《唐語林》。

21 〔唐〕劉恂《嶺表錄異》。

22 〔唐〕段成式《酉陽雜俎》。

23 〔南宋〕戴侗《六書故》。

24 〔南宋〕葉夢得《避暑錄話》。

25 〔唐〕劉餗《隋唐嘉話》。

26 〔唐〕杜甫《憶昔》。

27 葛劍雄《中國人口發展史》。

28 〔唐〕胡璩《譚賓錄》。

29 〔唐〕韓琬《御史台記》。

30 樊寶敏，董源．中國歷代森林覆蓋率的探討 [J]. 北京林業大學學報，2001（4）：60-65.

31 〔南宋〕周煇《清波雜誌》。

32 〔北宋〕黃庭堅《跋王荊公禪簡》。

33 〔南宋〕曾敏行《獨醒雜誌》。

34 〔南宋〕孟元老《東京夢華錄》。

35 〔北宋〕張耒《示秬秸》。

36 〔南宋〕周密《武林舊事》。

37 〔明〕高濂《飲饌服食箋》。

38 〔明〕宋詡《竹嶼山房雜部》。

豬羊爭霸

地球陸地總面積約為一億四千八百九十萬平方公里。這個數字看似龐大，其實包含了寸草不生的沙漠、終年積雪的高山，以及難以進入的原始森林，而可供人類利用、穩定輸出價值的土地十分有限。在這有限的土地資源中，僅畜牧業一項產業的用地，就佔據了全球陸地總面積的百分之三十。百分之三十是什麼概念？假如把散落在世界各國的畜牧業用地拼接起來，可以裝得下整個亞洲。

畜牧業是人類歷史上使用土地面積最多的生產方式，為建立這一超級產業，人類花費了上萬年時光。化石研究顯示，距今六百萬年前的人類祖先圖根原人（Orrorin tugenensis）已經具有食肉跡象[1]。起先人類（人猿）所食肉類，多半是死屍的腐肉或捕獲的小型動物。後來學會製造工具，並點亮「技能樹」上的複雜狩獵技巧，例如設置誘捕坑，或驅趕獵物跳下峭壁摔死，大型野獸也被納入獵捕範疇，可食用肉類的體量與種類日益增加。

野獸生息繁殖各有其地域和季節規律，優秀的獵人需要熟悉野獸習性、行蹤，帶領部落跟蹤追逐，隨獸群遷徙，改變部落居處。還有些細心的部落成員則開發出了豢養技能，轉職為牧人，走上了另一條「練級」之路。事實證明，牧人這一職業前途光明，而古老的獵人，練級練到最後，只有被收繳裝備、被迫轉型的結局。

人類最初豢養野獸，大概是由於捕獵過剩。大規模狩獵帶回過多的獵物，短期無法吃完，最優處理方案是挑選幼崽牧養，以待食物匱乏、幼獸長大後宰殺。時間一長，摸索出若干蓄養經驗，牲畜存活率不斷提高，甚至養至成年，生下幼崽。有了馴養意識後，人類宰殺動物時就會儘量避開雌獸和幼崽，確保畜群可持續發展。野性難馴、不服從管理的害群之獸被優先宰殺，或者動用「刑具」，諸如套以轡頭、撻以鞭笞、牛鼻穿環，以及閹割雄性，抑制其侵略天性。這樣一代代遴選下去，動物的行為基因牢牢控制在人類手裡，野性基因被斬盡殺絕，由野獸變成家畜，越來越溫順，越來越肥壯，馴化的主體工作便大致完成了。

最先完成馴化、加入人類陣營的野獸可能是狗，其馴養歷史長達一萬七千年左右。綿羊的馴化約在一萬一千到一萬三千年前[2]；稍晚，伊朗高原的上古居民馴服了山羊；九千年前，中國人率先馴化了豬。

家牛的最初馴化地區和馴化時間，學界至今仍存有爭議，或認為第一批馴化的家牛出現於九千年前的古埃及。此後一千年間，它們跟隨人類的腳步，北上進入了新月沃地和歐洲[3]。在中國，家牛的馴化時間要晚一些，約在距今五六千年前。三代之際，牛犢是最重要的祭祀犧牲。周代高規格的祭品，牛、羊、豬三牲全備，稱為「大牢」，缺少牛為「少牢」，天子祭社稷用大牢，諸侯只能用少牢，故曰「諸侯無故不殺牛」[4]，這是為了避嫌。倘若諸侯無聊手賤，殺了幾頭牛，事情傳出去，不免惹來揣測：「你為啥殺牛？是不是想僭越禮制？用大牢祭祀，那還了得？你這是覬覦天子，心懷不臣！為了天子的尊嚴，大家一起出兵打他！」

事情鬧到這步田地，有口難辯，損失就無可估量了。所以瓜田李下的諸侯，盡可能約束自己的雙手，不去犯賤殺牛。

中國古代史上大多數時期，牛是受保護的，不必像豬羊般整日擔心屠刀加頸。而就在禮制即將崩壞，諸侯們把殺牛的禁忌看得越來越無關緊要之時，牛更換了新職業，再一次從屠宰場逃出生天。春秋時期，犁耕作業出現，牛走下廟堂祭祀的供桌，開始替農民打工。牽犁之牛，北方用黃牛，南方用的是三千年前從南亞引進的亞洲水牛。殷墟等遺址雖然也發現過水牛遺骨，但均為業已滅絕的聖水牛，屬於野牛，未被馴化，亦不曾用於拉犁[5]。牛被套上犁軛之前，農耕全靠人力，人力有限，難以深耕，土地每耕作兩年，就要休耕兩年以恢復地力。作為肉體拖拉機，牛身強力壯，可以將犁深深刺入泥土，翻起高養分土層，令休耕時間大幅縮短。戰國時代，鐵器廣泛應用，牛耕效率更高，據後世經驗，鐵犁牛耕可抵五倍人力，糧食增產，人口增長，文明進步，牛居功至偉。

牛從神聖祭品淪為農民的工具，保守主義貴族意見很大，吐槽說：「宗廟之犧，為畎畝之勤」[6]，說牛的地位降低了。不過在牛看來，地位不地位都是浮雲，好死不如賴活著，死都死了，再神聖尊榮又有啥用？跟農民搭夥，上上班，出把子力氣，活到壽終正寢，無疑比給人高高擺在供桌上要幸福得多。而況封建王朝「國以農為本，農以牛為命」，為保障生產，通常立法禁止殺牛，牛的地位依然鶴立畜群。

保牛護牛的政策，歷朝歷代寬嚴不一，相比之下，唐朝限制寬鬆些，對民間殺牛尤其對上流社會殺牛睜隻眼閉隻眼，官貴屠牛吃牛，咄嗟立辦：「洛州司僉嚴升期攝侍御史，於江南巡察。性嗜牛肉，所至州縣，烹宰極多。事無大小，入金則弭。凡到處，金銀為之踴貴，故江南人謂為金牛御史。」[7]岑參兄弟在京師送王昌齡南下履新，也是殺牛祖餞：「何必念鐘鼎，所在烹肥牛。」[8]

後來岑參西出玉門，盤桓關外那幾年，沒少趴在舞池邊上看胡姬豔妝嬌歌，大快朵頤牛肉：

> 置酒高館夕，邊城月蒼蒼。
> 軍中宰肥牛，堂上羅羽觴。
> 紅淚金燭盤，嬌歌豔新妝。[9]

動不動就宰牛下酒，且宰的是肥牛，顯然非衰老或病死的。唐代流傳的一則段子，可見食牛之平常：

「有士人，平生好吃熬牛頭。一日，忽夢其物故，拘至地府酆都獄。有牛首阿旁，其人了無畏憚，仍以手撫阿旁云：『只這頭子，大堪熬。』阿旁笑而放回。」[10]

即話說有個「吃貨」，平生最喜歡吃燉牛頭肉，一天他忽然死了，被鬼卒押入地獄。地獄之中相傳有牛頭怪司刑，此怪生得人身牛首，恐怖醜惡，墮入地獄的尋常罪人只需看上一眼，便嚇得心膽破裂。「吃貨」卻毫無懼色，伸手撫摸那怪物的腦袋，喜道：「這牛頭真大，夠吃好幾頓的。」牛頭怪一腦門冷汗：「我服了，你快回去吧。」於是把「吃貨」放回了人間。

北宋缺馬，朝廷千方百計以茶馬互市，從北方換來馬匹，為飼養不惜侵奪農田，用以組建騎兵，應付遼、金之患。宋神宗熙寧六年（西元一〇七三年），朝廷頒行「保馬法」，推行民間養馬。當是時，北方畜牧的重點是養馬而非養牛。南方養牛業雖相對發達些，但平攤到全國，人均耕牛佔有率依然偏低，所以宋朝律法大力保護耕牛，多次下詔禁絕屠宰，違者重處。宋真宗大中祥符九年（西元一〇一六年），降敕「自今屠耕牛及盜殺牛，罪不至死者，並系獄以聞，當從重斷」[11]。宋高宗建炎四年（西元一一三〇年），「詔軍民殺耕牛者抵死」[12]。聲明凡屠宰耕牛，情節嚴重者，最高可判極刑，縱不至死，亦需遵行從重原則辦理，決不輕恕。峻法當頭，宋人可比唐人老實多了，諸如《東京夢華錄》、《夢粱錄》、《武林舊事》、《都城紀勝》這些詳述兩宋皇京繁華、縷舉市場商品的文獻，幾不見牛肉。

當然，宋人也不是完全與牛肉無緣，耕牛老死、病死，上報官府後，照例是准許食用的。另外，私卜殺牛，還是時有發生。南宋筆記《夷堅志》：「紹興元年，車駕在會稽。時庶事草創，有旨禁私屠牛甚嚴，而衛卒往往犯禁。」蓋物以稀為貴，愈是不許食用，世人便愈加珍視，牛肉價格也就愈高。今人估算，宋代一頭牛的市價在五至七貫錢左右，而宰殺一頭成年牛，剝肉販售，可得二十至三十貫錢，獲利極厚[13]。有人便打起「險中求富」的主意，如《玉芝堂談薈》：「恩州民張氏以屠牛致富。」事實上朝廷科律雖嚴，執行起來，總是因各種各樣的原因大打折扣。在地方上，除非有人檢舉，又或盜牛宰殺，官府通常懶得為了幾條牛命較真。只有朝廷新頒禁令，地方才出榜曉諭，忙活一陣，屠戶們配合長官工作，偃旗息鼓，消停幾天。風頭一過，上司不再督促，官府放鬆稽查力度，私屠之風，立時復燃。正因屢禁不止，朝廷才會三令五申，不斷下詔，無奈江湖迢遠，廟堂隔閡，有司殷殷制定的諸般法令只具約束之功，並無禁絕之力。《水滸傳》眾家好漢不分何時何地，坐下便喊「切二斤熟牛肉來！」雖是小說筆法，但以宋代私屠之普遍，好漢們大秤分金銀之豪闊，幾斤牛肉也不是沒處買。施耐庵不寫豬肉、羊肉，偏寫牛肉，料想還有一層意思：俠以武犯禁，官府不許吃的，梁山好漢偏要吃，於口腹細節處，亦可見其反抗精神。好漢既然要吃，酒店又豈敢不賣？

在牛肉之前，俠客口中的美食原是狗肉。「仗義每多屠狗輩」，自古市井隱俠，如聶政、樊噲之輩，多為操刀宰狗的屠酤。狗是狼的亞種，是人類最早馴化的動物。狼性群居，獨立捕獵能力有限，落單的孤狼可能會因飢餓跟隨人類遷徙，或在垃圾場周圍徘徊，尋求人類的食物殘渣食用。經數千年甚至萬年的漫長相處，兩個物種學會了彼此合作，一些攻擊性低的狼，褪去野性，逐漸進入人類社會，變成了狗。

先秦古人養狗，不外三種用途，一為守門，二為打獵，三為充庖廚——也就是食用[14]。根據周禮，狗肉規格不低，士以上的貴族才有資格享用。齊景公的狗死了，棺槨盛殮，還準備祭祀，晏嬰插嘴說：「百姓在外面饑寒凍餒，大王好意思給狗辦葬禮？你不怕百姓知道了罵你八輩祖宗，別國諸侯知道了，笑你荒唐無道？」齊景公問：「那咋辦？」晏嬰說：「趁新鮮燉了吧。」於是「趣庖治狗，以會朝屬」，燉了一鍋肉湯，幾位大人分著吃了[15]。吃狗高峰出現在戰國秦漢，戰國時代，禮崩樂壞，老百姓不再理會「庶人無故不食珍」那一套，想吃啥吃啥，羊也吃得，狗也吃得，連守禮的大賢孟子都表示支持：「雞豚狗彘之畜，無失其時，七十者可以食肉矣。」[16]狗肉就此走入千家萬戶。

歷經魏晉動盪，到隋唐，肉食界豬羊爭霸的序曲奏響，狗肉地位大跌，成了上不得臺盤的東西，正式宴飲、士人階層不屑為食，俗語有言「掛羊頭賣狗肉」，謂以次充好——狗肉為次，羊肉為好。雖說「狗肉滾三滾，神仙站不穩」，民間仍視狗肉為珍味，但隨著畜牧業規模擴大，社會對畜類用途的劃分日益清晰，傳統六畜被分成兩大類，賦予更加明確的分工，第一類是工具型牲畜（役畜），第二類是食料型牲畜（肉畜）。前者包括：馬，甲兵之本，國之大用，國家重要戰略資源，享有最高級別宰殺豁免權；牛，生產貢獻遠高於食用價值；最後就是狗。士人有意識地將狗從食料型家畜之列析離出來，劃入工具型、寵物型一類，與馬、鷹、貓之列同，因此表示供人驅使（給人當工具使喚）稱「做牛做馬」、「犬馬之勞」，而不說「豬羊之勞」。狗的功能明確化，加上專供食用的食料型牲畜——羊、豬、雞的養殖產能增長，再吃狗就顯得飢不擇食，成了有失身份的掉價行為，只有不講究的「粗人」，譬如不守戒律的和尚、遊手好閒的無賴，才偷摸著宰條狗解饞，且如俗話所說「關起門來吃狗肉」，不敢大張旗鼓，生怕惹人猜疑恥笑。

而替狗子引開屠刀的豬、羊、雞，命運則淒慘得多，人類飼養它們目的明確，就是用來吃的。山羊和綿羊，很可能最早馴化於中亞，羊性情溫良，易於牧養，中亞的生態環境和氣候也適於牧羊。而在中國，八千到一萬年前這段時間，華北地區寒冷乾燥，華南地區溫暖潮濕，都不利於羊的繁殖，因此中國黃河、長江流域，最先壯大的是農耕文明，而非遊牧部族。對於農耕文明來說，豬是完美的家畜，一個重要原因是人和豬都是雜食動物，人能吃的，豬基本都能消受。而豬的食域廣於人類，廚餘渣滓、殘羹剩飯，豬來者不拒；食材加工下腳料、糠秕糲麩，豬也不挑。農耕社會養豬，是因利乘便，農民順便養養，豬也是順便長長，和諧共生，一點都不勉強。假使遊牧部族養豬，那就不方便得緊了。豬體肥腿短，身子蠢重，移動緩慢，性子貪懶，你讓它們跟著遊牧部族千里輾轉，逐水草而居，除非用馬車載著，否則驅之不動。但世間豈有用馬車搭載牲畜遊牧的道理？此外，豬與人類的食域交集廣泛，放養豬時，它們會自行覓食野果、根莖類食物、野生穀子、蘑菇等人類可用的食材，與人類形成競爭。牧人費盡力氣趕了一天豬，趕不到十里八里，附近可採摘的食物都被豬吃光了，那麼人豈不是要餓死？而羊進食的植物，人類大多無法直接食用，不與人類爭食，因此遊牧部族養羊，成本比養豬低得多。再者，豬的體溫調節功能不完善，不宜如牛羊般露天放養。特別是閹割後的豬崽，常因受寒而死，豬圈最好有所遮蔽，以禦風寒，所以「家」字的結構，為「豕（即豬）」字之上一片瓦。遊牧部族轉徙無定，多曉行夜宿，若每天晚上都要替豬群搭圈，非活活累死不可。而在定居的農耕社會，養豬人家時間充裕，大可妥善營造豬舍。豬糞則是優質的有機肥料，大益稼穡，也是農耕助力。豬舍常建於廁鄰，方便收集肥料，表示廁所的「溷」字，左邊為水槽，右邊為豬圈，正是當時建築佈局的形象還原。

現代家豬由野豬馴化而來，從目前的考古資料看，中國和土耳其可能分別是亞洲、歐洲家豬的起源中心[17]。中國人養豬的歷史不短於九千年[18]，甲骨文有兩個字用來表豬，家豬叫「豕」，野豬叫「彘」，彘字從彑，從二匕，彑（jì）表示豬頭，兩個匕字表示豬腳，二匕間的矢字，意為箭矢射殺了野豬[19]。後來野豬日益少見，彘也逐漸用於指代家豬。

近萬年的飼養改變了豬的骨骼和體態。最初的亞洲野豬，出於拱土覓食和搏鬥需要，前軀強壯而長，占身體全長百分之七十。人類並不希望豬長成這麼一副攻城錘的模樣，根據人類的需求，豬頭越小越好，身體越肥越好，在人類的干預下，原始家豬前軀漸趨縮短，占比下降到百分之五十左右；演變到現代家豬，前軀只占全身三成。豬增肥的同時，地位也在提升，周代「諸侯無故不殺牛，大夫無故不殺羊，士無故不殺犬豕」，豬狗平級，低於牛羊。戰國以後，人口增長，農耕經濟擴張，大批天然草場墾為農田，留給馬、牛、羊的牧養空間，要麼被擠到窮荒絕徼、邊鄙之地，要麼被農田割得破碎，逼進山野。中原民間僅剩下零零星星的人放牛放羊，執鞭者多為女性、老人和孩童，放牧之地，都是禾稼不植的荒郊山林而已。豬則隨著農耕版圖擴張，數量穩步增長。漢代，豬晉升為首席肉畜，肉食地位彎道超車，壓羊一頭。《齊民要術》舉兩漢循吏教民治生，唯言蓄養雞豚，未及豢羊，顯示了彼時農家畜牧以豬、雞為主。

好景不長，豬的領先優勢隨著大漢王朝的崩解蕩然無存。漢末魏晉連綿百年的戰火燒得畎畝荒蕪，千里膏田化為蔓草榛莽，農耕經濟損失慘重。野草瘋長，卻為牛、馬、羊的放牧提供了草場。東漢末年，群雄爭霸，帝國人口由鼎盛時期的六千萬驟降至二千二百萬左右，減損高達百分之六十[20]。人口銳減，大片土地閒置，正好拿來養馬放羊。隨後兩晉六朝，塞北遊牧部族席捲南下，盡奪中原之地，他們的生產習慣不似漢人重農抑牧，在他們手裡，北方畜牧經濟迅速發展。以黃土高原為例，秦漢之際「關中自汧、雍以東至河、華，膏壤沃野千里，自虞夏之貢以為上田」[21]，拓荒耕墾，農田蔓延；到了南北朝，「登隴東望秦川，四五百里，極目泯然，墟宇桑梓與雲霞一片」[22]，農田萎縮，林木草場重新佔領生態高地，這些地區順理成章地被改造成了遊牧區。北魏，關中官營牧場甚至向東延伸至華北平原。伴隨著滄海桑田式的農牧區域伸縮，養羊規模急劇擴大，北方遊牧民族入主中原後，食羊之風興起，豬肉無力為抗，肉食老大的位子再度為羊所奪。

那時候長江以北，一派膻氣，翻看《齊民要術》、《四時纂要》之類農書，當時書頁之間遺留的羊肉味道兀自撲面。《齊民要術》的作者賈思勰本人就養了兩百多隻羊，他在書中論述畜牧技術頭頭是道，實際操作時，卻因越冬飼料準備不足，餓死過半。雖然他微笑著表示「三折肱知為良醫」、「亡羊補牢，未為晚也」，心裡畢竟還是極度不爽。

至於江南士族，拼死抵抗胡馬窺江之餘，也在固守傳統食俗的尊嚴。時南北飲食之異，一言以蔽，可道「南魚北羊，南茶北酪」。順便說一句，此酪並非牛乳之酪，而是羊乳酪。羊肉、羊酪皆膻，吃慣千里蓴羹，以清尚自詡的江南名士，乍逢此味，多半消受不來。南齊王肅，東晉丞相王導之後，仕齊為秘書丞。永明十一年（西元四九三年），王肅父兄並為齊武帝蕭賾所殺，遂奔北魏，得孝文帝器重，拜尚書令、顧命大臣，尚陳留長公主。王肅初到魏境那會兒，苦於飲食，嗅到乳酪氣味便欲嘔吐，日常所設，仍是南方的鯽魚、稻米。同僚都在喝奶，只有王肅抱著個茶壺咕咕痛飲，而且特別能喝，一次能喝一斗，同僚都管他叫「漏壺」。孝文帝知道他吃不慣北地味道，輕易不召他與宴，省得他難堪。轉眼數年過去，王肅的官兒越做越大，有些宴會場合非他出席不可。一日殿會，席間上了羊肉、酪粥，王肅眼也不眨，摧山倒海，連吃幾大碗。孝文帝坐在上面看著，十分詫異，問道：「王卿家以前可是從來不吃這些東西的，怎麼樣，羊肉的味道比之魚羹如何，酪漿比之茗茶如何？」王肅看看從皇上到諸位同僚滿臉期待的樣子，哪裡敢說羊肉不好，道：「羊是陸產之最，魚乃水族之長，各有千秋。比方來說，羊好比齊魯大邦，魚則似邾莒小國。至於茶葉嘛，嗯，只有給乳酪做奴才的份兒。」孝文帝見王肅徹底「北化」，言語中又把南朝比作小國，欣慰大笑。彭城王元勰從旁道：「然則王大人以前為何不重齊魯大邦，而愛邾莒小國？」王肅道：「家鄉習尚如此，不得不好。」元勰道：「王大人明天有暇，奉屈小酌，本王請你吃邾莒之食，還有『酪奴』。」從此北方人便稱茶葉為「酪奴」了[23]。

美食有如愛情，有的目成心許，一見鍾情；有的初見未必入眼，相處日久，方知貼心。王肅由拒絕到「真香」，深深愛上羊肉，歸根結底，總是羊肉美味的緣故。古人造字，不吝對羊肉溢美，諸如「羊」加「魚」為「鮮」；「羔」加「美」為「羹」。「羔」是小羊，那麼大羊用哪個字表示呢？答案是「美」字。「美」字拆分開來，便是「羊」和「大」字，《說文解字》：「美，甘也，從羊從大。羊在六畜，主給膳也。」宋人徐鉉作注，直言「羊大則美」，王安石作《字說》，解「美」字亦作「羊大為美」。你要問這些學者：「覺得很美是怎樣的體驗？」他們會很直接地告訴你：「謝邀（感謝邀請回答），就是吃肥羊時的感覺。」不過表示小羊的「羔」字後來被用於詈語，與「美」字的境遇，天壤雲泥，恐怕造字者都始料不及。

王肅愉快地被羊肉折服，還趁機拍了把馬屁，拍得皇上龍顏大悅，緩和了同事們的文化歧視，可謂因羊得福，這就是「口之於味，有同嗜焉」的附加驚喜了。其實比王肅所處時代稍前，有位前輩先他一步，走過一波更強勢的羊肉運，以區區一碗羊肉湯，絕地反擊，實現了由朝不保夕的戰俘到極品武臣的人生大逆轉，此人就是東晉毛修之。毛修之與王肅一樣，也是北渡之臣，不過他並非自願投靠，而是被俘入北朝的。東晉義熙十四年（西元四一八年），毛修之鎮戍關中，遭胡夏赫連勃勃擊破生擒。十年後，北魏破夏，毛修之顛沛流離，又轉入北魏。他在晉時就精於烹調，滯留北方十年，更是將南北廚藝融會貫通，自成家數。入魏不久，因緣際會，毛修之得到了一個為尚書燒菜的機會，他拿出全副本事，煮了一道羊羹，尚書一嚐，驚為絕世至味。這尚書忠心得很，有好吃的不肯獨享，顛顛地把毛修之給太武帝拓跋燾送了去。拓跋燾吃了毛修之做的「南派」羊肉，龍體一顫，宛如一道光芒照進生命，眼前豁然打開了一個嶄新的世界，當即把毛修之留在朝班，授太官令，專門替皇上做飯。後來毛修之的軍事才能慢慢顯現，拓跋燾不肯埋沒將才，准其領兵出征，毛修之數度討擊柔然、北燕，戰功卓著，累遷尚書、撫軍大將軍，賜爵南郡公。回想昔日南冠楚囚的慘澹光景，而今位極人臣，人生浮沉，恍如一夢。為此，他不敢須臾或忘初心，時時手自煎調，親自下廚庖治美食給皇上解饞，拓跋燾也始終善待有加，恩遇榮寵，永錫不匱[24]。

有人吃羊肉吃出「大禮包」，就有人吃出「炸藥包」。「炸藥包」埋藏的年代普遍比較久遠，一則見於《左傳・宣公二年》：

「二年春，鄭公子歸生受命于楚，伐宋。宋華元、樂呂御之……將戰，華元殺羊食士，其御羊斟不與。及戰，曰：『疇昔之羊，子為政；今日之事，我為政。』與入鄭師，故敗。」

這是個悲慘的故事，鄭國公子歸生受命于楚，攻打宋國，宋國的華元率兵迎戰。開戰之前，為鼓舞士氣，華元殺羊犒軍，每位將士都發了一大塊羊肉，唯獨忘了發給替他駕車的御手羊斟。羊斟當時也沒作聲，等到開戰後，才陰惻惻地道：「那天發羊肉是你做主，今天戰事的勝負，可就歸我做主了！」不由分說，揚鞭一擊，駕著華元所乘的戰車直入鄭國軍陣。宋軍就這樣離奇地失去了主帥，無人指揮，一敗塗地。後人還持續鞭屍，把此事刻在湯匙上，說是「羊羹不遍，駟馬長驅」，告誡人們發福利前，務必做好統計工作，千萬別漏下哪位同志。

可惜這種湯匙量產太晚，戰國時代的中山國君不曾見過，否則他的悲劇大可避免。《戰國策．中山策》：

「大夫司馬子期在焉。羊羹不遍，司馬子期怒而走于楚，說楚王伐中山，中山君亡。有二人挈戈而隨其後者，中山君顧謂二人：『子奚為者也？』二人對曰：『臣有父，嘗餓且死，君下壺飧餌之。臣父且死，曰：『中山有事，汝必死之。』故來死君也。』中山君喟然而仰歎曰：『與不期眾少，其于當厄；怨不期深淺，其于傷心。吾以一杯羊羹亡國，以一壺飧得士二人。』」

是說中山國君請士大夫們吃飯，給所有人上了一份羊肉湯，單單漏掉了司馬子期。老實說，這種失誤，後勤人員難辭其咎，不該把鍋扣到國君頭上，可是司馬子期不管：「你身為國君，我這兒少一份你看不見？分明是有意羞辱我！不給我喝羊肉湯是吧，那就打翻狗食盆，大家都別喝！」衝冠一怒，跳槽去了楚國，說動楚王出兵。有他這麼個知根知底的叛臣襄助，楚軍勢如破竹，直抵王城，中山君對付不了，棄國流亡。後來獲悉原委，重臣叛逃、國破家亡，竟然是因為區區一碗羊肉湯，不勝慨歎：「吃貨」的怨念，強大如斯！

先秦羊肉占一個「貴」字，魏晉羊肉占一個「多」字，所以先秦人請客吃羊，一旦「不遍」，向隅者總是引以為奇恥大辱，彷彿被當眾嘲諷「不配吃高級貨」似的。這種情形，在魏晉時期失去了存在基礎，蓋魏晉羊勝於豬，是指數量規模，而非地位。相反，由於稀缺，南方那些吃不來羊肉的貴族，分外貪惜豬肉。東晉王朝初代老闆晉元帝司馬睿稱帝前，鎮守建業，財用不足，窮得連頭豬都搞不到，長年累月不知肉味，偶爾弄來一頭，衙府上下興奮得跟過年似的。當時認為，豬頭上的一塊肉味道最好，朝士們饞則饞矣，誰也不敢取來打點口舌，必須給司馬睿留著，人稱「禁臠」。後世謂他人不得染指之物為禁臠，即從此典：

「元帝始鎮建業，公私窘罄，每得一豚，以為珍膳。項上一臠尤美，輒以薦帝，群下未嘗敢食，于時呼為『禁臠』。」[25]

豬寡羊多，食羊之風自厚，這股風氣一直延及唐宋。唐朝官牧規模驚人，玄宗天寶十三載（西元七五四年）的一份官營牧場畜群清點報告顯示，僅隴右一地，養羊數量便達二十四萬四千頭[26]。唐朝皇帝手裡資源豐富，博碩肥腯，腰桿子挺得筆直，就比司馬睿大方多了，不但不護食，還天天給臣工發羊。《唐六典》：

「凡朝會、燕饗，九品以上并供其膳食……（左、右廂南牙文武職事五品以上及員外郎供饌百盤，余供中書、門下供奉官及監察御史，每日常供具三羊，六參之日加一羊焉。行幸從官供六羊，釋奠觀禮具五羊。）」

「凡親王以下……（每月給羊二十口、豬肉六十斤、魚三十頭。）」

是說朝廷每月按官員品秩發給廩祿，五品以上均提供肉料。二品以上大員，上至親王，每月能領取二十腔羊、六十斤豬肉和三十條魚，三品以下官員，只發羊肉，不發豬肉。由福利內容配比看得出當時關中京畿幾種食物資源的豐儉：秦川內陸，魚類匱乏，因此發放的數量偏少，自不消說；豬肉也不充裕，以親王之尊，每個月竟發不到一頭；最不缺的就是羊，一發發一群，王爺們須帶了羊倌趕回府去。長安城大街上，常年可見王府隊伍浩浩蕩蕩：前面導騎喝道，中間王爺鮮衣怒馬，最後跟著一群羊，招搖過市，蔚為奇景。當然，王府開支龐大，區區二十頭羊，定不敷用。史書舉了個例子，昭義節度使的家庭廚房「月費米六千石，羊千首，酒數十斛」[27]，二十頭羊，不到一天便吃光了，抵得什麼用。

北宋皇室，因循唐風，猶有過之。唐朝皇帝不見得摒棄豬肉，北宋御廚，卻唯庖羊肉：「御廚不登彘肉」[28]「飲食不貴異味，御廚止用羊肉，此皆祖宗家法，所以致太平者」[29]。原來御廚偏廢，皇上偏食，是受制於祖宗家法之故。家法連吃啥都要過問，實在奇葩，大概趙宋祖宗擔心後嗣侈汰，淨去搜羅些什麼龍肝鳳髓、猩唇豹胎，靡費民膏，乾脆定下規矩，只許取當時最便宜的羊肉為食。想吃龍肝鳳髓？趁早死了這份心，老老實實給我把心思專注在朝政國事上吧！只是皇室專逮著一種動物薅，消耗不免極巨，《續資治通鑒長編》載，宋真宗朝「御廚歲費羊數萬口」，北宋孔平仲《孔氏談苑》提供了更詳細的數字：「（御廚）

先日宰羊二百八十，後只宰四十頭。」宋神宗熙寧十年（西元一〇七七年），御廚年耗羊肉四十三萬斤之巨，與之相比，豬肉僅用了四千一百斤，不到羊肉的百分之一[30]。為供應御用，朝廷特置牛羊司，於河南、陝西水草豐美之地開闢放牧基地，替皇家牧牛餵羊，以充祭祀和御廚烹宰。宋仁宗朝，僅陝西一地的皇家牧場，存欄之羊即達一萬六千頭[31]，整個系統的豢養體量可想而知。

上之所好，下必從之。皇上被祖宗家法約束著，沒辦法才成天吃羊。臣工為了思想行動與皇上保持高度一致，也多半罷黜百畜，獨尊美羊。而老百姓不明白這些彎彎繞繞，眼見上流社會興吃這個，心想咱們趕潮流也好，隨大流也好，跟著皇上走也好，總不會錯吧。於是羶鮮之氣，鼓盪海內，錦街天陌，花前月下，遍地羊骨頭。《水滸傳》裡西門慶垂涎麵食巨頭武老闆的妻子，吐槽說「好塊羊肉，怎地落在狗口裡！」而不說「好塊豬肉，怎地落在狗口裡」，正是世人好尚羊肉的反映。北宋承唐舊例，保留了給官員發羊的制度，由於消耗太大，官府每年需從民間大量收購，輸往京師，進一步刺激了養殖。兩宋民間養羊產業相當發達，《天龍八部》裡喬峰對阿朱吐露心願，說希望有一天再也不理江湖仇殺，遠離武林，放牛牧羊。此願此景，實為宋代平民生活寫照。

中國人認為羊肉溫補，北宋官修《政和本草》，將羊肉、人參並論，說「人參補氣，羊肉補形」，食之可補中益氣，強身健體，真是廣大年老體弱者的福音。蘇東坡對此深有體會，他晚年（五十八歲）謫居廣東惠州，那時的嶺南，山陬海澨，邊遠窮僻，蘇東坡被發配至此，原是政敵的折磨手段。然而蘇東坡這人，天性達觀，橫逆之來，泰然處之，永遠不會沮喪，生命永遠勃發著燦爛的光芒，不論流落何處，總能找到樂子，尤其是能找到好吃的東西，儼然是臺「人形自走美食雷達」：

「惠州市寥落，然每日殺一羊，不敢與在官者爭買。時囑屠者買其脊，骨間亦有微肉，熟煮熟漉，若不熟，則泡水不除，隨意用酒薄點鹽炙微焦食之。終日摘剔，得微肉於牙綮間，如食蟹螯。率三五日一食，甚覺有補。子由三年堂庖所食芻豢，滅齒而不得骨，豈復知此味乎！此雖戲語，極可施用，用此法，則眾狗不悅矣。」[32]

意指惠州商業蕭條，市集每天僅宰得一口羊。蘇東坡同那些屠戶很熟絡，知道最肥美的部分須留給當地的實權官員，他也不去計較爭衡，只囑咐屠戶給他留些羊脊，也就是羊蠍子，拿回家燉食。說起煮羊肉，蘇東坡得意洋洋地自稱別具心得，他的《格物粗談》論列生活小竅門，便有一段談到核桃與羊肉同煮，可以去膻：

「先將羊肉放在鍋內，用胡桃二三個帶殼煮三四滾，去胡桃，再放三四個竟煮熟，然後開鍋，毫無膻氣。將胡桃敲開，則臭不可當。」

是說羊蠍子燉熟，啃過一遍，骨縫間零星微肉不能吃盡，便淋酒撒鹽，烤至焦香，拿在手上細挑慢剔，一剔能剔上一整天，這才是「有靈魂」的羊肉吃法，愉心悅形，其樂無窮。他打比方說吮弄羊骨「如食蟹螯」，像嘬蟹爪般費事，而「三五日一食，甚覺有補」，跟今人吃羊蠍子每言貼秋膘、補身子儼然口氣一致。吃飽還不忘順便揶揄弟弟蘇轍，說他家廚房燒菜，從來有肉無骨，啃羊蠍子的樂趣，他是無緣體驗的。只不過骨頭啃得太乾淨，致「眾狗不悅」，狗子們不樂意了。

建炎南渡，帝國丟掉了最適宜牧羊的北方半壁。南宋初，大批北人南下，江南羊肉市價騰貴，漲至九百錢一斤，漫說藜藿小民，就是中低層官吏也無力消受，地方長官甚至視下屬是否買羊肉為廉貪考績標準[33]。幸好浙江嘉興、湖州等地很快繁育了一種從北方引入的綿羊，時稱「湖羊」，每天裝船運往臨安，肉價稍稍平抑。杭嘉湖平原河網密佈，不具備大面積草場的條件，小橋流水人家，養魚得天獨厚，牧馬放羊，肯定不及「碧草千里鋪郊畿」的關隴河洛。是以南宋羊肉產量規模，終究遠遜北宋，官貴益發珍視，皇上賜宴，輒以羊肉為大菜。隆興元年（西元一一六三年），宋孝宗留名臣胡銓吃便飯，使潘妃唱曲勸酒，先賜蚌肉熬製的八寶羹點心，繼而上正菜，是鼎煮羊羔、胡椒醋子魚（鯔魚）、明州蝦鯆、胡椒醋羊頭珍珠粉，以及炕羊炮飯，胡銓吃羊肉吃得舒爽，還饒有興致地跟皇妃對飲了幾杯[34]。官場設饌，也視羊肉為貴，南宋士人欽崇蘇軾，相信只要把蘇軾的詩文研讀精熟，就有登科進仕之望，時諺云：「蘇文熟，吃羊肉；蘇文生，吃菜羹。」[35]寒士赴考，名落孫山，繼續苦哈哈地吃菜羹；青雲得意，袍笏加身了，才有錢買羊肉，吃羊肉無異於做官的象徵。

羊肉不夠，豬肉來湊，屈居羊下近千年，豬肉終於等到了羊肉勢力衰退的這一天。實際上因世人好食羊而輕豬，兩宋時豬肉一直比羊肉便宜。蘇東坡逗留黃州之際，便指出當地富室不屑食豬，而百姓不懂食豬，致豬肉賤如泥土。這倒便宜了蘇東坡，每天打一碗豬頭肉，吃得嘴角流油[36]。宋徽宗朝吏部尚書虞策之女，生在富貴之家，不吃豬肉，後來嫁入寒室，兀自挑食，大伯子說道：「吾家寒素，非汝家比，安得常有羊肉？盍隨家豐儉勉食之。」[37]長安民俗輕豬更甚，向例豬腸不入廚灶，只配餵貓，一方面西北內陸，貓咪吃不起小魚乾，另一方面也著實見得豬肉寒賤[38]。平民、奴僕，又或不守清規戒律的出家人，是豬肉的主力消費人群。前章提到，北宋大相國寺有個僧人，豬肉烤得極好，而像這樣的酒肉和尚實在不少：

「王中令既平蜀，捕逐餘寇，與部隊相遠，飢甚，入一村寺中。主僧醉甚，箕踞。公怒，欲斬之，僧應對不懼，公奇而赦之，問求蔬食。僧曰：『有肉無蔬。』公益奇之。饋之以蒸豬頭，食之甚美，公喜，問：『僧止能飲酒食肉耶，為有他技也？』僧自言能為詩，公令賦食蒸豚詩，操筆立成，曰：『嘴長毛短淺含膘，久向山中食藥苗。蒸處已將蕉葉裹，熟時兼用杏漿澆。紅鮮雅稱金盤薦，軟熟真堪玉箸挑。若把膻根來比并，膻根只合吃藤條。』公大喜，與紫衣師號。東坡元佑初見公之玄孫訥，夜話及此，為記之。」[39]

是說宋初大將王全斌討平後蜀，親率輕騎一部追剿餘寇。既是追擊部隊，輜重所帶有限，伙夫也留在大部隊，不曾隨行。追了半天，王全斌飢火升騰，見荒村之畔一座破廟，尋思且打個尖再走。進廟一看，廟裡倒是有個和尚，渾身酒氣，乜斜著一雙醉眼，大大咧咧坐在那裡，見了長官也不招呼，也不奉承。王全斌瞧著來氣，喝令左右拉出去斬了。那和尚毫無懼色，王全斌人奇，一生戎馬的職業軍人聽到要砍頭尚且害怕，這和尚全不畏死，倒是條硬漢，一時起了愛惜之意，不捨得殺。因命和尚安排菜蔬飯食果腹，和尚道：「沒有菜蔬，只有酒肉。」王全斌益發好奇。少頃，和尚蒸了一鍋豬頭肉捧將上來，王全斌一嚐，大贊好吃，問道：「你這和尚有趣得緊，除了喝酒吃肉，還有什麼本事？」和尚自謂能作詩，王全斌便令他以「吃蒸肉」為題賦詩一首。和尚從從容容，一揮而就，詩曰：「嘴長毛短淺含膘，久向山中食藥苗。蒸處已將蕉葉裹，熟時兼用杏漿澆。紅鮮雅稱金盤薦，軟熟真堪玉箸挑。若把膻根來比并，膻根只合吃藤條。」王全斌覽詩大喜，贈以「紫衣法師」之號。

兩宋的養豬規模不在養羊之下，北宋東京，每天從早至晚，數以萬計口豬湧入南薰門，作為這座人口逾百萬的超級城市一日之糧[40]。但豬肉的消費階層始終不高，宋仁宗朝宰相晏殊寫給其兄的一封手帖提道，他給家僕發放薪水，保證他們平均每隔兩天吃上一頓豬肉，表示這是約束僕人儉省開銷的理財辦法。宰相家奴七品官，相府婢僕，生活較一般下人優渥，不過《能改齋漫錄》作者吳曾將此事列入「節儉」一類，意思是即使僕從廝役，兩天吃一頓豬肉也已算非常儉約，那麼殷實人家，頓頓有肉，殆非不能。

南宋羊退豬進，士人逼於無奈，開始嘗試豬肉，慢慢發現豬肉之美，陸遊《蔬食戲書》：「東門彘肉更奇絕，肥美不減胡羊酥。」都城臨安，滿大街的豬肉鋪子，開一家火一家，每天宰上幾百頭豬，稀鬆平常。主顧買肉買骨頭，盡可指定部位，也可喚刀手代為切條、切丁、切臊子，只要別學魯提轄「調戲」鎮關西那樣，沒完沒了地提要求，肉鋪通常不致違拗：

「杭城內外，肉鋪不知其幾，皆裝飾肉案，動器新麗。每日各鋪懸掛成邊豬，不下十餘邊。如冬年兩節，各鋪日賣數十邊。案前操刀者五七人，主顧從便索喚劖切。且如豬肉名件，或細抹落索兒精、鈍刀丁頭肉、條攛、精攛、燥子肉、燒豬、煎肝肉、膂肉、盦蔗肉。骨頭亦有數名件，曰雙條骨、三層骨、浮筋骨、脊齪骨、球杖骨、蘇骨、寸金骨、棒子、蹄子、腦頭大骨等。肉市上紛紛，賣者聽其分寸，略無錯誤。至飯前，所掛之肉骨已盡矣。蓋人煙稠密，食之者眾故也。更待日午，各鋪又市熬曝熟食：頭、蹄、肝、肺四件，雜爊蹄爪事件，紅白爊肉等……壩北修義坊，名曰肉市，巷內兩街，皆是屠宰之家，每日不下宰數百口，皆成邊及頭蹄等肉，俱係城內外諸麵店、分茶店、酒店、豝鮓店及盤街賣熬肉等人，自三更開行上市，至曉方罷市。」[41]

中國歷史上，豬肉兩度失勢，均拜胡馬南牧之賜。西元一二七九年，陸秀夫背負幼帝，崖山一躍，熠熠大宋，隨雨打風吹去。取而代之的元朝，帶來了食唯羊酪的風尚，新帝國貫通南北，北方草場資源重新面向江南開放共用，受西域文化輸入影響，豬肉地位一落千丈。元朝人放懷食羊，他們計量羊肉的單位，不用斤兩，用的是「腳子」。腳子是個約量詞，一腳子等於四分之一口羊，下館子點菜，不說「小二，切二斤羊肉」，直接喊「小二，烤半隻羊！」那句著名俗語「羊肉不曾吃，惹得一身騷」正是元朝人的口頭禪[42]。貴族嗜羊甚至到了偏執的地步，從成吉思汗建立蒙古，設「全羊烏查之宴」大饗功臣[43]，幾乎每道菜都有羊肉的影子。包餃子用羊肉：

「水晶角兒：羊肉、羊脂、羊尾子、蔥、陳皮、生薑各切細，上件，入細料物、鹽、醬拌勻，用豆粉作皮包之。」[44]

包子用羊肉：

「天花包子：羊肉、羊脂、羊尾子、蔥、陳皮、生薑各切細，天花滾水燙熟，洗淨，切細，上件，入料物、鹽、醬拌餡，白麵作薄皮，蒸。」[44]

饅頭用羊肉：

「茄子饅頭：羊肉、羊脂、羊尾子、蔥、陳皮各切細，嫩茄子去瓤，上件，同肉作餡，卻入茄子內蒸，下蒜酪、香菜末，食之。」[44]

連魚丸都是羊肉做的。將十尾大鯉魚去皮剔刺，剁去頭尾，加入羊尾兩個。薑末一兩、蔥末二兩、陳皮末三錢、胡椒末一兩、阿魏兩錢，拌剁爛的鯉魚和羊尾成餡兒，搓丸子油炸：

「魚彈兒：大鯉魚十個，去皮、骨、頭、尾，羊尾子二個，同剁為泥，生薑一兩，切細，蔥二兩，切細，陳皮末三錢，胡椒末一兩，哈昔泥二錢。上件，下鹽，入魚肉內拌勻，丸如彈兒，用小油炸。」[44]

下酒菜更不必說。煮熟的羊腿肉和肋排，裹以豆粉、麵粉、藏紅花、梔子花、鹽、調料的麵糊油炸，叫作薑黃腱子：

「羊腱子一個，熟羊肋枝二個，截作長塊，豆粉一斤，白麵一斤，咱夫蘭二錢，梔子五錢。上件，用鹽、料物調和，搽腱子，下小油炸。」[44]

羊肉、羊尾，細剁，同雞蛋、生薑、蔥、陳皮、大料、豆粉、麵粉、藏紅花、梔子和勻，充入羊腸，煮熟切段，掛糊油炸。成品形狀似鼓，故名「鼓兒籤子」：

「羊肉五斤，切細，羊尾子一個，切細，雞子十五個、生薑二錢、蔥二兩，切，陳皮二錢，去白，料物三錢。上件，調和勻，入羊白腸內，煮熟切作鼓樣，用豆粉一斤，白麵一斤，咱夫蘭一錢，梔子三錢，取汁，同拌鼓兒籤子，入小油炸。」[44]

元朝人的茄盒，製法別緻，白茄多枚，去蒂剜瓤，先蒸後炸，炸至金黃。精羊肉切臊子，松仁、生薑、蔥、橘絲細細切碎，拌以鹽、醬、醋，炒熟，取幾枚茄子研磨成泥，同肉餡和勻，填進空茄子，蘸蒜泥供食：

「油肉釀茄：白茄十個去蒂。將茄頂切開剜去穰。更用茄三個切破與空茄一處籠內蒸熟取出。將空茄油內炸得明黃漉出破茄三個研作泥。用精羊肉五兩切臊子。松仁用五十個切破。鹽醬生薑各一兩。蔥橘絲打拌。蔥醋浸用油二兩。將料物肉一處炒熟。再將茄泥一處拌勻。調和味全。裝於空茄肉供蒜酪食之。」[44]

連印度菜傳入，材料也被元朝人改成了羊肉：

「撒速湯，系西天茶飯名，治元臟虛冷，腹內冷痛，腰脊酸疼。羊肉二腳子，頭蹄一副、草果四個、官桂三兩、生薑半斤、哈昔泥如回回豆子兩個大。上件，用水一鐵絡，熬成湯，於石頭鍋內盛頓，下石榴子一斤，胡椒二兩，鹽少許，炮石榴子用小油一杓，哈昔泥如豌豆一塊，炒鵝黃色微黑，湯末子油去淨，澄清，用甲香、甘松、哈昔泥、酥油燒煙燻瓶，封貯任意。」[45]

羊肉以草果、官桂、生薑、阿魏熬成湯，加石榴籽、胡椒和鹽調味，最後用甲香、甘松、阿魏、酥油燻灼，收貯密封，不知是什麼古怪味道。

天下大勢，豬久必羊，羊久必豬。明代正德以後，養豬業全面恢復，豬肉終成中國人首選肉食，獲得「大肉」稱號，地位穩固，迄今不替。

注釋

1 Brigitte Senut and Martin PickFord and Dominique Gommery and Pierre Mein and Kiptalam Cheboi and Yves Coppens. First hominid From the Miocene (Lukeino Formation，Kenya)[J]. Comptes Rendus de l'Académie des Sciences – Series IIA - Earth and Planetary Science，2001.

2 Krebs B R E，Krebs C A. Groundbreaking scientiFic experiments，inventions，and discoveries：the ancient world[J]. 2018.

3 Beja-Pereira A，Caramelli D，Lalueza-Fox C，et al. The origin oF European cattle：Evidence From modern and ancient DNA[J]. Proceedings oF the National Academy oF Sciences，2006.

4 《禮記．王制》。

5 劉莉，楊東亚，陳星燦．中國家養水牛起源初探[J]. 考古學報，2006（2）：141-178.

6 《國語．晉語》。

7 〔唐〕張鷟《朝野僉載》。

8 〔唐〕王昌齡《留別岑參兄弟》。

9 〔唐〕岑參《武威送劉單判官赴安西行營便呈高開府》。

10 〔北宋〕《太平廣記》引《大唐傳載》。

11 〔南宋〕李燾《續資治通鑒長編》。

12 〔南宋〕李心傳《建炎以來系年要錄》。

13 胡建華．宋代城市副食品供應初探 [J]. 河南大學學報（社會科學版），1993(4)：44-48.

14 〔唐〕孔穎達疏、陸德明釋文《禮記注疏》。

15 《晏子春秋》。

16 《孟子．梁惠王上》。

17 Fang M，Andersson L.Mitochondrial diversity in European and Chinese pigs is consistent with population expansions that occurred prior to domestication[J]. Proceedings oF the Royal Society B：Biological Sciences，2006.

18 李相運．家豬的起源和馴化 [J]. 畜牧獸醫雜誌，1998（3）：16-18.

19 〔清〕段玉裁《說文解字注》。

20 葛劍雄《中國人口發展史》。
21 〔西漢〕司馬遷《史記．貨殖列傳》。
22 〔南朝宋〕郭仲產《秦州記》。
23 〔北魏〕楊衒之《洛陽伽藍記》。
24 《宋書．毛修之傳》，《魏書．毛修之傳》。
25 《晉書．謝混傳》。
26 《冊府元龜》。
27 《新唐書．郗士美傳》。
28 〔北宋〕陳師道《後山叢談》。
29 〔南宋〕李燾《續資治通鑒長編》。
30 《宋會要輯稿》。
31 〔北宋〕歐陽修《河北奉使奏草》。
32 〔北宋〕蘇軾《仇池筆記》。
33 〔南宋〕洪邁《夷堅丁志》。

34 〔南宋〕胡銓《經筵玉音問答》。
35 〔南宋〕陸游《老學庵筆記》。
36 《蘇軾全集．豬頭頌》。
37 〔南宋〕洪邁《夷堅丙志》。
38 〔南宋〕周煇《清波雜誌》。
39 〔北宋〕釋惠洪《冷齋夜話》。
40 〔南宋〕孟元老《東京夢華錄》。
41 〔南宋〕吳自牧《夢粱錄》。
42 語出元代施惠《拜月亭記》，原句作「羊肉饅頭不吃得，空教惹卻一身羶」。
43 《蒙古秘史》。
44 〔元〕忽思慧《飲膳正要》。
45 〔元〕《居家必用事類全集》。

唐宋用餐指南

史學家陳寅恪先生說：「唐代之史可分前後兩期，前期結束南北朝相承之舊局面，後期開啟趙宋以降之新局面，關於政治社會經濟者如此，關於文化學術者亦莫不如此。」[1]近代學界亦流行「唐宋變革論」的說法，指出中國歷史由中古（晉唐）邁入近古（宋元明清）之際，發生了一系列劃時代的變革，包括政治、經濟、思想、社會組成和階級構成這些犖犖大端，也包括填充於歷史間隙，瑣細叢殘的文化習慣，例如餐制。

中國傳統餐制，經唐宋之轉捩，擺脫了上古形影，演進為現代人熟知的模樣：跽坐藉席的就餐姿勢，變成了高坐椅杌，據桌而食；每人一份的分餐制，變成了熙熙融融的會餐制；日進兩餐的生活，被三餐制取代。假使唐前的古人，比方說先秦貴族，一腳踩進時空隧道，被丟到唐宋下館子、串門吃飯，面對異樣的用餐規矩，不免大發其懵，不知所措。這時候，一份「唐宋用餐指南」，或許可以說明穿越者們融入當下社會，保住穿越的祕密，同時搞清楚千百年來餐制嬗變的來龍去脈。

吃飯規矩巨變，窮源竟委，要從傢俱進化談起。先秦時候，居室無桌無椅，那時的古人，來來去去只有幾種姿勢，要麼站著，要麼躺著，要麼跽坐，也就是跪坐在腳後跟上，這是標準坐姿。「禮不下庶人」，平民百姓總算自在些，可以蹲和箕踞——叉開兩腿坐著。在大部分士人看來，這兩種姿勢輕慢不得體，坐沒坐相，有失教養，是不屑為之的。至於伏案而憩、蹺二郎腿，以及歪倒在沙發上的「生無可戀躺」，種種高足坐具出現後才演生出的坐姿，就更談不上了。嚴格來說，歪著也不是不可以，跽坐雙膝觸地，標準坐姿更要求上身保持挺直，久坐必然疲憊，這時可在身旁設一小几，微微憑靠休息，謂之「憑几」、「隱几」。但其傾側程度有限，畢竟遠不如歪在沙發上，四體呆滯來得愜意。

除了憑几，緩解膝蓋壓力最有效的辦法是在地上多鋪幾層席子。席子有上下之分，「鋪陳曰筵，藉之曰席」[2]，下層鋪於地面的叫作「筵」，上層直接跪坐的稱為「席」。筵多為竹、蒲、葦製，質地較粗，不及席柔軟。筵長而席短，席專供坐，筵則兼具承物功能，飯菜酒食，皆置筵上，是故宴席又稱筵席，酒宴也叫酒筵。曹植《名都篇》狀寫筵宴情形：

膾鯉臇胎蝦，炮鱉炙熊蹯。
鳴儔嘯匹侶，列坐竟長筵。

曹植和他的少年匹侶席地而坐，鯉鱠、蝦仁羹、寒鱉以及烤熊掌雜陳面前。由於筵只是一層薄薄的竹席，這些珍饈跟擺在地上沒什麼分別。古典小說常言「摔杯為號」，之所以用個「摔」字，就是因為時人坐得太矮，而當時酒杯多為金屬質地，不像瓷杯跌落碎裂時聲音清脆，不用力摔落，帳外那五百刀斧手壓根聽不見。於是我們不難想像士人吃飯的樣子：直挺挺地跪在那裡，守著幾隻杯杯盞盞。設或現代人回到當時，不明就裡，或許會發生誤會，這裡友情提示，請穿越的朋友一定擦亮眼睛看清楚，人家是在吃飯，不是在要飯，不要見人跪著就胡亂往人碗裡丟銅錢，搞不好會挨打的。

踞坐取食，身體、筵席和持箸夾菜的手臂形成一個直角三角形，手臂為三角形的斜邊。眾所周知，直角三角形中，斜邊最長，也就是取食的距離最長，如果食器太矮，取食者就需彎腰俯身，十分辛苦。萬一肴饌擺放得稍遠，食客極力前傾身子伸臂探箸，一不小心趴進飯菜摔個狗吃屎，那就顏面喪盡，斯文掃地了。因此先秦餐具多設計為高腳，以降低這類悲劇發生的概率，同時減少因取食距離太遠而出現的撒漏。

米飯最易撒落。先秦貴族盛裝米飯之器叫作「簋」（guǐ），簋的形狀，看起來像一隻兩耳或四耳的高足痰盂。醬、羹和肉盛於「豆」中，《孟子》云：「一簞食，一豆羹。」《周禮．考工記》：「食一豆肉。」豆也是高足，廣口大腹，彷彿超大號的高腳杯。肉還可以放在「俎」上，按照現代人的印象，乍見此物，或許會誤認做板凳，其實俎相當於迷你案几，青銅俎還附帶燒烤架功能。按先秦古禮：「凡烹飪之事，自鑊升於鼎，載於俎，自俎入於口[3]。」肉類菜肴先用鑊（大鍋）煮熟，再移入鼎中調製羹湯。鼎是禮器，不可直接就食，須撈出大肉上俎，端至席前，由侍者或食客自行切做小塊。倘是烤肉，青銅俎下可置炭火，持續加熱，不輸今天的自助烤肉。後來俎演化為兩種餐具，一為砧板，所謂「人為刀俎，我為魚肉」者；一為托盤，後世稱為「案」，即中國歷史上最著名的恩愛夫妻東漢梁鴻與孟光「舉案齊眉」之案。

這些食器，幾乎清一色由青銅鑄造，拿簋來說，現代博物館收藏的幾件重器，如「西周太師虘簋」淨重六千克，「西周格伯簋」淨重八點九千克，「西周追簋」淨重達到了十八點九千克，比一台電子鍋重多了，貴族若非「擼鐵狂魔麒麟臂」，顯然不可能把這麼一口大銅碗托在掌上愉快地扒飯。偏偏先秦中原主食榜上排名前兩位的粟和黍黏性極差，蒸出來的米飯一夾即散，以當時的傢俱坐姿，用筷子取食極不方便。貴族乾脆放棄了筷子，直接上手抓，《禮記・曲禮上》：「飯黍毋以箸」，明確規定，筷子吃飯不合禮數。當然，手抓並非亂抓一氣，一位識禮君子，應注意以下幾點：不可把米飯摶成飯糰；不可一次性抓取太多，否則有貪吃之嫌；不可抓了飯再扔回盤子；從共用的飯器取食，應保證雙手潔淨，抓飯前不可做搓手動作，惹人噁心[4]。

至於筷子的用途，起初十分單一，僅用於撈取羹中之菜，類似吃火鍋時的用法：「羹之有菜者用梜，其無菜者不用梜[4]。」後來匙匕取食替代了徒手抓飯的習慣，作為筷子的親密搭檔，同時現身餐筵。《三國志・蜀書・先主傳》記劉備受天子衣帶詔，謀誅曹操：「先主未出時，獻帝舅車騎將軍董承辭受帝衣帶中密詔，當誅曹公。先主未發。是時曹公從容謂先主曰：『今天下英雄，唯使君與操耳。本初之徒，不足數也。』先主方食，失匕箸。」劉備接了密詔，未及啟程，曹操忽然上門。劉備只好故作淡定，一面吃飯，一面陪曹操互吹，猛不防曹操來了句：「當今天下英雄，唯你我二人而已，袁紹之流，不足掛齒。」嚇得劉備手一滑，勺子筷子一齊掉落地上。唐人薛令之詩云：「飯澀勺難綰，羹稀箸易寬[5]。」明確表示以勺進飯，箸食羹。

宋高宗每次進膳，都會額外預備一副公勺公箸，避免自己的口水染及食物，因為多餘的膳品照例須賞給宮人[6]，二物並用，信而有徵。

順帶提一句，史前時代，中國先民也用過餐刀餐叉。距今五千年的青海馬家窯文化宗日遺址出土的骨質刀叉，工細精巧，形制酷似後世西方餐具，而西人廣泛使用餐叉進食，迄今不過一千年。中國人最終選擇筷子，淘汰刀叉，大概是飲食結構、飲食方式使然。中國古人多食蔬菜、多粒食，食肉偏少，無論是從熱湯中撈取食物，抑或進食蔬菜或低黏性的粟飯、麥飯，筷子和匙匕的組合都無疑優於刀叉。

約莫在漢代，席地跪坐的情形稍稍改善，床榻出現，士人可以從跪在地上改為跪在榻上了。三國隱士管甯寧——就是割席斷交的那位主角，家裡有具木榻，五十年沒換過修過，管寧跽坐榻上坐了半個世紀，膝蓋接觸之處的木板都跪穿了：「管寧自越海及歸，常坐一木榻，積五十餘年，未嘗箕股，其榻上當膝處皆穿。」[7]此時原始馬札——胡床也傳入漢地，發垂足坐具之端。胡床的「床面」用繩子編結，輕便易攜，本來是遊牧民族針對其作息習慣發明之物，進入漢地後，很快風靡。曹操出征打仗便喜歡隨身帶張胡床，坐在戰場上指揮。

傳說被馬超殺得「割鬚棄袍」的潼關之役，曹軍北渡黃河，遭馬超突襲，時曹軍大部已經渡河，留在河南岸的曹操身前只得一百衛士。馬超的關中聯軍逼至咫尺，箭如雨下，曹操兀自搬著個馬札坐在河邊，像村口曬太陽的老頭般優哉游哉，好整以暇，多虧被許褚連拉帶扯，強拽上船，才撿回一條性命[8]。魏晉六朝以降，北方遊牧民族文化大規模滲透漢地，凳子、杌子種種高足坐具相繼問世，士人越坐越高，相應的，餐具則漸矮。先秦的豆演化為平底或圈足小碗，適合托拿在手上，配合筷子，掃菜扒飯。

唐代，跽坐仍居主流，而傳自異域的趺坐（盤腿坐）和垂腿坐發展之勢，已駸駸然無可遏制。唐人作風豪放，連傳統禮教求全責備的女性，也可以落落大方地選擇從前被視為不夠檢點的垂足高坐。唐宮廷仕女畫《宮樂圖》是一幅大唐名媛聚餐留影，畫中九位姑娘垂腿坐在單人方凳上，環繞一張壼門大案，人人面前兩隻碟子，一枚小碗，吹笙鼓瑟，晏晏歡飲，風流不拘。到了宋代，尤其是南宋，由於偏居江南，地氣潮濕，席地而坐不特不適，且易致病，椅杌廣泛普及，坐禮徹底轉變，垂足坐正式取代跽坐，成為標準坐姿。坐具一再增高，此前的食床、食案高度無法適配，高足桌子便應運而出。先秦古人若來到唐朝，還有人陪他跽坐共餐，若是到了南宋，那麼即便尋常百姓家庭，也都是據桌坐椅，伏案而食，先秦人真的要被動解鎖新姿勢了。

新傢俱解鎖了新姿勢，也解鎖了新餐制。跽坐時代，雖然席和榻允許多人並坐，稱為

「同席」、「連榻」，但食物卻是每人一份，互不交集的，這是典型的分餐制。分餐制的好處自不待言，乾淨衛生，避免互換口水，不過，正如盧梭所言「私有制是一切不平等的基礎」，分餐不均，容易滋生矛盾。《史記・孟嘗君列傳》：

「孟嘗君曾待客夜食，有一人蔽火光。客怒，以飯不等，輟食辭去。孟嘗君起，自持其飯比之。客慚，自剄。士以此多歸孟嘗君。」

這是一起分餐制引發的慘案。戰國時代，豪貴多蓄門客，此輩又稱「食客」，意思是寄食謀食之客。孟嘗君招攬天下任俠，府上養士數千，每與門客同食，所置餐饌，必然一致，以示尊重。一天夜裡，孟嘗君設饌待客，有人無意間擋住了燈光，一廳皆暗。座中一客大怒：「孟嘗君這廝必是自己偷著吃好東西，卻拿下等飯菜打發我們，否則何以使人遮擋光線，分明做賊心虛！」破口大罵，拂袖而起。孟嘗君忙令人多燃燈火，親自端了飯菜到那門客席前。門客看罷，赫然與自己所食一模一樣，不勝羞慚，當場拔劍自刎謝罪。此人剛急耿烈，真可謂易燃易怒易爆炸，只為看不清人家的飯菜，就疑心受辱，一旦發現搞錯了，立即伏劍，比之後世號稱極重名譽的東瀛武士有過之而無不及。設或當時流行的是會食制，主客共用同一桌酒食，這位門客就不致猜疑，也不致送命了。

坐姿改易，高足傢俱普及，先秦式分餐制便顯得很不方便。總不能像學生的課桌一樣，給每位食客發一張小桌，且不說費工費料，桌子的大小也不易釐定：桌子太大，廳堂擺不下；桌子太小，肴饌擺不下，遠不及會食省心。

分餐制向會食制轉變，並非一蹴而就。唐代是兩種餐制的過渡期，唐代的會食制保留著若干分餐遺跡，撮要而言：主要食物由侍者或廚師分配，仍是每人一份，餅、羹之類則盛放在共器之中，共同取用。就餐者分列食床兩側，或只坐於食床一側，另一側坐著侍者，負責分配食物。唐朝尚未流行圓桌，用餐的食床和食案演變自長榻，長且較窄。一次唐玄宗請幾位兄弟王爺吃飯，大哥寧王李憲坐在對面，一個噴嚏，噴了玄宗滿臉飯渣子[9]，不用說，玄宗的御膳肯定也被殃及。假如長條食案換成闊大的方桌圓桌，寧王的食物吐息或許就傷不到玄宗龍顏了。

宋代，同桌共器的會食制最終確立並下沉民間，傳衍千年，一直襲用至今。制度普及之初，世人還不太習慣，一種奇葩職業應運而生，名為「白席」，專門提供筵宴安排、禮節普及服務，其服務範疇頗廣，「托盤、下請書、安排坐次、尊前執事、歌說勸酒」[10]。從替東道送帖子請人開始，到安排座次、伺候布菜斟酌、勸酒勸食、掌控宴會節奏、炒熱氣氛娛賓，乃至精細到什麼時機吃哪一道菜，等等，一併承攬。總而言之，幫主人請好客，幫客人喝好酒，彷彿現代宴會中的司儀兼主陪。不過白席人管得太細，想想看，連舉箸落筷，吃什麼喝什麼，都要聽人口令，束手束腳，何其彆扭。陸游《老學庵筆記》述其狀甚詳：

「北方民家，吉凶輒有相禮者，謂之白席，多鄙俚可笑。韓魏公自樞密歸鄴，赴一姻家禮席，偶取盤中一荔枝，欲啖之。白席者遽唱言曰：『資政吃荔枝，請眾客同吃荔枝。』魏公憎其喋喋，因置不復取。白席者又曰：『資政惡發也，卻請眾客放下荔枝。』魏公為一笑。『惡發』，猶云怒也。」

白席人的主顧，多為閭巷百姓，民家不論紅白喜事請客，都要請白席來主持。而豪貴之府，自具「四司六局」，大批廝僕供役，便無需此輩，所以白席人同貴族打交道的機會不多。北宋名相、魏國公韓琦因慶曆新政失敗，罷去樞密副使之後，一次回到梓里鄴縣（今屬河南安陽），赴一姻親酒席。滿座賓客，以他為尊，白席人要控制節奏，當然也唯他是瞻，緊緊盯著他的一舉一動。韓琦隨手拿起顆荔枝要往嘴裡送，猛聽得白席人嚎一聲：「大學士吃荔枝了！請大家舉起手中的荔枝，共吃一枚！」韓琦聽得心煩，把荔枝一丟，那白席人又扯開嗓子喝道：「大學士生氣了！大學士生氣了！請眾位賓客放下荔枝！」韓琦大翻白眼，哭笑不得。

安排座次，亦是白席人的主要職責，在「禮不下庶人」的民間，與宴應當依從何種儀軌規制，許多百姓懵懂不明，不敢胡亂走坐，唯恐行差踏錯，惹人恥笑，所有行動，悉從白席人指揮。中國傳統方位觀，首重中央，古人誨戒子孫說：「為人子者，居不主奧，坐不中席，行不中道。」[11]中央之位，非尊長不得擅居。其次尚左，《禮記・少儀》：「尊者，以酌者之左為上尊。」今人常說「男左女右」，實為老舊的男尊女卑觀念孑遺。宮室格局，一般坐北朝南，門戶開在南方，正北為至尊之位。賓客上堂，多居西側，主人坐在東側[4]，此即「東道」、「西賓」之稱的由來。東道西賓，並非尊東卑西，恰恰相反，當面向北方時，左手方為西，右方為東，是西尊而東卑，請客人西側就坐，與主人分庭抗禮，乃是抬舉客人、以示尊重之意[5]。而廳堂之後的室，大門多開在東側，大門的位置一變，主賓坐席及尊卑方位也隨之改變了。在室內，最尊的方位改換到了西南角，此處遠離門戶，深邃隱蔽，古人稱為「奧」，所謂「深奧」、「堂奧」者，即指此位而言。鴻門宴座次分佈，取的便是室內規矩，項羽「東向坐」，座位設於西側，佔據尊位；其餘諸人，項羽的謀士范增「南向坐」，坐在北側，這是次席；「沛公北向坐」，劉邦坐南面北，這是三席；只有寫到張良時，司馬遷用了一個「侍」字，說他「西向侍」，因為張良地位最低，只能坐在東側，陪侍眾人。唐宋宴飲，大致仍遵循以上原則，《太平廣記》引《逸史》載唐德宗朝吏部侍郎奚陟請同僚在正廳吃茶：「餐罷，因請同舍外郎就廳茶會。陟為主人，東面首坐，坐者二十餘人。」主人坐東側上首，客人列坐西側。宋徽宗御筆《文會圖》繪寫文人燕集，首席位於最深處，合乎「堂奧」之禮。

唐宋大部分時期天下乂安，百姓富贍，食物充沛，越來越多家庭具備了主觀決定每天進食幾餐的條件。唐宋小孩子若比拼家境，引以為傲的不是「我爸開什麼車」，而是「我們家一天吃三頓飯」。實際上早在戰國時代，貴族三餐已非罕見。齊國貴族管燕獲罪於齊王，在齊國待不下去，想要跳槽。高階主管跳槽，最好自帶一支團隊，一來指揮順手，二來跟新東家談待遇時籌碼更足。管燕也是這麼打算的，他召開內部會議，希望說動部下門客，隨他履新。沒想到問了一句「誰跟我走？」堂下一片緘默，沒人吭聲。管燕尷尬之極，做張做致地流鼻涕、抹眼淚，喟歎道：「可悲啊，士何其易得而難用也！」一位旁聽會議的朋友冷哼道：「管兄，貴屬為啥不願跟你走，你難道心裡沒點數麼？你餵鵝餵鴨的飼料天天剩餘，部下卻連三餐都吃不飽（士三食不得饜，而君鵝鶩有餘食）。你老婆姬妾一個個珠翠羅錦，部下卻窮得有腿沒褲子。是，你有錢，錢財對你來說不算什麼，你的部下卻窮得只剩一條命了。既然你不肯以無足輕重的錢財待部下，憑什麼要求部下將僅剩的性命獻給你！」[13]管燕部下「不得饜」的三食，即指一日三餐。《莊子．內篇》也說：「適莽蒼者，三餐而反，腹猶果然。」不過當時的一日三餐並非指早、中、晚餐，而是兩次正餐之餘，加一餐宵夜，因此以制度而言，先秦的餐制仍屬兩餐制。

兩餐的進食時間，不妨結合先秦的時段概念來談。在「子丑寅卯」十二時辰制普及之前，紀時制度比較混亂，大略而述：殷商時期，以太陽初升時為「旦」；接著是「明」，也叫「朝」或「大采」，意為大放光明；此後是「大食」，進食第一餐，餐後要工作整日，所以此餐豐富；然後是「日中」；再是「昃」，也叫「日西」；過後為「小食」，進食第二餐，餐後時近日暮，日落而息，故小食即可；不久就是「小采」，也叫「萌」；以及「昏」，殘陽西頹，光線趨暗；最後轉入「夕」和「夙」，夜幕降臨[14]。

周、秦情況相仿，黎明時分叫作「平旦」、「昧爽」或「晨」；次為「日出」或「朝」；次為「食時」，是吃第一頓飯的時間，也叫「蚤食」、「夙食」；次為「莫食」，意思是別吃了，該上班了；次為「日中」；次為「日過中」；次為「日下昃」、「下市」或「餔時」，吃第二頓飯；次為「日入」，此後依次為「昏」、「夜」。貴族加餐，多在「昏」後，稱為「夕食」、「夜食」或「晦食」[15]。黎民百姓，一來家無餘產，吃不起這頓宵夜，二來夜生活不及貴族豐富，此刻已然睡了。

兩餐的第一餐叫「饔」（yōng），第二餐叫「飧」（sūn）。《孟子．滕文公上》：「賢者與民並耕而食，饔飧而治。」先秦百家爭鳴時代，有個農家代表跑去挑孟子的「粉絲」滕文公的毛病，抬槓說他不是位好國君，因為好國君應該陪老百姓一起下地幹活，早飯晚飯都要親手庖治。這當然不切實際，你讓四體不勤的國君親自生火煮飯，他不把廚房給你燒了就不錯了。何況不是每位國君都做得到宵衣旰食，一大早起床處理政務。古時日出而作，饔的時間很早，基本上天色微明，便需安排飯食。大唐奇書《酉陽雜俎》記載了一樁離奇命案，述及早餐時刻：「入五更，張乃喚僕，使張燭巾櫛，就孟曰：『某昨醉中，都不知秀才同廳。』因命食，談笑甚歡。」五更相當於淩晨三點到五點，曉月未沉，殘星在天，李後主詞曰「羅衾不耐五更寒，夢裡不知身是客，一晌貪歡」。貴族夢猶未醒，何談下廚做早餐？而人民群眾早睡早起，五更天便貪黑起床吃飯。唐代短篇魔幻小說《板橋三娘子》一段描寫可資印證：「有頃雞鳴，諸客欲發，三娘子先起點燈，置新作燒餅於食床上，與客點心。」[16]女魔法師板橋三娘子開了一家黑心客棧，以黑魔法烙製燒餅，把食客變成驢，盜其財貨。設食之際，曉雞方鳴，斗轉參橫，店裡尚需點燈，時間略早於今人。

宋代取締了城市宵禁，市民階層興起，消費封印解開，通都大邑，百廛千市，鳳簫聲動，玉壺光轉，晝夜狂歡。不論什麼時辰，走到任一條街上，總有店肆營業。向晚，酒店點起燈燭沽賣，上下相照，街面如同白晝。數百女郎，霞衣縹緲，歌鸞飛鳳，憑欄煙聚，以待酒客呼喚，望之宛若神仙。夜生活豐富如此，誰肯早憩？就寢時間推遲，一日兩餐便不夠用了，於是三餐制浸浸普及，其證其跡，宋人詩文比比可見。蘇轍《和子瞻和陶淵明雜詩》：「身世俱一夢，往來適三餐。」、陸游《老景》：「疾行逾百步，健啖每三餐。」、顧逢《厲杭雲袖詩見訪》：「每日三餐飯，誰家一熟田。」不過兩餐制亦未銷聲匿跡，先秦古人穿越到大宋，堅持兩餐傳統，也不虞被視為異類。事實上兩餐制直到清代依然風行，清朝鼎革之初，有鑒於明朝幾位皇帝——幾十年不上朝只管修仙的明世宗嘉靖、首輔宰相都見不著面的超級「宅男」明神宗萬曆流亞懶政之失，定下極其嚴格的作息規矩，要求皇帝不得睡懶覺。每天淩晨四點四十五分準時起床辦公，先上他兩三個小時的班，辰時（早上七、八點鐘）才進早膳，接著繼續辦公，未正（下午兩點）進晚膳，接著繼續辦公，夜裡餓了，照例吃一頓簡單的「晚餉」，也就是宵夜[17]，接下來還有三千後宮等著雨露均沾，一天下來，馬不停蹄，確實辛苦之極。清康熙朝有一年大旱，米價騰貴，糧廩虛乏，官府數度開倉賑濟，而臣民不知珍惜，康熙帝煩憂頭痛，無奈吐槽：「爾漢人，一日三餐，夜又飲酒。朕一日兩餐，當年出師塞外，日食一餐。今十四阿哥領兵在外亦然。爾漢人若能如此，則一日之食，可足兩食，奈何其不然也？」[18]為什麼天下人不能學學朕？朕一天才吃兩頓飯，你們一日三餐晚上還得加一頓宵夜，糧米能不短缺嗎！清朝旗下貴族，亦多循兩餐制，《紅樓夢》第五十八回寫道：「一日，正是朝中大祭，賈母等五更便去了。先到下處用些點心小食，然後入朝。早膳已畢，方退至下處歇息。用過早飯，略歇片刻，復入朝侍中晚二祭，方出至下處歇息。用過晚飯方回家。」清晨用些點心，此後一日之內只得早晚兩餐，並無午餐。

唐宋民家伙食條件在改善，市場飲食業也在發展。唐代城市的坊市藩籬未破，餐飲、購物、手工、租賃諸般業態和店鋪，大都像猴子給唐僧畫的那個圈一樣，被圈在「市」裡，市的周遭建有圍牆，形成名副其實的「商圈」，與居民區「坊」涇渭分明。商圈百業畢集，車馬輻輳，繁華不下今天的商業中心，但市民購物，須蹚過半座城，畢竟極不方便。市門晨啟暮閉，太陽一落，歇業關門，來得遲了，只好吃閉門羹。不過商業如流水，無孔不入，官府僅憑一張死板的禁令到底限制不住，總有想賺錢的商家，大著膽子把店鋪開進居民區：

「柳璟知舉年，有國子監明經，失姓名，晝寢，夢徙倚於監門。有一人負衣囊，衣黃，訪明經姓氏。明經語之，其人笑曰：『君來春及第。』明經因訪鄰房鄉曲五六人，或言得者，明經遂邀入長興里畢羅店常所過處。店外有犬競，驚曰：『差矣！』遽呼鄰房數人語其夢。忽見長興店子入門曰：『郎君與客食畢羅計二斤，何不計直而去也？』明經大駭，褫衣質之。且隨驗所夢，相其榻器，皆如夢中。乃謂店主曰：『我與客俱夢中至是，客豈食乎？』店主驚曰：『初怪客前畢羅悉完，疑其嫌置蒜也。』來春，明經與鄰房三人夢中所訪者，悉及第。」[19]

故事中的饆饠店，位於長興里——「長興社區」，社區內部開了一家餐館，居民就不必再為下個館子套車備馬，穿越人山人海，大老遠跑去市場了。居民區的食肆多是小本經營，規模有限，為充分獲取客流，一般開設在里坊大門左近，方便出入的居民就餐：

「刑部侍郎從伯伯芻嘗言：某所居安邑里巷口有鬻餅者，早過戶，未嘗不聞謳歌而當壚，興甚早。一旦，召之與語，貧窘可憐，因與萬錢，令多其本，日取餅以償之。欣然持鏹而去。後過其戶，則寂然不聞謳歌之聲，謂其逝矣。及呼，乃至，謂曰：『爾何輟歌之遽乎？』曰：『本流既大，心計轉粗，不暇唱《渭城》矣。』從伯曰：『吾思官徒亦然。』因成大噱。」[20]

說的是劉禹錫的堂伯（父親的堂兄）、刑部侍郎劉伯芻所住的社區門口有家餅店。每天清晨早起入朝，策馬出門之際，輒聞小小店鋪之中，一把清亮嗓子曼聲吟唱：「渭城朝雨浥輕塵，客舍青青柳色新。勸君更盡一杯酒，西出陽關無故人。」劉伯芻踏歌戴月，心中驚動，平凡的坊門，恍惚化作了曲子裡巍峨雄邁的陽關，漠漠長衢，寂寥曙色，驀然間溫醇瀟灑起來。他日日聽這歌聲，終於忍不住找到餅匠，那餅匠是個再普通不過的市井小民，螻蟻般活著，卻活得如此寫意。劉伯芻暗暗感歎，齎發他一大筆錢財，添做生意本錢，餅匠歡天喜地拿錢去了。後來再過店鋪，寂然不聞歌聲，劉伯芻還道餅匠死了，呼喚一聲，餅匠迎了出來，劉伯芻問道：「而今怎麼不唱曲子了？」餅匠道：「生意做大了，哪裡還顧得上唱什麼曲子！」大抵人生的率真，總是不覺湮泯於名利，賣餅如是，做官亦如是。

唐人筆記，居民區開設食肆的例子非止一見，這些店鋪多是賣糕、賣餅、賣漿者，普遍規模不大，想必還是官府禁令的緣故，小商販無力進入市場，便冒著官府查處的風險，寄託里巷，賺些糊口錢。大商家則不必犯險，市場客流極巨，妥善經營，盈利可觀。以酒樓而言，唐代民間建築多為低矮的單層房屋，而酒樓業已卓立市廛。

韋應物《酒肆行》：

豪家沽酒長安陌，一旦起樓高百尺。

碧疏玲瓏含春風，銀題彩幟邀上客。
回瞻丹鳳闕，直視樂游苑。
四方稱賞名已高，五陵車馬無近遠。
晴景悠揚三月天，桃花飄俎柳垂筵。
繁絲急管一時合，他壚鄰肆何寂然。
主人無厭且專利，百斛須臾一壺費。
初醲後薄為大偷，飲者知名不知味。
深門潛醞客來稀，終歲醇濃味不移。
長安酒徒空擾擾，路傍過去那得知。

百尺高樓，聳入煙雲，登臨卓眺，帝闕可掬。這樣的宏構，非財力雄厚的巨賈不能營造。大型酒店的實力，還體現在承攬盛宴方面：「德宗非時召拜吳湊為京兆尹，便令赴上。疾驅，請客至府，已列筵矣。或問：『何速？』吏曰：『兩市日有禮席，舉鐺釜而取之，故三、五百人之饌，常可立辨。』」[21]唐朝官場慣例，京兆尹（首都市長）拜官，須設宴請客。唐德宗朝，吳湊突然被擢為京兆尹，事出倉促，他毫無準備，但朝旨已下，命他即刻上任。照例，請客需趕在上任之前，時間緊迫，斷不容他從從容容打發僕役沽酒買肉，宰羊殺雞，慢慢整治。好在京兆府的掾吏都是地面熟透的地頭蛇，京城內外各種生意，無不爛熟於心，知道市場上有些食肆每天備有大量現成的宴席肴饌，專為應付不時之需。顧客帶著餐具來，付款之後，咄嗟可取，三五百人的分量，不成問題。當下吳家僕人兵分兩路，一路送帖子請客人，一路趕往市場，打包外帶。須臾賀客登門，吳家的筵席，也同時備妥了。

還有些「道上混」的人物，手眼通天，招攬官府公宴，包下項目，再聯絡食肆或召集廚役備辦，自己坐收差價，大發其財。官府公宴，最引人注目者，莫過每年春科舉放榜後，御賜新科進士的曲江宴。曲江宴設於長安城東南隅的曲江池畔，又稱關宴（因為在吏部關試之後）、杏園宴（常在池西岸杏園中）、聞喜宴、離宴（同榜進士最後一聚，此後各奔前程）。為示青眼，宴會之際，天子往往親臨紫雲樓露上一面。是日，京師貴胄傾城而出，有女兒待嫁的來挑女婿，沒女兒可嫁的也巴巴地趕來結納新貴，車騎塞道，冠帶連翩。這是讀書人一生最榮耀的時刻，畢業狂歡，隨處可見得意忘形。張籍說「無人不借花園宿，到處皆攜酒器行」，場面一片狼藉，喝多了嘔吐、隨處便溺者大有人在。皮日休及第時，酩酊大醉，就地枕著書囊一睡不起。鄭光業參加曲江宴，家人來報說他兒子心絞痛死了，眾同年聞訊無不失色，鄭卻堅持喝酒，不肯回家[22]。如此風流雅會，承攬者竟是近乎黑道幫會的一股勢力，世稱「進士團」，此輩乃是「遊手之民，自相鳩集」，但做事極為負責認真：「凡今年才過關宴，士參已備來年游宴之費，由是四海之內，水陸之珍，靡不畢備。」[23]用一年時間做一宴，「匠人」精神令人動容。

唐朝酒樓峻聳雲天，臨風把酒，不過是為了回瞻宮闕，順便偷看一眼樂游苑女孩子的撲蝶身段、薄汗輕衫而已。宋朝酒店就厲害了，人家直接開進御花園，北宋東京瓊林苑內「大門牙道皆古松怪柏，兩傍有石榴園、櫻桃園之類，各有亭榭，多是酒家所占」[10]。閒來無事去吃個便飯，說不定有機會一睹聖駕。至於大街上，誠如陸游所言，更是「何處人間無酒樓」。宋代坊市壁壘瓦解，店肆不必拘囿市場，今人習以為常的沿街商鋪正式出現，旗亭食肆，夾道櫛比，吃酒吃飯舉步即是。宋代酒店營業時間也較前朝自由得多。唐中葉以前，宵禁森嚴，暮鼓響過，市門、坊門一律關閉，金吾衛滿城巡察，發現膽敢犯禁外出者，付有司科決，鞭二十。宋代宵禁作古，酒店同現代一樣，全天候營業，「大抵諸酒肆瓦市，不以風雨寒暑，白晝通夜，駢闐如此」[10]。辛棄疾嘗稱「千杯快飲」，歐陽修亦道「酒逢知己千杯少」、「畢春應須酒萬斛，與子共醉三千杯」，酒店既不打烊，則千杯之數，未必誇誕。契交知己，接席銜觴，大可傾宵把盞；醉鄉酒鬼，虹吞鯨吸，狂飲整夜也沒人干涉。宋代蒸餾酒罕見，酒店沽賣者多是釀造酒，綿柔醇和，酒度偏低，喝他一天一夜毫不奇怪，區區千杯何足道哉！

北宋東京城酒樓細分，細緻到可據季節時令甄選的地步。四五月間，榴花院落，細柳亭軒，七十二家酒樓煮酒初賣，糟香噴溢，市井為之一新。城南清風樓最宜夏飲，「初嘗青杏，乍薦櫻桃，時得佳賓，觥酬交作」。茄子、瓠瓜初上時候，東華門一帶酒店近水樓臺，所得最新，逐味之徒，又蜂擁至此嘗鮮[10]。到東華門，不可不登樊樓，此樓位於東華門外景明坊，一名白礬樓，北宋末年易名豐樂樓，飲徒常聚達千餘人，堪稱京師酒肆之冠。樓分五座，各修飛橋相連，珠簾繡額，燈燭熒煌，每日裡遊人如織，一片笙簫。比及元宵之夜，樓頂每只瓦櫳之中，皆置蓮燈一盞，遠望若星斗璨落，紅蓮萬蕊，光射雲河，奪盡月色[24]。許多人印象裡，樊樓就是汴梁地標。南宋理學宗匠朱熹之師劉子翬追憶故都繁麗，昔日樊樓燈火，妙舞清歌，不覺一絲惆悵浮上心頭：

> 梁園歌舞足風流，美酒如刀解斷愁。
> 憶得少年多樂事，夜深燈火上樊樓。[25]

樊樓開業之初，曾放出消息說，每日第一位上門的顧客，可獲贈黃金小旗，一時轟傳都下，酒客紛至，招牌一夜打響。宋人的促銷手段還不止此，瓠羹店喜歡搞免贈，雇個孩子坐在店門口，終日吆喝「饒骨頭！饒骨頭！」意思是「本店免費贈送大骨頭啦」，還有些店家額外贈送灌肺及炒肺[10]。不知宋人是否想像過，他們玩的花樣被後人沿用了千百年之久，到二十一世紀，商家促銷仍不脫其宗。

北宋酒樓極易辨認，門首多結縛著巨大的山樓影燈、彩樓歡門——彩紙、彩帛、竹木紮製的門樓，為淺淺的入口造出曲徑通幽的景深。隔遠相望，「繡旆相招，掩翳天日」，高出兩旁店肆一大截，氣勢恢宏，分外醒目，就算醉眼迷離的酒鬼，憑此地標，也不難摸進店門。

酒樓的規矩，一般樓上宴飲，樓下便餐。南宋《都城紀勝》：

「大凡入店，不可輕易登樓上閣，恐飲燕淺短。如買酒不多，則只就樓下散坐，謂之門床馬道。初坐定，酒家人先下看菜，問買多少，然後別換菜蔬。亦有生疏不慣人，便忽下箸，被笑多矣。」[26]

說的是上樓挑座，通常都是高消費的痛飲大喝，小酌一般不會上樓，武俠小說寫樓上轟飲聚宴，分屬平常，若寫上樓雅座獨飲，那必是貴介公子，否則恐怕付不起那份酒賬。客人落座，店伴先擺上一桌「看菜」，也就是樣品，相當於實物菜單。倘有人不明就裡，直接動筷子吃看菜，必惹人恥笑。高檔酒店設隔座雅間，張掛名人字畫，廊廡掩映，簾幕低垂，瓶花吐豔，爐香嫋嫋，夏日置冰盆降溫，冬天添火箱取暖，伴坐的美人、跑堂的夥計，極盡奉承之能事，直教人飄飄欲仙，流連忘返。

普通酒家無此精雅，宋代的小酒鋪，例如供人打尖歇腳的「腳店」、兼賣茶水飯食的「拍戶」，條件天差地遠，甚至不具備釀酒資格，須從大酒樓批發成品酒漿。朝廷曾計畫將三千戶腳店的酒水供應劃撥給樊樓一家承包[27]，足見東京第一樓實力之強橫，亦可見整個京城酒家之多，有如繁星，不可勝數。小酒家紮不起巨型彩樓，其門面招牌沿用傳統的酒旗。酒旗至晚出現於唐代，白居易《杭州春望》：「紅袖織綾誇柿蒂，青旗沽酒趁梨花。」宋代酒旗俗稱酒望子，旗上言簡意賅，單書一「酒」字，或書「新酒」、「小酒」，有酒待沽則高懸招展，售空則偃卷收起。《東京夢華錄》：「中秋節前，諸店皆賣新酒，重新結絡門面彩樓花頭，畫竿醉仙錦旆。市人爭飲，至午未間，家家無酒，拽下望子。」鄉村野店亦掛酒旗，「有沽酒處便為家」的浪子酒鬼陸放翁偶爾駕車山行，目無餘色，唯見酒旗青：「酒旗滴雨村場晚，茶灶炊煙野寺秋。」北宋謝逸過黃州杏花村館，題《江城子》於驛壁：「杏花村館酒旗風。水溶溶，揚殘紅。野渡舟橫，楊柳綠陰濃。望斷江南山色遠，人不見，草連空。」更簡陋的小店，酒旗也置辦不起，便簡單地挑出根草帚，權作標識。

古時一些酒家只賣酒不賣饌，客人要買下酒菜，須自行設法。在宋代，大型酒樓接地氣得很，賣唱趕座的藝人、兜售熟食的小販，皆不禁出入，以方便客人。酒客坐定，交代夥計一句，便有衣著乾淨的婦人臂挽竹籃，打簾子進來，賣些燒雞、烤鴨、鹿肉乾。也有穿白虔布衫的小孩子，眼清目明，奶聲奶氣地來賣小菜及堅果零食。還有包子店、饅頭店同酒樓品牌聯營，寄賣主食，也往往生意不壞[10]。

開放而良好的市場競爭，全面刺激商品經濟，是飲食業迅猛發展的重要原因。承平時代，世人挖空心思取悅感官，取悅味覺，用舌頭投票，優質品牌由是脫穎而出。北宋東京包子、饅頭店，不乏大牌字型大小：尚書省西門外萬家饅頭，號稱京師第一；州橋西的孫好手饅頭、御街州橋王樓山洞梅花包子、御廊西側鹿家包子，並皆馳名[10]。宋室南遷之後，「行在」臨安府的知名食店喬喬皇皇，宋嫂魚羹聲華千載，戈家蜜棗兒、官巷口光家羹、壽慈宮前熟肉、湧金門灌肺、中瓦前職家羊飯、貓兒橋魏大刀熟肉、五間樓前周五郎蜜煎、張賣食麵店、朱家元子糖蜜糕鋪，俱一時名食[28]。這些店肆專營某一類食物，宋嫂魚羹只做魚羹，戈家蜜棗兒便專做蜜棗，客人若要領略眾家味道，須打發夥計跑腿去買，或者乾脆選擇綜合性食店。

宋代綜合性食店，以分茶和瓠羹店為代表。分茶規模較大，經營肴饌豐富，有頭羹、石髓羹、白肉、胡餅、軟羊、大小骨角、犒腰子、石肚羹、入爐羊罨、生軟羊麵、桐皮麵、薑潑刀、回刀、冷淘、棋子、寄爐麵飯之類。客人可以就食材提出要求，或零或整，或加熱或冷食，或指定餐具，或只買半份，店家無不滿足，服務細緻人性化[10]。瓠羹店則傾向平民化，「瓠羹」原指一種湯麵，澆頭豐盛多樣，聽憑客人自選，只要肥肉的叫作「膘澆」，只要瘦肉叫作「精澆」，只配菜蔬叫作「造齏」。元朝御醫忽思慧的《飲膳正要》談瓠羹做法：羊肉帶骨砍做大塊，以草果熬煮濃湯。撈起羊肉切片，瓠瓜剜瓤削皮切片，同羊肉、細麵條下鍋，並薑、蔥、鹽、醋爆炒，起鍋澆入肉湯。瓠羹店門前也搭有彩樓，稱為「山棚」，兩側掛著很多豬羊。甫一進門，喧騰盈耳，熱氣撲面，食客、跑堂穿梭往來。店內員工職司明確，掌勺的廚子是「鐺頭」，招呼客人的小二稱為「過賣」，上菜的服務員叫作「行菜」。客人入座，過賣手執紙筆，遍問所需，報予鐺頭。上菜之際，行菜左手抓三隻碗，右臂從肩至腕一條龍鋪疊著二十只碗，逐一散發，動作乾淨俐落。這份工作是腦力和身手的雙重考驗，若不慎上錯，或失手打碎了碗碟，便會遭食客投訴，挨罵罰薪，乃至被當場辭退[10]。

縱使「下等人求食粗飽」的小飯館，所賣熟食看上去亦頗不惡。南宋《夢粱錄》：「又有賣菜羹飯店，兼賣煎豆腐、煎魚、煎鮝、燒菜、煎茄子，此等店肆乃下等人求食粗飽，往而市之矣。」；「又有專賣家常飯食，如攛肉羹、骨頭羹、蹄子清羹、魚辣羹、雞羹、耍魚辣羹、豬大骨清羹、雜合羹、南北羹，兼賣蝴蝶麵、煎肉、大麩蝦等蝴蝶麵，及有煎肉、煎肝、凍魚、凍鮝、凍肉、煎鴨子、煎鱖魚、醋鮝等下飯。」市井飲食之富，引得深宮嬪娥耐不住寂寞，每天早晚打發雜役出宮採買，一如現代叫外賣的宅女。《夢粱錄》寫道：「和寧門外紅杈子，早市買賣，市井最盛。蓋禁中諸閣分等位，宮娥早晚令黃院子收買食品下飯於此。凡飲食珍味，時新下飯，奇細蔬菜，品件不缺。遇有宣喚收買，即時供進。」有的食店名頭之響，更是上動玉宸，皇上聽說了，也忍不住想試試看。宋高宗曾宣喚李婆婆雜菜羹、賀四酪麵、臧三豬胰胡餅、戈家甜食等數種名食，並因是中州汴京舊人的關係，於是還特加厚賜[29]。

晴和天氣，市民徜徉街頭，觀覽足倦，覷那青布傘下，揀副座頭，隨意用些吃喝。青布傘是攤販支起來的，傘下幾條春凳，數張方桌，不拘客人歇腳吃些點心。東京市井，這樣的青布傘星羅處處，售賣熟食、瓜果、糕餅、飲子，暑風一浪一浪撩撥傘簷的時節，商販用鮮果點綴冰沙，盛以銀器，供行人消夏，直似今日的冷飲店。《東京夢華錄》：

「是月時物，巷陌路口，橋門市井，皆賣大小米水飯、炙肉、乾脯、萵苣筍、芥辣瓜兒、義塘甜瓜、衛州白桃、南京金桃、水鵝梨、金杏、小瑤李子、紅菱、沙角兒、藥木瓜、水木瓜、冰雪、涼水荔枝膏，皆用青布傘當街列床凳堆垛。冰雪惟舊宋門外兩家最盛，悉用銀器。沙糖綠豆、水晶皂兒、黃冷團子、雞頭穰、冰雪細料餶飿兒、麻飲雞皮、細索涼粉、素簽、成串熟林檎、脂麻團子、江豆兒、羊肉小饅頭、龜兒沙餡之類。都人最重三伏，蓋六月中別無時節，往往風亭水榭，峻宇高樓，雪檻冰盤，浮瓜沉李，流杯曲沼，苞鮓新荷，遠邇笙歌，通夕而罷。」

有道是「坐賈行商」，東京城這座巨大的池塘，萬盞青傘散如碧荷，亭亭搖曳，挑擔遊方的貨郎便是穿流之魚，另成一道風光。貨郎的生意，一半著落在嗓子上，彷彿公雞報曉，引吭一鳴，驚破庭院深沉，市民紛紛循聲啟戶，喚住貨擔各買所需。貨郎的吟叫，聲調各異，卓然不同，有的甜潤悅耳，有的清脆嘹亮，有的沙啞蒼涼，那時無汽車鳴笛、施工喧囂，曲巷恬靜，陡然間一聲長嘯，坼裂層雲，直劈進聞者心裡，於是止水波瀾，氣氛慢慢熱鬧起來。而市肆之地，諸般喧叫鼓吹雜和，就不免令人耳聒心煩：

「徐左省鉉職居近列……每睹待漏院前燈火人物賣肝夾粉粥，來往喧雜，即皺眉曰：『真同寨下耳。』」[30]

百官清晨詣闕，等待早朝，謂之「待漏」。唐朝憲宗之前（高宗之後），自宰相以下，朝臣待漏，都在大明宮南的望仙門、建福門外露天而立，遇到下雨下雪天氣，也只能苦挨著，比之今天出早操的學生境遇強不了多少。唐憲宗體諒臣子，建了所「待漏院」，臣工才有避雨遮風之處[31]。待漏院規定，百官五更準時到班等候上朝，那麼大約淩晨三點鐘就要起床出門，蘇軾就曾報怨上朝害得他告別懶覺：「五更待漏靴滿霜，不如三伏日高睡足北窗涼。」[32]時間太早，朝臣大多無暇早餐，有人枵腹面君奏對，有人不願挨餓，路上隨意買張餅子揣在袖子裡，得空吃上幾口。還有人腰間藏一塊羊肉，若是天氣冷，需貼身收著，否則黎明嚴寒，一忽兒的工夫便凍得咬不動了。從五代後唐起，待漏院開始提供點心，多是粥糜果子之類，果子（糕餅）因存放太久，不堪咀嚼，稀粥又不甚解饞飽腹。到了宋代，商業嗅覺敏銳的小販，慢慢攢聚到待漏院前叫賣肝夾粉粥，不必說，定然吸引了大批饑腸轆轆的朝臣光顧。時間一長，小販越聚越多，朝堂之側，公卿趨馳，形同鬧市。這可是帝國最高中央機關啊，門前喧嚣有如村寨，成何體統？無怪散騎常侍徐鉉吐槽說「真同寨下耳」，感覺上朝像在趕集。

宋代商業之開放、商販之膽肥，還不止此。北宋哲宗紹聖年間，昭慈孟皇后（哲宗的首位皇后）廢居瑤華宮，有個小販成天挑了兩擔饊子跑到宮外，撂下挑子叉腰大呼：「虧死我了，虧就虧罷！」意謂價錢便宜，致於虧本。不明真相的路人好奇動問：「你賣的啥玩意兒虧死你了？」小販便趁機鼓其如簧之舌，極力兜售。那孟皇后雖蒙冤出家，畢竟不能容許市儈肆意騷擾。小販喊了幾天，喊來了開封府衙役，抓上府堂，狠狠打了一百棍。這小販死性不改，打完還敢去賣，所不同者，唯口號改換，改喊：「不讓做買賣，那我歇著好了！」知情者莫不取笑，而小販因騷擾前任皇后被打，名聲大噪，生意反而更火了[33]。靖康之難，北人南移，大批南漂族渡江而下，此輩思慕故土，風氣一仍舊貫，臨安處處可見汴梁當日氣象，連小販的叫賣聲也一併繼承，所謂「直把杭州作汴州」，誠然如是。

注釋

1 陳寅恪《論韓愈》。

2 〔東漢〕鄭玄《周禮注》。

3 〔唐〕李鼎祚《周易集解》。

4 《禮記·曲禮上》。

5 〔唐〕薛令之《自悼詩》。

6 〔明〕田汝成《西湖遊覽志餘》。

7 〔西晉〕皇甫謐《高士傳》。

8 〔南朝宋〕裴松之《三國志注》。

9 〔唐〕趙璘《因話錄》。

10 〔南宋〕孟元老《東京夢華錄》。

11 〔北宋〕司馬光《家範》。

12 〔南宋〕程大昌《演繁錄》。

13 《戰國策·齊策四》。

14 宋鎮豪．試論殷代的紀時制度——兼談中國古代分段紀時制 [J]. 考古學研究，2003.

15 李洪財．釋簡牘中的"莫食"[J]. 敦煌研究，2016（6）：119-123.

16 〔唐〕薛漁思《河東記》。

17 〔清〕鄂爾泰、張廷玉等《國朝宮史》。

18 〔民國〕徐珂《清稗類鈔·飲食類》。

19 〔唐〕段成式《酉陽雜俎》。

20 〔唐〕韋絢《劉公嘉話錄》。

21 〔北宋〕王讜《唐語林》。

22 〔唐〕孫棨《北里志》。

23 〔五代〕王定保《唐摭言》。

24 〔南宋〕周密《齊東野語》。

25 〔南宋〕劉子翬《汴京紀事二十首其一》。

26 〔南宋〕耐得翁《都城紀勝》。
27 《宋會要輯稿》。
28 〔南宋〕吳自牧《夢梁錄》。
29 〔南宋〕周密《武林舊事》。

30 〔宋〕《丁晉公談錄》。
31 〔唐〕李肇《唐國史補》。
32 〔北宋〕蘇軾《薄薄酒》。
33 〔南宋〕莊綽《雞肋編》。

炒菜：大破能源危機

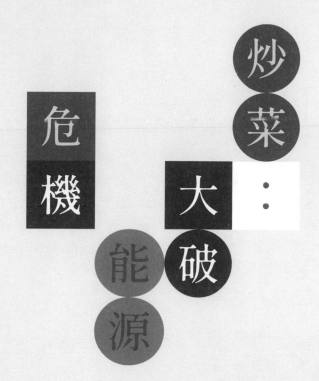

飲食的歷史，也正是食材發現和炊具進步的歷史，此二者可謂一切工藝啟迪及技法創新的基礎：陶器發明，燉煮問世；底部帶孔的甑出現，使蒸成為可能。而金屬炊具，則孕育了炒法。從胚胎到誕生，再到茁茁長成，砥柱中餐，炒菜經歷了漫長壯闊的發展之路。

最早的金屬炊具為青銅質地，斂口深腹，器壁極厚，利於烹煮；注入大量油脂，勉強也可煎炸；付之於炒，尤其是爆炒，從器形、導熱性能、作為禮器的屬性功用等多方面考慮，均不太現實。先秦廚司庖肉，習慣像祭祀載牲般使用整隻牲口，或分解為大塊，炒法適用的肉絲、肉片，彼時為膾，只供生食。此外，文獻記載和考古資料中也找不到先秦炒法存在的直接證據。在那個文明初醒的時代，炒法烹飪與它的早期形態煎、熬、炸融混一團，不曾脫胎。

炒菜的第一株糵芽，或許萌發於東漢魏晉之間。東漢，鍋的前輩——鐵釜鑄造技術趨於成熟，釜身變淺，口沿變深變寬，內壁日趨光滑，通俗來講，就是越來越像鍋了[1]。北魏《齊民要術》一段記錄，顯示了鐵釜的流行：

「**治釜令不渝法。常於諳信處買取最初鑄者，鐵精不渝，輕利易然。**」

當時的鐵釜易氧化變色，因此《齊民要術》的作者賈思勰建議讀者去相熟的鐵匠鋪購買最初熔煉的鐵汁鍛鑄之釜，此為「鐵精」，輕便而導熱性能上佳，不會輕易變色。「賈指導」既出此言，說明出售鐵釜的鋪子必然不少，否則談不上擇鋪而購。

在我們迄今為止所重建的歷史沙盤上，炒菜首度正式亮相的座標，也定位於《齊民要術》。這道記載明確的史上第一道炒菜，正是中國人最熟悉的炒雞蛋：

「**炒雞子法：打破，著銅鐺中，攪令黃白相雜。細擘蔥白，下鹽米、渾豉，麻油炒之，甚香美。**」

銅鐺燒熱麻油，打雞蛋，掰碎蔥白，與鹽、豆豉同下，炒熟即成。除佐料用到了豆豉，與當代炒雞蛋沒多大區別。

「賈指導」提到的「鐺」，演化自釜，「釜有足曰鐺」[2]。此物多為平底，形制似盆，古時常用來烙餅。北齊高祖高歡與近臣宴樂，出一謎語助興，眾人皆猜不出，唯弄臣石動筒破得謎底是「煎餅」。輪到石動筒出謎時，他將高歡的謎語重複了一遍，高歡道：「這謎語朕剛剛才出過，你咋還出？」石動筒道：「借陛下的熱鐺子，再做一張煎餅。」高歡大笑[3]。鐺可烙餅，器壁已較先秦青銅鼎釜薄得多，故可用於炒雞蛋。《齊民要術》在此之外多番提及炒法工藝：

「鴨煎法：用新成子鴨極肥者，其大如雉。去頭，爓治，卻腥翠、五藏，又淨洗，細銼如籠肉。細切蔥白，下鹽、豉汁，炒令極熟。下椒、薑末食之。」

新生的肥仔鴨宰殺去頭、內臟和尾，細銼如臊子，和以炒透的蔥、鹽、豆豉汁、花椒、薑末。

「酸豚法：用乳下豚，爓治訖，並骨斬臠之，令片別帶皮。細切蔥白，豉汁炒之，香，微下水，爛煮為佳。下粳米為糝。細擘蔥白，並豉汁下之。熟，下椒、醋，大美。」

乳豬連骨剁塊，確保每塊帶皮，同蔥白、豆豉汁一道炒香，少放水，煮爛，入粳米、蔥白、豆豉汁調味。食前拌以花椒和醋，賈思勰對此讚不絕口。

「賈指導」所發先聲，在此後將近五百年間卻響應寥寥。大唐盛世，留給炒菜的位置不多，顧況《和知章詩》：「鈒鏤銀盤盛炒蝦，鏡湖蓴菜亂如麻。」、劉恂《嶺表錄異》：「大蜂結房于山林間……一房中蜂子或五六斗至一石，以鹽炒曝乾，寄入京洛，以為方物。」唐人炒的，似乎都是蝦、蛹之類宜乎乾煸的食材。煸炒之目的，在逼出水分，充分激發食物香氣，無需大火，而油是關鍵。炒之一法，大要可分用油與不用油兩類，炒米、炒麥、炒茶，食材細小，直接翻炒即可均勻受熱，焙乾脫水；炒菜則需注入油為傳熱介質，均勻加熱食材，兼使入味。

兩漢前的食用油主要取自動物油脂，有角動物的脂肪叫脂，無角動物的脂肪叫膏[4]，還有種說法，凝固的叫脂，融化成液態的叫膏[5]。歷史上物資匱乏的時期，平民廚賬上，肥肉比精肉更受歡迎，就是因為肥肉可以熬油。動物油脂飽和脂肪含量高，高溫下穩定性佳，適於煎炸，優良的起酥性能，賦予食物更酥脆的口感，直到今天，糕點烘焙領域仍在廣泛使用豬油。

動物油脂畢竟產量有限，從中古開始，植物油慢慢普及。大豆是中國原產植物，黃河流域的大豆栽培可上溯至七千五百年前[6]，但中國最早的植物油並非來自大豆。西漢初，絲綢之路打通，芝麻傳入，芝麻含油量接近大豆的三倍，出油率理想，很快被用於榨油，稱為「麻油」或「胡麻油」。漢末魏吳合肥新城之戰，孫權親提十萬大軍兵臨新城，魏國老將滿寵募集死士，折松為炬，灌以麻油，在上風處放火，火勢隨風疾速蔓延，一時戰場之上油香彌漫，兩軍將士酣戰之隙，大吞口水，吳軍攻城器械泰半燒毀，被迫退卻[7]。芝麻油上馬能戰，下馬好吃，因此制霸植物油界近千年，上述《齊民要術》的炒雞蛋，用的正是芝麻油。唐文宗開成年間，日本學問僧來華求法，在曲陽縣遇到一個五臺山的化緣僧人，驅著五十頭驢子，皆馱載芝麻油，足見產量之巨[8]。宋代「油通四方，可食與然者，惟胡麻為上，俗呼芝麻」[9]。「今之北方，人喜用麻油煎物，不問何物，皆用油煎。」[10]據《宋會要輯稿》，北宋仁宗天聖初年，朝廷油醋庫年接收芝麻油超過萬石，芝麻油的領先地位依然不可撼動。不過宋人貨架上可選油類明顯多了起來，豆油、菜籽油、杏仁油、紅花籽油、藍花籽油、蔓菁籽油陸續問世[9]。油儲充沛，底氣十足，所以「不問何物，皆用油煎」，有些不識水產的北方廚子，見了蛤蜊也丟進油鍋猛煎，煎得半天，伸鑵一探，兀自硬邦邦，以為火候不夠，鼓風添火，結果煎得焦糊[10]。

宋代，會食制取代分餐制，居於主流。分餐制下，要保證賓客同時用餐，且每人的肴饌不分軒輊，最好準備燉煮、涼菜或煎烤類食物。工藝繁複，特別是火候、時間需要精細控制，以及要求迅速出菜的肴饌，註定難以發展——同器合烹，大鍋菜不易精微操作，許多技術無法施用；分開來做，等廚師做好所有賓客的「一人食」，第一鍋出鍋的菜早涼透了。而會食制下，廚師就無此煩惱，甚至可以將兀自沸騰的菜肴端上餐桌。所以說，會食制促成了炒菜革命，也啟發了更多中餐魔法的研究。

北宋，鐵礦石開採量攀高，有學者研究指出，到宋神宗元豐元年（西元一〇七八年），大宋的鋼鐵年產量達到了驚人的七點五萬至十五萬噸，這一數字幾乎與十八世紀初包括俄羅斯在內的整個歐洲的鐵產量相當[11]。鐵製炊具駸駸欲一統天下廚灶，鐵鍋正是其絕對主力，鐵鍋壁薄輕便，器形不深不淺，可謂炒菜修煉的完美道場。至此，炒法終於擺脫了煎炸的影子，作為一種獨立成熟的烹飪技法，揚眉吐氣，席捲井邑，開啟了千秋萬代的弘偉征途。

宋代炒菜蔚然流行，還有個無可奈何的原因。唐宋人口激增，絲織、製瓷、冶金等高能耗產業發展，木材、柴薪消耗越來越大，森林資源減少，燃料危機不可避免地爆發了。北宋沈括在《夢溪筆談》中憂心忡忡地寫道：「今齊魯間松林盡矣，漸至太行、京西、江南，松山大半皆童矣。」南宋政權遷至植被覆蓋率較高的江南，情況依舊不容樂觀：「今駐蹕吳越，山林之廣，不足以供樵蘇。雖佳花美竹，墳墓之松楸，歲月之間，盡成赤地。根枿之微，斫撅皆遍，芽櫱無復可生。」[8]百姓乏柴，無所不用，園林花竹、陵墓松楸都被砍伐一空，恨不得一根草莖、一株嫩芽都不放過，全部拔來當柴燒。宋代市民階層人均可支配柴薪資源到了極其匱乏的境地，北宋東京的情況最嚴重。東京常住人口超過百萬，即使放在森林資源豐富的時代，燃料供應亦大成難題，歷唐代數百年之耗，京洛之地，森林早近枯竭。大宋草創之初，朝廷即嘗試解決該問題，多番下詔，對運進東京的柴草、薪炭給以免稅優待，以期開源，然而綆短汲深，成效不大。宋真宗大中祥符五年（西元一〇一二年）冬，民間柴炭短缺，貴至每秤二百文，朝廷為平抑炭價，撥官倉所儲四十萬斤柴炭，半價售予貧民，百姓爭相擠購，互相踩踏而死者不計其數[12]。宋仁宗嘉祐三年（西元一〇五八年）冬，氣候大寒，凍死者相枕道路，薪炭、食物價格騰貴，貧民無力購置，為免於凍餒折磨，很多人選擇投繯沉河自殺，赫赫皇都，一片驚心慘目。宋仁宗避殿損膳，以示畏天憂民，卻拿不出什麼妥善應對的方案[13]。舉國之力奉養的首善之地，燃料緊缺至此，北方其他城市的情形可想而知。

解決資源匱乏問題，無非開源節流。開源之道，重在新型資源的開發，自北宋起，中國進入大規模應用煤炭時代，莊綽《雞肋編》誇張地寫道：「昔汴都數百萬家，盡仰石炭，無一家燃薪者。」說北宋東京汴梁家家戶戶皆仰賴煤炭，雖言過其實，亦見得煤炭使用之廣，以及柴薪枯竭情形之嚴重。節流方面，鐵鍋推廣是一項得力舉措。鐵製炊具的熱利用效率為陶器的五十八倍，可節省百分之九十八．三的燃料[14]。鍋底部呈半球形，相比平底的鐺，接觸火焰的面積更大，熱能利用效率更高，適合迅速加熱，同時確保器內食材受熱均勻，大幅提升了柴薪的燃燒值。與之相應的便是炒法興起。柴薪乏用的時代，粗大木柴難以求覓，民家柴禾多是拾荒撿來的細小灌木枝椏、乾草、枯葉乃至穎殼，這些東西燃燒快，不能持久，恰好適配炒菜。手腳麻利的主饋，一把乾柴，勺起鑊落，足可炒出一桌子菜。等量的燃料，放到從前鼎鼐燉肉、沉迷燒烤的時代，恐怕連湯都燒不溫。

無柴而炊的宋人，在灶膛上發起了一場味蕾解放革命。「落日熔金，暮雲合璧」，炊煙十萬人家，鍋鑊聲聲遒壯，濃郁的香氣連結而起，洶湧江湖。於是漁歌停，牧笛歇，花槍氈笠，挽一葫蘆老酒，尋香覓醉，這是宋人平凡的浪漫。炒菜普及不久，平凡中的極致工藝——爆炒便脫穎而出。武火熱油，一烹而起，氣吞萬里如虎，六道三界，千億奇秀，剎那盡收：

「肉生法：用精肉切細薄片子，醬油洗淨，入火燒紅鍋、爆炒，去血水、微白，即好。

取出，切成絲，再加醬瓜、糟蘿蔔、大蒜、砂仁、草果、花椒、橘絲、香油拌炒。肉絲臨食加醋和勻，食之甚美。」[15]

意即精肉切極細極薄，醃浸醬油入味。鍋燒熾熱，下肉爆炒至色白斷生，切成肉絲，與醬瓜、糟蘿蔔、大蒜、砂仁、草果、花椒、橘絲、香油拌勻略炒，起鍋淋醋。一千年後我們坐在一盤爆炒肉片面前，無暇想像這門與《九陰真經》同期的江湖絕學昔日風光，金庸筆下的大宋群雄早已進入輪迴，而這道爆肉片兀自熱氣騰騰，活色生香。

肉片浸入醬油醃漬入味，與現代廚房的處理方式一脈相承。宋代以前，中國人最重視的調味品是豆豉，及其附屬產品豉汁、豉清（醬清）。宋代，豉清進化，宋人文獻開始以「醬油」相稱，蘇軾《格物粗談》：「金箋及扇面誤字，以釅醋或醬油用新筆蘸洗，或燈芯揩之即去。」這是把初代醬油當成了消字靈用。南宋一部隱士食譜《山家清供》，所錄唯竹松蘭芷，山植野蔬，清淡之饌，佐味多取醬油，如一道柳葉韭：「韭菜嫩者，用薑絲、醬油，滴醋拌食。」又如山海羹：「春採筍蕨之嫩者，以湯瀹過，取魚蝦之鮮者，同切作塊子，用湯泡裹蒸熟，入醬油、麻油、鹽，研胡椒，同綠豆粉皮拌勻，加滴醋。」

熗白菜，千年來最常見的平民家肴。白菜梗沸水焯至半熟，搭乾水分，切碎，下油鍋快炒，盛出加醋，須臾可食：

「暴齏：菘菜嫩莖，湯焯半熟，扭乾，切作碎段。少加油略炒過，入器內，加醋些少，停少頃，食之。」[15]

明代辣椒傳入前，想要賦予炒菜勁烈的口感，多半需借助花椒。花椒原產自中國，以四川所產為佳，故稱「川椒」、「蜀椒」。四川人自晉唐宋元以來一直嗜食茱萸、花椒之類辛辣之物，為後世川菜標誌性風味形成的基礎。宋元時期蜀人炒雞，同現在的辣子雞相比，似乎只缺一味辣椒：

「川炒雞：每只洗淨，剁作事件。煉香油三兩炒肉。入蔥絲鹽半兩，炒七分熟。用醬一匙，同研爛胡椒、川椒、茴香，入水一大碗，下鍋煮熟為度。加好酒些小為妙。」[16]

歐陽修說，詩文窮而後工。人類在嚴峻處境中勃發的生命力往往格外動人，格外持久。明清兩朝，森林覆蓋率等而下之，柴薪日乏，鑄鐵和榨油技術卻在進步，因此炒菜的火焰不曾熄滅，它在危機與文明罅構的夾縫中延燒下去，從賈思勰筆下那一點星火跳盪開來，布野燎原，溢彩流光，照亮、填充了無數生命，也照亮、填充著歷史的景深。

注釋

1 馮淑玲．中原地區秦漢青銅炊具初步研究 [D]. 鄭州大學，2018.

2 〔北宋〕《太平廣記》引〔東漢〕服虔《通俗文》。

3 〔隋〕侯白《啟顏錄》。

4 〔東漢〕許慎《說文解字》。

5 〔唐〕孔穎達《禮記疏》。

6 陳雪香，馬方青，張濤. 尺寸與成分：考古材料揭示黃河中下游地區大豆起源與馴化歷程[J].中國農史，2017（3）：18-25.

7 《三國志・魏書》。

8 〔唐〕圓仁《入唐求法巡禮行記》。

9 〔南宋〕莊綽《雞肋編》。

10 〔北宋〕沈括《夢溪筆談》。

11 〔美〕羅伯特・哈特威爾．北宋時期中國鐵煤工業的革命 [J]. 中國史研究動態，1981（5）：15.

12 《宋會要輯稿》。

13 〔南宋〕李燾《續資治通鑒長編》。

14 趙九洲．古代華北燃料問題研究 [D]. 南開大學，2012.

15 《吳氏中饋錄》。

16 〔元〕《居家必用事類全集》。

蔡京的享受

大凡文人作「奸佞傳」、坊間造「奸臣榜」，總有幾個名字難免在列：秦朝趙高、唐朝楊國忠、北宋蔡京、南宋秦檜、明朝嚴嵩、清朝和珅。此輩輔政，營私廢公，或侵吞國帑，或戕害忠良，或兼而有之，以一人之利誤盡天下人，終為天下人的口水釘在恥辱榜上。

奸臣並非生下來便是奸的，秦檜早期反對大幅割地，力主抗金；和珅腐化之前潔清自矢，為乾隆帝座下得力反貪先鋒。蔡京年輕時，器量宏遠，人品俊雅，是個天資卓越的美少年。爭奈官場如海，人心如淵，俱不可揣測，湛浸日久，這些往日的屠龍少年，便敵不過苦難折磨，權力腐蝕，墮落為貪濁的惡龍，荼毒當初拳拳守衛的社稷人間。

北宋中末葉，變法的狂風激盪朝野，新法立而廢，廢而復，大批官僚——包括蔡京在內被裹挾於時代的洪流中，隨之沉浮。宋神宗朝，王安石秉政，初入仕途的蔡京即表示服從領導安排，支持變法；哲宗元祐朝，司馬光主政，盡廢新法，蔡京見風使舵，積極回應；司馬光死後，哲宗親政，恢復新法，蔡京又全力贊成。如此乖覺聽話乃至依違首鼠的蔡京，卻在宋徽宗即位之初，因黨爭之故，先後遭臨朝聽政的向太后罷黜、政敵彈劾奪職。自命盡忠匡輔、一心務實的蔡京大受傷害，生出「國事不堪聞問，不若明哲保身」之想，索性自暴自棄，徹底沉淪。此後專意鑽營，勾結童貫復起，入朝拜相，以變法為名，清洗忠義，極力搜刮，毒被全國，端的是「惡忠直若仇讎，視生民如草芥」。而他的主子宋徽宗趙佶即位前原是位王爺，王爺乃天下第一清貴閒逸之爵，為避皇帝猜忌，身為王爺，越少干政越好，越貪圖享樂、胸無人志，皇帝越放心，不務正業，便是王爺的「正業」。是以趙佶的技能樹上，丹青筆墨、騎射蹴鞠、尋花問柳，無所不點，就是沒點過帝王之術。本來嘛，治國理政根本輪不到他，何必放著優遊的日子不過，去留心那些既難掌握又招惹嫌疑的東西？孰料皇兄宋哲宗二十五歲便撒手人寰，連個皇儲都沒留下，趙佶這才被趕鴨子上架，坐上了他人生規劃中從未準備要坐的位子。

趙佶登極那年，已滿十八周歲。一個成年人要想徹底改易從前的積習癖好，進入一種全新的人生角色，殊為不易，況且還有蔡京之輩投其所好，煽惑慫縱。我們不可能指望趙佶某天早上睜開眼，突然神明朗照，大徹大悟，改頭換面，擯絕宴安，逐除奸邪，做個聖明天子。

自古皇帝奢靡，必倚仗貪墨之臣斂財，凡土木崇飾、巡幸游觀之費，悉索於墨臣，墨臣索於地方，地方又索於黎民。乾隆之倚和珅如是，宋徽宗之倚蔡京亦如是，和珅、蔡京之輩雁過拔毛，足以自肥。

蔡京的貪腐，雖未見得勝過和珅，亦當世罕匹。據說他府上養了一支龐大的後廚團隊，僅幫廚的使婢——如洗菜工、切菜工，就多至數百人，比之現代星級酒店餐飲部的員工規模，有過之而無不及。掌饋的主廚通常維持著十五人的編制[1]，多為身價昂貴的「廚娘」。

廚娘是中國女性邁入職業化的先驅，職業廚娘地位匪低，非卑禮厚幣無以延聘，與「三姑六婆」之流不可同日而語。新疆阿斯塔那古墓出土的彩繪人俑已可見廚娘形象，梳高髻，著半臂、石榴裙，可惜文獻記載欠缺，我們對唐代廚娘的手藝、生活情形不大了然。宋代畫像磚上的廚娘（見河南偃師酒流溝宋墓），頭攏誇張高髻，戴冠，臂腕著條脫（臂釧），繫緊身圍裙，身段修長玲瓏。古人袖口寬大，不易挽束，宋元時期流行起一種專門縛紮袖子的工裝配件，叫作「攀膊」。攀膊是一條或兩條繩索，掛搭在肩頸上，可以固定捋起的袖子，保護衣袖不致垂落弄髒，並起到協助提拉的省力作用。據《江行雜錄》等宋人筆記載，宋代廚娘普遍使用攀膊，央視版《水滸傳》中的潘金蓮蒸炊餅時，臂上即懸有此索。

宋代城市女性職業化程度頗為可觀，南宋廖瑩中《江行雜錄》：

「京都中下之戶，不重生男，每生女，則愛護如捧璧擎珠。甫長成，則隨其姿質教以藝業，用備士大夫採拾娛侍。名目不一，有所謂身邊人、本事人、供過人、針線人、堂前人、劇雜人、拆洗人、琴童、棋童、廚娘等級，截乎不紊。就中廚娘，最為下色，然非極富貴家不可用。」

那時城市中低產階層重女輕男，誰家生個兒子，一片歎息，若生的是女兒，那便舉家歡喜，捧如拱璧，原因無他——女孩子就業前景開闊光明，成材率比男孩高得多。女孩子的教育有一套系統的機制，長到一定年齡，因材施教，培養專長，教成之後，自有豪右重金雇聘。考據起來，上文列舉的「身邊人」、「本事人」、「供過人」云云，皆屬於侍婢一類，以今天的眼光看，她們身份低賤，不免承貴人顏色，但考慮到當時的社會形態、生產力發展水準，這也是無可奈何之事。

上列諸般職業，廚娘敬陪末席，卻是為數不多的技術型工種，不必像貼身侍奉的「身邊人」那樣過分地依賴雇主，仰人鼻息。倘若在這家待得不爽，大不了鍋鏟一摔，跳槽而去。市場對廚娘的需求旺盛，手藝精湛者，不愁找不到下家，且聘用者非富即貴，一般官宦使喚不起。

廖瑩中《江行雜錄》記錄了一個例子。有個出身寒素的太守，懸車還鄉後打算享享清福，過幾天舒服日子。他記得當年為官之時，在某同僚府上用晚膳，那位同僚用了一個京城廚娘，所調羹饌可口非凡，於是思量著也聘用一位妙手佳人，那麼晚年便有口福可享了。他寫信給京中做官的朋友，托他們代為物色推薦。未幾，有朋友回信，說是幸不辱命，找到一位合適人選，祈日剛剛從一位大員府中辭職出來，正值花信年紀，長得漂亮，能書能算，手藝更是一絕，即日派人護送上門，你老兄就等著納福吧。

老太守在家等了十幾天，等得脖子都長了，終於等到一封手帖，是那廚娘親筆，報告說自己已經到了，現駐憩於五里之外，希望主人可以派頂轎子接她進府，以成體面。太守見那字體端麗，詞旨委婉，遠非庸碌女子所及，心下大悅：「高級人才果真名不虛傳，尋常的廚子能識字就不錯了，哪裡寫得這樣一筆漂亮的小楷！家有此等妙人，今後請客會友，非大大替我露臉不可。」二話不說，趕緊打發轎子去接。已而暖轎進門，只見一位妙齡女郎跨轎而出，紅衫翠裙，亭亭娉娉，先拜主人，次拜主母，舉止嫻雅，真具林下風致。太守大喜，連稱「可人」，來看熱鬧的親友也紛紛起哄，要辦席酒賀一賀。那廚娘十分識趣，知道這是眾人要試試她的手藝，當下主動請纓，願一展身手。太守說道：「不必張羅盛筵，明日先辦一桌五杯五盤的便飯罷。」廚娘請示菜單，太守點了一道白切羊頭肉，其餘聽憑廚娘發揮自便。廚娘恭謹領命，俄而開出採購清單，太守一看，嚇了一跳，一盤羊頭肉居然要用十個整羊頭，五小碟蘸肉的蔥齏（類似於韭花醬）需五斤蔥，其他菜肴亦耗費極高。太守驚怪，不過頭一回打交道，不好駁斥，姑且批了，且看她如何料理。

翌日一早，採買的小廝覆命說食材備齊。廚娘命丫頭打開她攜來的一口箱子，內中鍋銚勺盤一應俱全，銀光射目，所有廚具，竟都是白銀打就！全家人目瞪口呆，看著廚娘指揮丫頭取刀置砧，圍襖圍裙，高挽翠袖，搭條銀索攀膊略一紮束，款步走進廚房。貼身丫頭早撐胡床伺候著了，廚娘往那一坐，駕輕就熟地調配人手擦鍋抹灶，洗菜生火。等基礎工作準備得差不多了，才徐徐起身，接過菜刀在手，運使如風，刲胦擊鮮，切削批臠，純熟精細，直似庖丁解牛，若非親眼所見，恐怕沒人相信這麼一位二十來歲的漂亮姑娘，竟能使出如此刀法。眾人瞧得歎為觀止，忽而一陣心疼，原來廚娘焯過羊頭，兩刀削下臉肉，剩下的部分，隨手丟在了地上。眾人看那羊頭，起碼還有幾斤好肉，怎麼說丟就丟了？廚娘手上不停，淡淡地說道：「一隻羊頭就這麼點精華，我既取下了，還留著做甚？」有那儉省的老僕看不過去，將羊頭撿了起來，廚娘冷眼笑道：「這人是屬狗的麼。」眾人雖怒，無語以答。

蔥齏的取材原則也是一樣，只取精華——沸湯飛水，綠色的蔥葉全部砍掉，留下蔥白，視碟子大小切段。再剝去蔥白外層，只用那韭黃般的一小莖蔥心，其餘一應俱棄，了無顧惜。

精益求精極選而出的食材，做出來的東西自然差不到哪裡去。飯菜上桌，座客舉箸一盡，相顧稱好，老太守大感光彩。撤席之後，太守召來廚娘，極口誇讚，廚娘面無驕色，靜靜等待主人說完，整襟拜道：「今日試廚，幸得主人嘉許，請照例犒賞。」太守愕然，以前用的廚子可從來不曾請過賞，這位才來一天，就伸手要紅包了？方在遲疑，廚娘開口道：「婢子這兒有幾份成例，主人可以參考。」取出幾張單子，呈予太守道：「這是婢子昔日在京所得的賞單。」太守接過一看，倒吸一口涼氣，廚娘的前任主顧，每次操辦宴會都會放賞，有時賞絹帛數十匹，有時賞錢十幾貫，家常便飯則減半。太守心裡一疊聲地叫苦：「做一頓飯放一回賞，我那點養老俸銀，哪裡經得起折騰！」咬牙跺腳，先付了這一餐的賞錢，沒過幾天，找個藉口把廚娘辭退了。

像這樣子暴殄材料、靡費無度的廚娘，休說尋常人家，就算一般的官僚階層都養不起。而蔡京府上，至少養了十五人之多，每位廚娘手下又統領大批使婢，精工細作：

「有士夫於京師買一妾，自言是蔡太師府包子廚中人。一日，令其作包子，辭以不能。詰之曰：『既是包子廚中人，何為不能作包子？』對曰：『妾乃包子廚中縷蔥絲者也。』曾無疑乃周益公門下士，有委之作志銘者，無疑援此事以辭曰：『某於益公之門，乃包子廚中縷蔥絲者也，焉能作包子哉！』」[2]

宋代大戶人家多設「四司六局」，即帳設司、廚司、茶酒司、臺盤司，與果子局、蜜餞局、菜蔬局、油燭局、香藥局、排辦局，將僕役部門化分工，安排執事。而太師府這等頂級豪府，四司六局已不敷差遣，僕役劃分更精細，司、局之下，再設分管部門。有個官員從京師買得一妾，據說曾是蔡京蔡太師府「廚司」之下「包子廚」的廚娘。官員滿心憧憬：「咱以後也可以享受享受太師的口福了！」蜜月期一過，官員便令那小妾做包子，小妾表示拒絕，說：「我不會。」官員詫怪：「你不會？你不是太師府上包子廚的嗎？怎能不會做包子？」小妾道：「妾身在包子廚，只負責切蔥絲，其餘和麵、擀皮兒、切肉、調餡兒、裹餡兒、籠蒸，各有專人負責，妾身都不曾做過，所以不會。」好傢伙，切蔥絲都是專人專職，今天的米其林三星亦望塵莫及。太師府為做包子專門組建了一套職業班子，由此推想，包餛飩也該有一套班子，煮麵條一套班子，蒸魚一套班子，燉羊肉一套班子，炒羊肚一套班子，醃鹹菜一套班子，切水果一套班子……每種食饌，至少需求量大的常用食饌，皆各具班子，無怪乎整個廚房傭工多達數百人。

組建這套龐大的奴僕團隊，以及驚人靡費的基礎，是「舉天下之財而盡用」的瘋狂斂財。除了打著服務朝廷、變法理財的旗號雁過拔毛，蔡京一生四度為相，宰執十七年，勢傾中外，有的是路子貪贓納賄。每逢生日，各地官員奉獻大宗禮物，稱為「生辰綱」。賣官鬻爵更是拿手好戲，當時盛行一種卜卦測運之術，名為「軌革」，士大夫卜問前程，往往畫一人戴草而祭，暗指「蔡」字，謂升官晉級，必由其門[3]。官場有云：「三百貫，直通判，五百貫，直秘閣。」這三五百貫的大頭，多半進了蔡京的宅庫，供他犒賞廚娘，浪費羊頭了。

蔡京六個兒子、五個孫子為學士。長子蔡攸跟他爹一樣，掌樞宅揆，官拜宰相，其驕奢淫逸，亦如乃父。蔡攸時時入宮侍宴，席間短衫窄褲，塗青抹紅，裝扮得如同戲子一般，與優伶舞伎戲笑取樂，博皇上開心。有一回他對宋徽宗說：「所謂人生，當以四海為家，太平娛樂。歲月幾何，豈能徒自勞苦！」意思是人生苦短，及時行樂才是正經，何必辛辛苦苦工作。身為宰相，「三觀」糜爛至此，滿腦子逸豫懶政，怎能平章政事？天子荒嬉怠惰，宰相不事諫諍，反倒從旁蠱惑，慫恿皇帝耽樂，國家安得不亡？蔡氏父子把持事權，蔽欺天子耳目，自己不勸皇帝學好，也不許旁人勸，滿朝忠直罷盡，言路塞絕，官員稍加違忤，立時擯斥：

「宣和中，蔡居安提舉秘書省。夏日，會館職於道山，食瓜。居安令坐客徵瓜事，各疏所憶，每一條食一片。坐客不敢盡言，居安所徵為優。欲畢，校書郎董彥遠連徵數事，皆所未聞，悉有據依，咸歎服之。識者謂彥遠必不能安，後數日果補外。」[4]

說的是宋徽宗宣和年間，蔡攸掌管秘書省，這年夏天，他辦了一個水果派對，請下屬們吃瓜消暑。古代讀書人的圈子，原是流行此種雅集的，松風竹月，輕裘緩帶，投壺雅歌，尋觴嘯詠，盡一時之風流。雅集上可玩的節目很多，拈題分韻，講談掌故，不一而足。這天蔡攸玩的花樣是「徵事吃瓜」，在座中人，每說出一條關於瓜的典故，便可以吃一片瓜。當然，吃瓜只是由頭，主要目的是考較肚子裡的墨水，比拼腹笥。高潔君子，文酒之會上，行此遊戲，大為韻事。若座客中雜著一位領導，且是位心胸殊不寬廣的領導，這件事就變得索然無味了。蔡攸這些下屬，不是著作郎、秘書郎，就是校書郎，管理著國家圖書館，專司刊緝經籍、撰集文章，哪一個不是飽學之士？但與會者大多瞭解蔡攸的為人，知道他剛愎褊狹，說是讓大家集思廣益，實際上絕不容許有人勝過了他，因此都默默做著安靜的吃瓜群眾。只有一個愣頭青校書郎董彥遠不曉事，「連徵數事，皆所未聞，悉有據依，咸嘆服之」，大出風頭，把蔡攸虐了個灰頭土臉，幾天之後，就被調走外放了。

蔡氏政由己出，一手遮天，就算縱侈無度，也沒人敢管，除非他們自己天良發現：「蔡京作相，大觀間，因賀雪賜宴於京第，庖者殺鶴子千餘。是夕，京夢群鶴遺以詩曰：『啄君一粒粟，為君羹內肉。所殺知幾多，下箸嫌不足。不惜充君庖，生死如轉轂。勸君慎勿食，禍福相倚伏。』京由是不復食。」[5]一頓飯殺了上千頭鵪鶉，殺得蔡京心驚肉跳，晚上做了個噩夢，從此不敢再碰這一口。而其他食材，靡費依舊，有一次留講議司官員吃飯，僅蟹黃饅頭一項就花了一千三百多貫：

「蔡元長為相日，置講議司官吏數百人，俸給優異，費用不貲。一日，集僚屬會議，因留飲，命作蟹黃饅頭。飲罷，吏略計其費，饅頭一味為錢一千三百餘緡。又嘗有客集其家，酒酣，京顧庫吏曰：『取江西官員所送鹹豉來。』吏以十瓶進，分食之，乃黃雀肫也。元長問尚有幾何，吏對以猶餘八十有奇。」[6]

黃雀肫（醃製的黃雀胃）卻說是「鹹豉」，或許是送禮的「江西官員」掩人耳目的手法。從鵪鶉到黃雀，看來蔡京對小型禽類情有獨鍾。事實上蔡京最嗜之味，正是一種名為「黃雀鮓」的東西，他倒臺之後，有司到太師府抄沒家產，發現了三個古怪倉庫，罈罈罐罐直堆到屋頂，打開罈子一看，裡面裝的全是黃雀鮓：

「蔡京庫中，點檢蜂兒見在數目，得三十七秤。黃雀鮓自地積至棟者滿三楹，他物稱是。」[7]

鮓是何物，令一代巨貪癡迷至此？觀字形可知，此物跟魚有關。東漢鄭玄《周禮注》介紹周天子用來祭祀的珍饈，留下了先秦時期鮓的吉光片羽：「謂四時所為膳食，若荊州之鮺魚，青州之蟹胥，雖非常物，進之孝也。」蟹胥，是搗碎的蟹，以曲、鹽、酒醃製發酵的蟹醬[8]；鮺（zhǎ）即是鮓，意為「藏魚」[9]，也就是醃魚。具體的醃製之法，西漢劉熙《釋名》：「鮓，葅也，以鹽、米釀之如葅，熟而食之也。」北魏賈思勰《齊民要術》敘述更詳：

「凡作鮓，春秋為時，冬夏不佳。取新鯉魚，去鱗訖，則臠。臠形長二寸，廣一寸，厚五分，皆使臠別有皮。手擲著盆水中，浸洗去血。臠訖，漉出，更於清水中淨洗。漉著盤中，以白鹽散之。盛著籠中，平板石上迮去水。水盡，炙一片，嘗鹹淡。炊秔米飯為糝，並茱萸、橘皮、好酒，於盆中合和之。布魚於瓮子中，一行魚，一行糝，以滿為限。腹腴居上。魚上多與糝。以竹篛交橫帖上，削竹插瓮子口內，交橫絡之。著屋中。赤漿出，傾卻。白漿出，味酸，便熟。食時手擘，刀切則腥。」

說的是春秋最宜做鮓，冬夏非時，因為冬季天冷，發酵不充分；夏季則反之，發酵太過，鮓容易生蛆，多加鹽倒是可以規避這一點，但又難免太鹹。「賈指導」推薦的原料是新鮮鯉魚，去鱗，切塊，洗淨，撒鹽醃出水，榨乾，以防腐爛。米飯炊熟，同茱萸、橘皮、酒拌勻聽用。魚塊齊鋪鋪碼進瓮子，一層魚上鋪一層米飯，用竹葉或箬葉封頂，瓮口密封，置陰涼處。每醃一段時間，瓮口就會析出紅漿，棄去，等漿液轉白，其味做酸時，便大功告成。

加入米飯醃製，是鮓的招牌特色，也是其技術關鍵。俗話說得好：「做鮓如果沒有米飯，跟鹹魚有什麼分別？」鮓沒有米飯，那便不復為鮓，只能叫做鹹魚了。米飯是乳酸菌的培養基，乳酸菌發酵，產生乳酸，滲入魚肉，成為鮓特有的酸香味來源，並起到防腐作用。

米飯加魚，是東亞、東南亞、南亞以米飯為主食的國家常見的飲食符號，各國傳統文化分別有其獨特表達。在日本，該符號的印象集中於壽司身上。日本這張美食名片，推原論始，正是發祥於兩千年前中國人的鮓瓮中。現代日本壽司店的暖帘（暖簾）之上，依然飄逸著「鮓」或「鮨」的字樣，鮨（yì）亦鮓之屬[10]，十世紀日本平安時代頒施的法令《延喜式》明確出現了「鮓」和「鮨」字，約同一時期，古老的「鮒壽司」開始流行。日本人做壽司的初衷跟中國人做鮓一樣，是為了延長魚類的貯藏期。早期壽司的做法也承襲了鮓的工藝，今天日本滋賀縣製作鮒壽司仍在沿用古法：鮒魚內臟清理乾淨，魚體、腹腔均勻抹鹽醃製。兩三個月後，取出脫水的鮒魚洗淨，魚腔內重新填入鹽和米飯，埋進盛有蒸米飯的容器發酵。用此法製就的壽司，可存放兩年不敗。

依標準流程做鮓，費時許久，令人心焦。等不及想先品為快的急性子另闢蹊徑，創制了速成的「裹鮓」。《齊民要術》：

「作裹鮓法：臠魚，洗訖，則鹽和糝。十臠為裹，以荷葉裹之，唯厚為佳，穿破則蟲入。不復須水浸、鎮迮之事。只三二日便熟，名曰『暴鮓』。荷葉別有一種香，奇相發起香氣，又勝凡鮓。有茱萸、橘皮則用，無亦無嫌也。」

魚塊、鹽、米飯，厚裹荷葉，三日可食，其造型儼然就是大號的太卷壽司。速成鮓飽吸荷葉清香，風味別致，擁躉無數，王羲之便是其中之一。王羲之、獻之爺倆皆嗜食鮓，羲之有《裹鮓帖》行世：「裹鮓味佳，今致君。所須可示，勿難。當以語虞令。」[11]此外又有《吳興鮓帖》，獻之亦嘗作《白鮓帖》，持鮓贈人。

時以鮓為珍味，闊閱餉饋，平民卒不可得。東晉名將陶侃出身寒素，少為小吏，管著一處官府魚梁（捕魚設施），私底下昧了一點魚，醃製成鮓，帶給母親盡孝，反被母親一通數落：「汝為吏，以官物見餉，非唯不益，乃增吾憂也！」[12]設或蔡京的家風清正若此，耳提面命之下，不知父子貪苛之性能否稍得悛移？

❖ 豬肉鮓

六朝之前談鮓，必以魚製。六朝時候，世人思維發散，開發出豬肉鮓，與蒜泥、薑、醋同食。今天湘西、湘南的「鮓肉」，或許便是一千五百年前豬肉鮓孑遺。《齊民要術》：

「作豬肉鮓法：用豬肥豵肉。淨爓治訖，剔去骨，作條，廣五寸。三易水煮之，令熟為佳，勿令太爛。熟，出，待乾，切如鮓臠，片之皆令帶皮。炊粳米飯為糝，以茱萸子、白鹽調和。布置一如魚鮓法。泥封，置日中，一月熟。蒜齏、薑鮓，任意所便。」

羊肉鮓

魚的壟斷被破除，其他食材紛紛摻和進來，美食家幾乎把一切能吃的東西都拿來搭上米飯，封進瓮子裡嘗試做鮓了，代表作有「羊肉版」速成鮓：

「開寶末，吳越王錢俶始來朝。垂至，太祖謂大官：『錢王，浙人也。來朝宿共帳內殿矣，宜創作南食一二以燕衎之。』於是大官倉卒被命，一夕取羊為醢……以獻焉，因號『旋鮓』。至今大宴，首薦是味，為本朝故事。」[13]

蟶子鮓

蟶鮓：「蟶一斤，鹽一兩，醃一伏時。再洗淨，控乾，布包石壓，加熟油五錢，薑、橘絲五錢、鹽一錢、蔥絲五分，酒一大盞，飯糝一合，磨米拌勻入瓶，泥封十日可供。」[15]

軟體動物為鮓，蟶子鮓便是一例。一斤蟶子肉，一兩鹽，盛夏醃十至二十天。洗淨，巨石榨乾水分，同熟油五錢、薑和橘絲共五錢、鹽一錢、蔥絲五分、酒一大盞、米飯一合（gě，十勺等於一合），以及米粉拌勻，泥封入器，密封十日可食。

❖ 茄子鮓

蔬菜為鮓，以茄鮓為例：

「茄子不以多少，切破，沸湯焯，漉出控乾，用炒米飯、蒔蘿、川椒、薑、蔥絲，煉熟油炒鹽拌勻，看滋味恰好，新瓶緊按面上，更著箬葉蓋密封，不可犯生水。」[16]

❖ 螞蟻鮓

除了常見食材，一些稀奇食材亦可為鮓，如螞蟻鮓：

「嶺南暑月欲雨，則朽壞中白蟻蔽空而飛，入水翅脫，即為蝦。土人遇夜於水次秉炬，蟻見火光，悉投水中，則以竹篩漉取，摶之如合捧，每摶一兩錢，以豚臠參之為鮓，號天蝦鮓。又有大赤蟻，作窠於木杪，有數升器者取其卵並蟻，以糝洎薑鹽釀為鮓，云味極辛辣。」[16]

黃雀鮓

最負盛名的，當然莫過蔡太師府上爆倉的黃雀鮓。黃雀是候鳥，每年秋季從繁殖地內蒙古東北部及東北北部，經沿海地區飛往江南越冬[17]。屆時東南之地，翠羽漫野，清啼盈林，宋人張網以待，不需勞力，即可捕得千百。一般庖治之法，如宋代《吳氏中饋錄》所述：

「黃雀鮓：每只治淨，用酒洗，拭乾，不犯水。用麥黃、紅麴、鹽、椒、蔥絲，嘗味和為止。卻將雀入匾罈內；鋪一層，上料一層，裝實。以箬蓋篾片扦定。候鹵出，傾去，加酒浸，密封久用。」[14]

蘇軾《送牛尾狸與徐使君》：「通印子魚猶帶骨，披綿黃雀漫多脂。」施元之注：「黃雀出江西臨江軍，土人謂脂厚為披綿。」故黃雀鮓又稱「披綿鮓」。吳淑有詩云「曉羹沉玉杵，寒鮓疊金綿」，「玉杵」指山藥，金綿便是切作細絲的黃雀鮓[18]。元代《事林廣記》：

「披綿鮓：黃雀淨燖，除嘴、目、翅、足，破開去臟，用刀背拍平，粗紙滲去黑血，不得見水，以酒淨洗控乾。每斤用炒鹽、熟油各一兩，法酒一銀盞拌勻。每兩枚首尾顛倒為一合。內入椒五粒，蔥絲數條，馬芹少許，麥子十粒。入瓮按實密封，比常鮓加十日熟。凡鮓，石灰泥頭可留半年。」

此時的鮓已脫去米飯，而至晚自宋代起，隨著炊具器壁漸薄，煎炒盛行，鮓的吃法也有所革新，不再像漢晉六朝那樣從罈子裡取出來便半生不熟地吃，油煎成為主流。南宋某位皇太子的日常膳單上，記錄了一道菜叫作「煎三色鮓」[19]，大概就是三種鮓的油煎什錦。想想看，醃製入味的肉、魚之類的食材，沸油爆香，同時殺滅微生物，與汁汁水水的「生吃」相比，口感滋味一定有天壤之別。明代宋詡的《宋氏養生部》進一步建議，掛糊油炸，鮮香之餘，更添鬆脆：

「黃雀鮓（三制）：一用黃雀鮮肥者，薄酒滌潔，軟帛抹乾，背剖之。腹間置小麥數粒，蔥屑、花椒碎顆少許，以頭尾顛倒相覆，每二十頭疊一小罐，調香熟油，酒漿炒，鹽、花椒、蔥屑澆沒一寸，取竹箴關實封固，收藏甚久。用宜醋：一宜方切小臠，和水調雞鴨卵、花椒、蔥白屑，入器蒸；一宜染水調麵，油煎。」

宋人既好捕黃雀，烹法復又升級，無怪此味風靡，除蔡京而外，傾倒者大有人在。黃庭堅《謝張泰伯惠黃雀鮓》：

去家十二年，黃雀慳下箸。
笑開張侯盤，湯餅始有助。
蜀王煎蒻法，醢以羊彘兔。

麥餅薄於紙，含漿和鹹酢。
秋霜落場穀，一一挾繭絮。
飛飛蒿艾間，入網輒萬數。
烹煎宜老稚，罌缶煩愛護。
南包解京師，至尊所珍御。
玉盤登百十，睥睨輕桂蠹。
五侯噦豢豹，見謂美無度。
瀕河飯食漿，瓜菹已佳茹。
誰言風沙中，鄉味入供具。
坐令親饌甘，更使客得與。
蒲陰雖窮僻，勉作三年住。
願公且安樂，分寄尚能屢。

楊萬里《謝親戚寄黃雀》：

萬金家書寄中庭，牘背仍題雙掩並。

不知千里寄底物，白泥紅印三十瓶。
瓷瓶淺染茱萸紫，心知親賓寄鄉味。
印泥未開出饞水，印泥一開香撲鼻。
江西山間黃羽衣，純綿被體白如脂。
偶然一念墮世網，身插兩翼那能飛。
誤蒙諸公相俎豆，月裡花邊一杯酒。
先生與渠元不疏，兩年眼底不見渠。
端能訪我荊溪曲，願借前籌酌酃淥。

從王羲之到楊萬里，名士收受禮物，一罈醃肉賦帖答詩，謙恭篤摯，這是名士的禮數。汙吏贓臣，縱名茶名酒、寶馬雕車，未必放在眼裡，這是贓臣的死氣。蔡京府上滿滿三倉庫的黃雀鮓，老實說並不能確切證明蔡京有些嗜好，也許饋贈此物是彼時風氣。無數有所希求而未打聽清楚的干謁者，捧著一罈一罈常人視為珍味的黃雀鮓，興沖沖送進太師府，全不知人家府上早已堆山積海，無處可置了。這是干謁者的悲哀，更是王朝的悲哀，當一罈罈悲哀堆積至頂，早已醃爛了的大宋王朝無力承受，轟然坍塌，衝垮了王朝的門戶、王朝的牆垣。

北宋宣和七年（西元一一二五年），金軍兵分兩路南侵，宋徽宗倉皇禪位，太子臨危登極，是為宋欽宗。次年，靖康元年，徽宗、蔡京、童貫棄京出逃，朝野群起痛斥，極請斬蔡京、王黼、童貫等六賊，以謝天下。不日有敕，蔡京貶官流放，後徙儋州安置，行至潭州，一瞑不視[20]，留下滿滿三間屋子的黃雀鮓未得入口，一如身後無以自贖的百世罵名。

注釋

1 〔明〕郭良翰《問奇類林》。

2 〔南宋〕羅大經《鶴林玉露》。

3 〔南宋〕陸游《老學庵筆記》。

4 〔南宋〕王明清《揮麈錄》。

5 〔南宋〕馬純《陶朱新錄》。

6 〔南宋〕曾敏行《獨醒雜誌》。

7 〔南宋〕周煇《清波雜誌》。

8 〔清〕段玉裁《說文解字注》。

9 〔東漢〕許慎《說文解字》。

10 〔東晉〕郭璞《爾雅注疏》。

11 〔東晉〕王羲之《王右軍集》。

12 〔南朝宋〕劉義慶《世說新語》。

13 〔北宋〕蔡絛《鐵圍山叢談》（按：蔡絛系蔡京第四子）。

14 〔南宋〕《吳氏中饋錄》。

15 〔元〕陳元靚《事林廣記》。

16 〔北宋〕張師正《倦遊雜錄》。

17 鄭作新等，鄭作新修訂．中國動物圖譜：鳥類 [M]. 科學出版社，1987.

18 〔北宋〕陶穀《清異錄》。

19 〔南宋〕《玉食批》。

20 《宋史．奸臣傳》。

麻辣康乾帝國

三百多年前，大明王朝迎來了最寒冷的冬天。

按照中國歷史上流行一時的「五德始終說」，朱紅色的明朝本應屬於「火德」。可實際上，這個煊赫的國號沒能給它的子民帶來絲毫暖意。明朝建國的時間，恰好與距今較近的一個小冰河期、國內稱為「明清小冰期」的開端吻合，整個明代，極寒天氣屢見。尤其是明朝末期，全國氣溫下降至近六百年來最低點，一些地區的均溫低於今天五到七度[1]。有人把明末清初這段時間稱為「千年極寒」。

極端天氣迫使明朝人想盡各種方法取暖，徐霞客報名參加了「越野鐵人三項」，蘭陵笑笑生窩在炕上構思香豔小說。袁崇煥卓立朔風，凝望著極北的鉛雲，喃喃自語：凜冬將至。不久後，他將會明白，最冷的不是遼東的冬季，而是世道人心。

兩千多里外，浙江沿海一處碼頭像往日一樣喧鬧。一艘外國商船正搬卸貨物，腳夫、水手、商人、官員往來奔走，他們沒有意識到，這批貨物包括了一種未來中國人對抗嚴寒的超級英雄。

不，不是暖氣，是——辣椒。

那是辣椒第一次踏上中國的土地。

同辣椒交往之前，中國人的食材後宮已經納有不少潑辣的舊寵：茱萸、辣蓼、扶留藤、薤、韭菜、芥菜、肉桂、薑、蔥、蒜，當然還有燒舌頭的烈酒。

有觀點認為，同辣椒一樣，蔥和薑也是從域外拐帶回來的，蔥來自北方，薑的老家在東南亞。果真如此的話，東椒西蒜，南薑北蔥，辛辣界四大妖姬，居然都是「移民」。

薑進入中國的時間極早，最初用來壓製魚、肉、油脂的葷腥氣，在流行吃生魚生肉（膾）的時代，兼具預防和緩解食物中毒的作用。孔子重度嗜薑，他帶著弟子周遊列國，打尖時是一定要吃薑的：「不撤薑食。」[2]

蒜、蔥、韭以強烈的穢氣位列「五葷」，為佛門弟子所戒絕。佛教初入中國，僧尼原本只禁蒜、蔥、韭、薤、興渠（阿魏）這五種「熟食發婬，生啖增恚……十方天仙嫌其臭穢，咸皆遠離」[3]的辛辣蔬菜，而不禁魚、肉。推行並落實禁食魚、肉戒律的，是梁武帝蕭衍，他曾發毒誓說：「弟子蕭衍，從今以去，至於道場，若飲酒放逸，起諸淫欲，欺誑妄語，啖食眾生，乃至飲於乳蜜，及以酥酪，願一切有大力鬼神，先當苦治蕭衍身，然後將付地獄閻羅王，與種種苦，乃至眾生皆成佛盡，弟子蕭衍，猶在阿鼻地獄中。」自己發了毒誓還嫌不夠，又替普天下的僧尼們發了一個：「僧尼若有飲酒啖魚肉者，而不悔過，一切大力鬼神，亦應如此治問。」[4]表示自己倘若飲酒啖肉吃魚，甘願被「大力鬼神」打入地獄，其他僧尼一體遵行。梁武帝貴為一國之君，手握大權，令行禁止，這毒誓發得又狠，僧尼們誰敢輕犯？從此沙門弟子喝酒吃肉的生活一去不返。

民間毋庸顧忌什麼戒律，飲食上自由得多，蒜、蔥、韭等辛辣蔬菜常搗碎製成「齏」，既可為佐食肉魚的開胃小菜，亦可直接下飯。巴蜀自古「尚滋味，好辛香」，非獨近世然，西漢川人待客「園中拔蒜，斷蘇切脯」[5]。北宋僧人文瑩的《玉壺清話》：「太宗命蘇易簡評講《文中子》，中有楊素遺子《食經》『羹黎含糗』之句，上因問曰：『食品稱珍，何物為最？』易簡對曰：『臣聞物無定味，適口者珍，臣止知齏汁為美。』太宗笑問其故。曰：『臣憶一夕寒甚，擁爐火，乘興痛飲，大醉就寢，四鼓始醒，以重衾所擁，咽吻燥渴。時中庭月明，殘雪中覆一齏碗，不暇呼童，披衣，掬雪以盥手。滿引數缶，連沃渴肺，咀齏數根，燦然金脃。臣此時自謂上界仙廚，鸞脯鳳臘殆恐不及。屢欲作《冰壺先生傳》紀其事，因循未暇也。』太宗笑而然之。」蘇易簡是宋初四川德陽人，他稱韭蒜齏汁為美，並非個例，北宋「紅杏尚書」宋祁的《宋景文公筆記》中也指出，當時南方人普遍喜食韭醬蒜泥之類辣齏：「搗辛物作齏，南方喜之，所謂金齏玉膾者。古說齏臼日受辛，是臼中受辛物搗之。」

芥菜是另一種宜乎製醬的辣味蔬菜，《禮記》說「魚膾芥醬」，吃膾是一定要配芥醬的。古人十分欣賞滿嘴鹹腥配上鼻腔裡引爆炸藥般的清爽，眼淚鼻涕長流有如失禁，不妨礙高喊一聲「快哉！再來一盤！」這種欲罷不能的感覺，大約跟今人嗜食辣椒異曲同工，旁觀者以為這人自虐，食者卻自得其樂。

中國人起先吃芥菜，可能出於誤會。芥菜中比較古老的品種——油芥菜，跟油菜（榨油的油菜，不是北方人說的小油菜）算是親戚，大家都是芸薹（tái）屬成員，長得也像，或許先民曾試圖用油芥菜的種子獲取植物油，嚐了一口，如同劈面挨了一棍，辣得眼冒金星。後來大家逐漸喜歡上了「挨棍」的感覺，將油芥菜的種子研磨成粉末，收入廚房，這就是芥末。

在辣椒普及之前，芥菜可視為辛辣食材陣容的絕對主力，李漁《閒情偶寄》談道：「菜有具薑桂之性者乎？曰：有，辣芥是也。制辣汁之芥子，陳者絕佳，所謂愈老愈辣是也。以此拌物，無物不佳。食之者如遇正人，如聞讜論，困者為之起倦，悶者以之豁襟，食中之爽味也。予每食必備，竊比於夫子之不撤薑也。」

農家百科全書《齊民要術》介紹了一種芥末的驚人吃法，把芥末捏成小球或餅子，泡在醬裡，當零食吃。難怪中原人自稱龍的傳人，這是在培養吐火技能吧！

唐朝有種「五辛盤」，過節時用來孝敬長輩。五辛通常指蔥、蒜、椒、薑、芥，可以想像，一段大蔥加一瓣蒜、幾粒花椒、一片薑，再厚厚擠一層芥末醬，一口吃下去……當真山河變色鬼哭神嚎！

往古之時，蔬菜品種相對匱乏，先民必須廣泛採集野菜，或以手頭現有的資源，改良培育新種。宋代起，芥菜的演化加快，陸續出現許多葉用、莖用、根用品種。《證類本草》引北宋蘇頌《圖經本草》：

「芥，舊不著所出州土，今處處有之。似菘而有毛，味極辛辣，此所謂青芥也。芥之種亦多，有紫芥，莖葉純紫，多作齏者，食之最美；有白芥，子粗大色白如粱米，此入藥者最佳，舊云從西戎來，又云生河東，今近處亦有。其餘南芥、旋芥、花芥、石芥之類，皆菜茹之美者，非藥品所須，不復悉錄。大抵南土多芥，亦如菘類，相傳嶺南無蕪菁，有人攜種至彼，種之皆變作芥，言地氣暖使然耳。」

狀如蕪菁的芥菜，當指根用芥菜，俗稱「大頭菜」，有些地方稱為辣疙瘩或者鹹菜疙瘩。菜農將芥菜根養得碩大無朋，與原始芥菜相比，面目全非。芥菜根的吃法，北方人通常只用食鹽和醬油，醃成鹹菜。雲南人則用糖，醃製的成品號稱「玫瑰大頭菜」，樸素而典雅，剁碎成粒，加上辣椒末、肉丁乾煸炒香，就是香辣爽口的「黑三剁」。湖南人連肉丁都不用，只取辣椒和蒜，炒出「外婆菜」，簡單快捷，極品下飯。

打那以後，芥菜幾乎被中國人玩壞了，我們不僅要吃它的籽、它的根，還要吃它的莖、它的葉子，打算吃哪個部位，就把該部位養得極大。大雪過後，百草凍殺，一種大葉芥菜傲雪獨青，人送外號「雪裡蕻」，它是四川一帶酸菜以及酸菜魚等衍生菜肴的首選食材。

四川人還栽培出一種看上去像長了大瘤子般可怕的變種，就是後來跟泡麵成為好朋友的「榨菜」。因此，芥菜一家基本上都進入了鹹菜行業工作。當然，也有例外，比如廣東的梅菜。至於梅菜的吃法，家喻戶曉，無需贅述。

前辣椒時代，四川人廚下的辛辣食材還有茱萸。中國常見的茱萸有三種：山茱萸、吳茱萸、食茱萸（椿葉花椒），後兩種辛辣。食茱萸分佈廣，自先秦以來，屢見典籍，寫作「椴」、「藙」、「艾子」、「辣子」、「越椒」、「欓子」等。四川人從南北朝時就喜歡吃食茱萸，雖然歷史上四川經歷過多次大規模外來人口遷入，尤其是清康熙初年的「湖廣填四川」，包括食俗在內的風俗文化受移民影響很大，但從史料記載來看，四川人嗜辣的傳統，卻是一脈相承的。《禮記》說「三牲用藙」，祭祀的時候用茱萸油。南北朝人皇侃《禮記義疏》：「煎茱萸，今蜀郡作之。」彼時四川人稱食茱萸為「艾子」，做飯時用整粒的茱萸，或取茱萸油提味，喝酒時也要在酒杯中丟一粒，當真嗜辣成癮。

北魏《齊民要術》收錄的一道烤魚用到多種辛辣料，其中就包括茱萸。並將大魚切片，再用薑、橘皮、花椒、蔥、紫蘇、茱萸、胡芹、小蒜調汁，醃一夜魚肉，烤至焦紅。

你看，沒有辣椒，並不耽誤吃麻辣烤魚。有條件要吃，沒有條件創造條件也要吃。

再來看蓼，蓼是一整科植物的統稱，蓼科所轄種屬極眾，全球計約五十屬、一千一百五十種，中國有十三屬、二百三十五種、三十七變種，產於全國各地。常用來佐味的是水蓼，也叫辣蓼。

最早的吃蓼記載，仍見於《禮記》。《禮記・內則》篇一口氣舉出四道菜：濡豚、濡雞、濡魚、濡鱉。所謂「濡」，指煮或燒的烹法，四道菜都要求食材腹腔填入水蓼，此外還概括性地說，吃豬肉，要「春用韭，秋用蓼」。

蘇東坡也說：「蓼茸蒿筍試春盤，人間有味是清歡。」

吃這玩意兒都吃出清歡感來了，簡直是天大的滿足，得蓼調味，夫復何求。

到了明代，辣蓼逐漸淡出餐桌，李時珍《本草綱目》：「古人種蓼為蔬，收子入藥。故《禮記》烹雞豚魚鱉，皆實蓼於其腹中，而和羹膾，亦須切蓼也。後世飲食不用，人亦不復栽。」

辣椒填補了川渝人對於辣味的巨大空虛，在辣椒傳入之前，吃辣總是不夠盡興，四川人找到了花椒、茱萸、薑，仍不滿足，於是又找到了扶留藤。

扶留藤通用名叫作「蔞葉」，俗稱「蒟醬」，葉子辣中帶甜，可以拌蜂蜜吃。左思《蜀都賦》說「蒟醬流味於番禺之鄉」，四川人的蜜漬蒟醬名動天南，從秦漢到魏晉，穩定出口南越地區，唐朝涪州（涪陵）的蒟醬一度成為貢品。前有蒟醬，後有榨菜，涪陵的鹹菜產業可謂源遠流長。

後來，不知道何人發明了一種奇葩吃法，將扶留藤同貝殼灰、檳榔一起咀嚼，這樣就能吐出殷紅如血的唾液，除了整蠱嚇人碰瓷演戲外，據說還有助於消化，並興奮神經，令人「忘憂」。《齊民要術》引《異物志》：「古賁灰，牡礪灰也。與扶留、檳榔三物合食，然後善也……俗曰：『檳榔扶留，可以忘憂』。」

此外，蘘荷〔古稱「苴蓴（jū pò）」〕、紫蘇（古稱「蘇」）、薤（俗稱「藠頭」），也是明代以前嗜辣黨鍾愛的珍物。

以上食材各有千秋，但在如今無辣不歡的食客眼裡，恐怕皆不及妖嬈絕世的辣椒。

辣味其實並非由味蕾所感受到的味覺，而是舌頭、口腔和鼻腔黏膜受到辣椒素等化學物質的刺激後形成的類似灼燒的痛覺。所以當辛辣食材的汁液觸及皮膚、眼睛時，這些不具備味覺感知功能的器官組織也會產生「辣」的感覺。

辣椒素引起的灼燒感純粹而尖銳，烹飪加熱使辣椒的辣味更加活躍，可充分滲透同器的食材，這一點為薑、蒜難及。且辣椒本身不像蔥、蒜般附帶惱人的穢氣，種種優勢屬性，奠定了其辛辣界的至尊地位。

辣椒原產於墨西哥到哥倫比亞的中美、南美地區，由美洲印第安人首先馴化，在傳入舊大陸之前已有上千年的栽培利用史。厄瓜多爾出土的一系列考古證據指出，史前美洲人早在西元前六千年已懂得種植辣椒，用來烹調食物[6]。西元一四九三年，哥倫布的船隊第二度訪抵美洲大陸，一位隨船醫生將墨西哥的辣椒種子帶回西班牙，西元一五四八年傳入英國，十六世紀已然風靡全歐洲。此後，辣椒隨著西班牙的貿易船隊流入其亞洲的殖民地菲律賓，繼而流入中國、印度等地。

第一批進入中國的辣椒，可能是乘船破海而來。明朝中末葉，傳統的陸上絲綢之路早已被鄂圖曼土耳其帝國阻斷多時，陸路交通不暢。取而代之的貿易路線是西班牙人所開闢的，盛極一時的墨西哥—呂宋—中國「大帆船貿易」之路。來自西班牙的辣椒沿著這條海路，率先抵達菲律賓的馬尼拉中轉站，然後隨同其他商品揚帆北上，駛往大明帝國的浙江、福建沿海港口。

中國最早的辣椒記錄文獻，出自明萬曆年間隱居西湖的戲曲作家高濂的養生大作《遵生八箋》。高濂是個妙人兒，能填詞能作曲，能詩能文，書畫鑒賞，蒔花調香，無一不會，無一不精，並燒得 手養生好菜，是中國歷史上為數不多留下飲食專著的美食家。他在《飲饌服食箋》中自謂所錄菜品「皆余手製曾經知味者箋入，非漫錄也」，悉由親身下廚實踐所得，絕非杜撰。然而在他筆下，辣椒並沒有歸入食譜，卻歸入了花譜，撩動味蕾的小妖精被種進了李家花圃，當成了觀賞植物：「番椒叢生，白花，子儼禿筆頭，味辣，色紅，甚可觀。」辣椒果實形似毛筆頭，味辣色紅，漂亮得很。

到了清朝初年，浙江人終於漸悟到了辣椒的調味妙用。康熙年間，陳淏子的園藝學著作《花鏡》介紹，當地人種辣椒，磨成粉末，冬日作為佐料，用以替代胡椒。可浙菜畢竟沒能留給辣椒多少發揮的空間，於是小妖精兵分兩路，一路向北，一路向西。西征軍勢如破竹，進入湖南、貴州，一場革命性的味覺狂歡開始了。

湖南人習稱辣椒為「辣子」，後世的辣子雞、辣子肉，均由該俗稱衍生。初識辣椒，湖南人骨子裡沉睡千萬年的嗜辣之魂陡然覺醒，瀟湘山水充滿一派野烈烈的鮮辣，時稱：「湘、鄂之人日二餐，喜辛辣品，雖食前方丈，珍錯滿前，無椒芥不下箸也[7]。」當時流行的吃法大味至簡，樸拙粗獷，將辣椒切碎，澆醬醋香油浸拌，就這麼大馬金刀端上一盤，星飛電卷，萬道霞光，全世界相形失色：「茄椒，一名海椒……性極辣，故辰人乎為辣子，用以代胡椒。取之者多青紅，接併其殼，切以和食品，或以醬醋香油菹之。」[8]晚清湖南人曾國藩每飯必食辣椒，履新兩江總督之際，有個部下私底下使錢，買通了曾國藩的私人廚師，打聽大帥的飲食好惡，以便巴結。廚師道：「有什麼菜做什麼菜，不用勉強，上菜之前，先給我看一眼。」不移時，廚下送來一盞上品燕窩，那部下先端給廚師，請他「掌掌眼」。廚師取出一支湘竹竹筒，沖著燕窩一通亂撒，部下忙問：「這是什麼？」廚師道：「大帥最喜歡的辣子粉，每頓飯莫忘了加些，大帥必予嘉獎。」乾隆帝吃燕窩用冰糖，曾國藩吃燕窩卻加辣椒，湘人好辣，可見一斑：

「曾文正督兩江時，屬吏某頗思揣其食性，藉以博歡，陰賂文正之宰夫。宰夫曰：『應有盡有，勿事穿鑿。每肴之登，由予經眼足矣。』俄頃，進官燕一盂，令審視。宰夫出湘竹管向盂亂灑，急詰之，則曰：『辣子粉也，每飯不忘，便可邀獎。』後果如其言。」[7]

明末戰亂，巴蜀人口銳減。清康熙七年（西元一六六八年），朝廷實行了一系列激勵政策，鼓勵周邊地區移民入川，其中以兩湖移民最多。兩大吃辣聖地的辣文化激烈碰撞，辣椒在四川擊敗一系列原有的辛辣食材，同當地盛產的花椒完美結合，奠定今天的麻辣格局。

四川地區關於辣椒的最早記載保留在清乾隆十四年（西元一七四九年）的《大邑縣

誌》：「秦椒，又名海椒。」時間晚於湖南半個世紀。嘉慶年間，四川辣椒的種植和食用範圍迅猛發展，到同治年間，已是「山野遍種」。光緒以後，麻辣型的現代川菜基本形成，清末徐心餘《蜀遊聞見錄》：「惟川人食椒，須擇其極辣者，且每飯每菜，非辣不可。」江西名醫章穆《調疾飲食辨》中也說，到處可見貪吃辣椒被辣到脣舌作腫而不能自拔的「吃貨」：「近數十年，群嗜一物，名辣枚，又名辣椒……初青後赤，味辛，辣如火，食之令人脣舌作腫，而嗜者眾。」

辣椒也大規模地佔領了貴州人的廚房。貴州人吃辣初衷，除了熱愛，多多少少還有一點無奈。清初，貴州很多地區缺鹽，菜肴無味，因此貧寒人家在做菜時放入剁碎的辣椒，以彌補無鹽的寡淡[9]。泡椒、剁椒便是當時的發明，由於缺鹽，剁椒成為增進風味的最好方案，因此它的身影幾乎出現在了每一道菜中。原本權宜之舉，意外開啟了貴州人的酸辣上癮模式，百年後，鹽的問題早已解決，辣椒也已深深植入了貴州人的基因中，再不可或缺了。

東北地區最早食用的辣椒，很可能並非來自浙江一脈，而是從朝鮮半島傳入的，隨後與浙江辣椒一同形成了對原有中餐勢力的南北夾擊。大約到了清道光年間，東南西北的辣椒連成一片，不分彼此，神州上下四處洋溢著紅紅火火的喜慶，全國大地餐桌上一片辣椒的海洋。

今天，不論甜鹹豆花、肉粽棗粽之爭如何激烈，從黑吉遼到川渝黔，從山東到陝西，不分地域和風俗的差異，對於辣椒的認同和迷戀，人們始終保持著高度的一致。

這就是辣椒的神奇。

注釋

1 張嫻，邵曉華，王濤．中國小冰期氣候研究綜述[J].南京資訊工程大學學報：自然科學版，2013（4）：317-325.

2 《論語．鄉黨》。

3 《楞嚴經》。

4 〔南朝梁〕蕭衍《斷酒肉文》。

5 〔西漢〕王褒《僮約》。

6 Perry L，Dickau R，Zarrillo S，et al.Starch Fossils and the Domestication and Dispersal oF Chili Peppers（Capsicum spp. L.）in the Americas[J].Science，2007.

7 〔民國〕徐珂《清稗類鈔．飲食類》。

8 〔清〕乾隆三十年《辰州府志》。

9 〔清〕康熙六十一年《思州府志》：「土苗用以代鹽。」嘉慶《正安州志》：「海椒，俗名辣角，土人用以代鹽。」

廣陵流韻：鹽商與淮揚菜

飯桌是世界上最真實的社會顯微鏡，一個時代、一個階層、一個國家、一個文明的盛衰枯榮，無需冠冕堂皇地粉飾，多瞧幾張飯桌上的東西，是糟糠藜藿，還是飫甘饜肥，尺寸方圓，一目了然。二十世紀三〇年代大蕭條時期，美國經濟遭受重創，失業率飆升至百分之二十五，無數人死於匱餓。歷史學家威廉・曼徹斯特描述道：

「在農村，特別是中西部的農民們，生活極其慘澹。千百萬人只因像畜生那樣生活，才免於死亡。賓夕法尼亞州的鄉下人吃野草根、蒲公英；肯塔基州的人吃紫蘿蘭葉、野蔥、勿忘我草、野萵苣以及一向專給牲口吃的野草。城裡的孩子媽媽在碼頭上徘徊等待，一有腐爛的水果蔬菜扔出來，就上去同野狗爭奪。蔬菜從碼頭裝上卡車，她們就跟在後邊跑，有什麼掉下來就撿。中西部地區一所旅館的廚師把一桶殘菜剩羹放在廚房外的小巷裡，立即有十來個人從黑暗中衝出來搶。」[1]

貧瘠是美食的荒漠，在「飢者易為食」的困境中求生，溫飽已僥天幸，烹飪技法創新、飲食文化締造，則顯得荒渺不切實際，根本無從談起。而豐足的時代，富貴之藪與聲色酒食之影重疊，那些繁華之地才滿蘊著孕育美食的營養。

天下之貴，首稱京華，帝輦之側，窮奢極欲的富豪，見多識廣的商旅，博物通達的文人名士，「五世知飲食」的簪纓人家，皆堂集於此。這些人博聞多識，天下珍饈，沒吃過也見過，沒見過也聽過，因此曆古以來，京城一直是生活標準要求最高的城市。餐飲行業，沒點真材實料，非是精烹細調，無以應付。能夠立足京城的手藝本身已是精品，再經一代又一代文人官貴、飽學之士的點撥，口味精益求精，格調一再昇華，超倫卓越，外方難及。

首富之區，各代不同，以明清而言，揚州必在討論之中。昔隋煬帝開鑿運河，揚州地居運河要衝，控帶長江，為蘇浙漕運必經之地，唐代街市之盛，已稱「揚一益二」，杜牧詩云「十年一覺揚州夢，贏得青樓薄倖名」，人生樂事，莫過於「腰纏十萬貫，騎鶴上揚州」。明清之際，淮南得航運便利，鹽業大興，食鹽吞吐規模全國居首，以清乾隆初年為例，全國九大鹽區行鹽總數五百四十萬引，兩淮額引一百六十八萬，占三分之一；課銀（納稅）高達六百零七萬兩，占全國總額七成以上[2]。舊日淮左名都，淮鹽總匯，鹽商大賈薈萃，殷富甲於天下。

中國封建王朝長久以來對鹽業實行專賣禁榷制度，壟斷這一民生剛需，取鹽利收入為政府財藪。獲准經營食鹽的商賈，無不潤身肥家，大發其財，其中又推明中葉以後及清代的揚州鹽商為甚。此輩結托勢要，囤積投機，身家動輒千萬銀計，可算中國歷史上最富有的群體之一，當年聲光之煊赫，起居之豪奢，擬於王侯，絲毫不輸後世地產大亨。清乾隆帝南巡，數度駐蹕或臨幸鹽商的宅邸園林，坊間盛傳，他首次來到一個洪姓鹽商所有的倚虹園，曾慨歎說：「此處頗似南海之瓊島春陰，惜無塔（指北京北海白塔）耳！」歎罷自去。鹽商聽了，立馬請人畫了白塔圖紙，連夜召集大批匠人趕工築成。翌日乾隆帝再臨，忽見巨塔巍峨，嚇了一跳，還當是紙糊的，親自走上前一摸，果為磚石所築，詢知其故，喟然歎道：「鹽商之力偉哉！」[3]事實上在此之前，雍正皇帝因鹽商富得太不像話，曾特地降諭，敕令有司約束、節制鹽商：

「上諭。各省鹽院：國家欲安黎庶，莫先於厚風俗；欲厚風俗，莫大于崇節儉。朕臨御以來，躬行節儉，欲使海內皆敦本尚實，庶康阜登而風俗醇。然奢靡之習莫甚於商人，內實空虛而外事奢侈，衣服屋宇，窮極華麗；飲食器皿，備求工巧；俳優伎樂，醉舞酣歌，宴會嬉遊，殆無虛日。甚至悍僕豪奴，服食起居，同於仕宦，越禮犯分，罔知自檢，各處皆然，淮揚尤甚。使愚民尤而效之，其弊不可勝言。爾等既司鹽政，宜約束商人，省一日之靡費，即可以裕數日之國課。且使小民皆知儆惕，敦尚儉約，於民生亦有裨益，庶不負朕維風振俗之意。若不知悛改，或經訪聞，或督撫參劾，必從重治罪。」[4]

揚州鹽商聚居之處有二。一在揚州城南河下，當地迄今保留著大量清代鹽商故居古建；二是淮安省下，明朝詩人丘濬稱之為「西湖嘴」：

十里朱樓兩岸舟，夜深歌舞幾曾休？
揚州千載繁華地，移在西湖嘴上頭。

這些超級富豪區，曲廊高廈，別墅連雲自是不消說了。封建社會長期流傳著所謂「四民」——「士農工商」的說法，奉讀書人為首，貶抑商人。居末的鹽商為了打入上流讀書人的圈子，一方面買官捐銜，濫廁冠裳，一方面附庸風雅，結納名士。許多名士脾氣古怪，鹽商毫不介意，越是古怪越要巴結，揚州八怪一個不落，都沒少受鹽商照顧。養士需要廣宅，最好再造些亭台池沼，種些松柏花竹，一供名士詩畫，二來顯擺品味。於是富豪別墅區內，園林大起，竹池花木，侔于禁苑，曲江樓、菰蒲曲、荻莊、小玲瓏山館、休園、筱園，名流燕集，一時稱盛；珍園、劉莊、汪氏小苑、盧氏第一樓，傳留至今，餘韻悠然。時人狀其況云：

「維揚勝地：揚州園林之勝，甲於天下。由於乾隆朝六次南巡，各鹽商窮極物力以供宸賞，計自北門直抵平山，兩岸數十里樓臺相接，無一處重複。其尤妙者在虹橋迤西一轉，小金山矗其南，五頂橋鎖其中，而白塔一區雄偉古樸，往往夕陽返照，簫鼓燈船，如入漢宮圖畫。蓋皆以重資廣延名士為之創稿，一一佈置使然也。城內之園數十，最曠逸者，斷推康山草堂。而尉氏之園，湖石亦最勝，聞移植時費二十餘萬金。其華麗縝密者，為張氏觀察所居，俗所謂張大麻子是也。張以一寒士，五十歲外始補通州運判，十年而擁資百萬，其缺固優，凡鹽商巨案，皆令其承審，居間說合，取之如攜。後已捐升道員，分發甘肅。蔣相為兩江，委其署理運司，為言官所糾罷去，蔣亦由此降調。張之為人，蓋亦世俗所謂非常能員耳。余於戊戌贅婚於揚，曾往其園一遊，未數日即毀於

火，猶幸眼福之未差也。園廣數十畝，中有三層樓，可瞰大江，凡賞梅、賞荷、賞桂、賞菊，皆各有專地。演劇宴客，上下數級如大內式。另有套房三十餘間，回環曲折，迷不知所向。金玉錦繡，四壁皆滿，禽魚尤多。聞其生前有美姬十二人居於此，臥床皆相通，有宵寢於此晨興於彼者。淫縱不待言，暴殄亦可知矣。」[5]

園亭居第深處，藏著當時全國最講究的膳飲服食，食貨之富，五方輻輳，山腴海饌，窮泰極侈，縱紫禁宸居，未必過之。這是因為，天子御膳，自有其規制，皇帝顧及清議輿論，不敢大事鋪張，也不敢成天吩咐膳房去搞些稀奇古怪的東西來吃。民間的鹽商則全無顧忌，不僅放懷享受，而且挖空了心思擺譜，務必吃得別出心裁，獨樹一幟。先看肴餗之富：

「初，揚州鹽務，競尚奢麗，一婚嫁喪葬，堂室飲食，衣服輿馬，動輒費數十萬。有某姓者，每食，庖人備席十數類，臨食時，夫婦並坐堂上，侍者抬席置於前；自茶麵葷素等色，凡不食者搖其頤，侍者審色則更易其他類。」[6]

做一頓家常便飯，後廚團隊要同時備妥十幾席酒饌，每席以十道菜計，十幾席便是上百道菜，道道不同。開飯的時候，鹽商兩口子像吃懶人自助餐似的，死魚般坐在那裡，下人輪番抬了一桌桌酒席上前，給主子點選。兩口子話都懶得吱一聲，下人只能靠經驗和觀察主子的微表情來判斷主子的意思，中意哪道菜便留下，不想吃的一概撤去。架子之大，簡直離譜，縱天子之尊，也沒有讓膳房同時開出十幾桌飯菜現點的規矩，而以表情點菜，恐怕普天之下任何一家館子都做不到。

盛饌的食材，更加講究，一物之微，亦見新巧。揚州鹽商中財力最雄厚的是八大「總商」，相當於經官府承認的行業協會首腦。清代有個名叫黃均太的巨賈，為八大總商之冠，每天早上起床，先進燕窩一盞、參湯一碗、雞蛋兩枚。他家的雞蛋大非尋常，每枚成本作價紋銀一兩，隨便吃盤炒雞蛋就要吃掉普通民家一個月的開銷。區區一枚雞蛋，價格何以如此高昂？黃均太起初懷疑是廚子虛報「開花帳」，叫來負責雞蛋的廚子一問，方知另有乾坤：

「（黃）均太為兩淮八大鹽商之冠，晨起餌燕窩，進參湯，更食雞蛋二枚，庖人亦例以是進。一日無事，偶翻閱簿記，見蛋二枚下注每枚紋銀一兩，均太大詫曰：『蛋值即昂，未必如此之巨。』即呼庖人至，責以浮冒過什。庖人曰：『每日所進之雞蛋，非市上所購者可比，每枚紋銀一兩，價猶未昂。主人不信，請別易一人，試嘗其味，以為適口，則用之可也。』言畢，自告退。黃遂擇一人充之，而其味迥異於昔。一易再易，仍如是，意不懌，仍命其入宅服役。翌日以雞蛋進，味果如初，因問曰：『汝果操何術而使味美若此？』庖人曰：『小人家中畜母雞百餘頭，所飼之食皆參朮等物，研末摻入，其味乃若是之美。主人試使人至小人家中一觀，即知真偽也。』均太遣人往驗，果然，由是復重用之。」[7]

該廚子聲稱，他用的雞蛋是自家所產，而他家的母雞，皆以人參、白朮之類名貴藥材為飼料，非同小可，由是雞蛋風味迥異，成本高昂。黃均太派人買來市場上的普通雞蛋一吃，味道果然不同，又派人到那廚子家驗看，雞飼料中，果見有藥材，乃疑心盡去。

飼料摻入人參、白朮，或可改善母雞體質，卻不見得能改變雞蛋的味道。這位廚子大約在烹蛋時動了手腳，使雞蛋入味。至於藥材餵雞，或許確有其事，又或許是廚子為應付檢查，偶一為之的把戲，因為不把食材的來歷吹得稀奇些，無以報銷花帳。重要的是鹽商信了便成，鹽商信了他所食之物珍貴稀奇，外方所無，臉上有光，心裡熨帖，這點開支便毫不在乎。自古收智商稅的原理都是如此，你以為人家白白花錢受騙，實際上人家買的就是騙局裡那只名為「虛榮」的盛珠之櫝。

鹽商的心病，是富而不貴，有錢是有錢到極點了，卻總是被人輕賤為土豪、暴發戶，見了官請安、打千，矮上一級，滋味很不好受。為此鹽商普遍熱衷捐納請封，大把銀子撒出去，換一點華譽榮名。清朝規制，有錢人出錢買官，朝官可以捐到五品郎中、員外郎；地方官可以捐到正四品的道台、從四品的知府[8]，大鹽商捐到此位者，比比皆是。當然，捐官不等於實授，鹽商捐的都是候補職銜，不會當真到任。此輩目的，純粹為了出入公門方便，以及博取虛榮——抬出大老爺的頭銜，哪個刁民還敢笑我是土豪暴發戶？拿帖子送到衙門，且打他幾十板子再講！平日在家安靜納福，真有那不開眼的蝦兵蟹將敢上門找茬，四品大員的頂戴補服一穿，來者立即吃癟。就這樣，鹽商還覺得不夠過癮，四品青金石的「藍頂子」不夠威風，於是假借名目，諸如資助海防、賑災、軍餉，再給朝廷捐上一筆鉅款，天恩褒獎，超擢為二品頭銜，再戴一頂跟九大總督一樣的鏤花珊瑚「紅頂子」，就可以睥睨流俗，傲視公卿了。

清同治年間，就有一位姓洪的揚州鹽商，助餉百萬，蒙賜二品頭銜。此人鐘鼓饌玉，比起上文兩個例子，又是另一番光景。事情發生在同治七年（西元一八六八年）仲夏，洪老闆在府上辦了個「消夏會」，折簡邀客。時人莫不聽聞洪宅華奢，都想一開眼界，因此應邀者大多帶朋友赴會，賓客濟濟，衣冠相望，洪老闆自然不介意客多，早早派出健僕在府門迎候。

客至肅入，舉目但見堂構爽塏，樓閣壯麗，高垣曲廊，遮陰蔽日，客人走在其中，暑氣先為之一消。不覺迤邐穿過十幾洞門，串入一方庭院，院子裡小山玲瓏，山前白石琢盆，梓楠為架，種著素蘭、茉莉、夜來香、西番蓮，花綺石䕶，疏密有致。正南三楹小閣，冰紋蝦鬚簾靜靜低垂，前槐後竹，布列垂蔭。兩名俏婢挽起簾子，諸客魚貫而入，頓覺眼界一寬，遍體生涼，凝目細看，原來中堂高懸一軸董其昌巨幅雪景山水，寒氣凜冽，彷彿破紙而出。地下鋪的是紫竹、黃竹劈絲交互織就的萬字地墊，左右十六把棕竹椅子，四隻鼓形瓷凳，還有一具瓷榻，仿照古制，鋪設龍鬚草枕褥，鬆軟冰滑，可坐可臥。最妙的是一方竹几，棕竹支棱四腳，中央圈起一口薄錫水池，上嵌水晶作為几面，池中藻荇交橫，金魚遊弋，憑几啜茶燕談，快然彷彿莊周「出游從容」之樂。兩側牆壁，均用紫檀鏤空人物山水花板，既為間壁，亦似屏風，透過空隙望去，隱約可見左右耳舍之狀。兩座耳舍俱為花房，舍內滿貯香花，排五輪大扇，執役運轉輪軸，香風自隙吹入，涼意襲人。

賓客便在此軒之中品茗談藝，身處畫欄朱拱，隱然覺有東籬南山之致。少停，主人導客遊園，竹樹交加，亭台軒敞，一個極寬的金魚池滿栽芙蕖，紅白相間，正是含苞欲吐的時候。池子旁邊，一帶朱紅欄杆，葡萄、紫藤爬滿棚架，綠葉森森，不見天日。繞山穿林，緣堤向東，垂楊綠柳無數。柳煙深處，別有水榭，一道板橋蜿蜒通入，只見前為頭亭，中有中艙，後為舵樓。原來匠人別出心裁，將台榭修成了畫舫模樣。諸客置身其間，水波瀲灩，荷香浮動，幾疑夢中。

此處佈置，又換了一種格調，桌椅皆取湘妃竹鑲青花瓷面為之，鐵線紗窗，屏絕蚊蟲。逡巡，俏婢獻上石榴、荔枝、雪梨、冬棗、蘋果、哈密瓜之類非時的外來珍果，賓客各嘗幾枚，主人看看時辰差不多了，傳令開筵。廳外步聲密密，一隊俊童魚貫而入，都穿著一色的綠紗衫子，分立賓客左右，每位賓客，恰好分得兩名，一者執壺添酒，一者專司布菜。食器是每客一套，皆用鐵底哥窯，沉靜古穆。肴饌人各一器，除了常供的雪燕、冰參，尚有駝峰、鹿尾、熊掌、象白諸般奇珍。俄而舞姬畢至，絲管迭奏，清歌妙舞，賓客眼耳口鼻，一齊迷醉。酒至半酣，洪老闆一聲吩咐：「布雨！」賓客懵然不知所云，忽聞驟雨打窗，甘霖滂沛，煩暑頓消。賓客大奇，難道洪老闆銀子多到連龍王都能賄賂，使其行雲降雨了？從窗隙往外一看，廳榭四周的水面上，高昂起四個龍首，環廳噴水，降為密雨。後來問起洪老闆，方知潛藏的龍身是皮革所製，專門有幾個赤膊大漢跨坐其上，吸取池水，噴射空中[9]。

鹽商飲食起居越分奢僭，窮山之珍，竭水之饈，一筵之費，盡中家之產，不足資辦。此舉非但如孟子所說「飲食之人，則人賤之」，反而造成了極壞的示範，使得人心羶慕，民風熏習。當地百姓學著鹽商的樣子，唯務徵歌逐色，靡衣媮食，爭修園宅，互相誇競，鄭板橋言「千家養女先教曲，十里栽花算種田」，生產為之荒拋。清乾隆帝六度巡幸，對揚州美食稱賞有加，卻也深深體認到侈縱之風必須裁抑，他像雍正帝一樣，切切實實降過敕旨，要求整改，結果毫無成效。無可奈何的乾隆帝實在沒轍了，最後寫了首詩自我譬解：

> 三月煙花古所云，揚州自昔管弦紛。
> 還淳擬欲申明禁，慮礙翻殃謀食群。[10]

民風尚奢，對商業形成了強大的刺激，飲食業趨於繁榮，明萬曆《揚州府志》簡述道：

「揚州飲食華侈，制度精巧，市肆百品，夸視江表。市脯有白瀹肉、熬炕雞鴨，湯餅有溫淘、冷淘，或用諸肉雜河豚、蝦、鱔為之。又有春薾[illegible][illegible]餅、雪花薄脆、果餡餢飳

（水果餡餅）、粽子、粢粉丸、餛飩、炙糕、一捻酥、麻葉子、剪花糖諸類，皆以揚、儀為勝。」

方志記錄的幾種小吃，一直流行至今，比如春繭，即現代春捲的前身。麻葉子也叫炸麻葉、芝麻葉，為油炸的薄麵片，明代《宋氏養生部》：「用麵同生芝麻水和，擀開，薄切小條子，中通一道，屈其頭於內而伸之，投熱油內煎燥。」如今依然是很多地區婚嫁年節的保留點心。

揚州糕點茶食，可稱天下一絕，酥兒燒餅、灌湯包、燒麥、油旋餅、甑兒糕、冷蒸、荷葉甲、鮒魚卷、醰螯餅、荸薺糕、火腿粽、茯苓糕、三鮮大連、淮餃，數之不盡。揚州殷富，揚州人眼界高，尋常之物，尋常做法，不入法眼，因此揚州點心異常精緻。縱使一碗素麵，麵湯也必以精熬百煉、提取食材精華濃縮的口蘑汁、筍汁調配，清鮮勾魂。清代的揚州人稱大碗麵為「大連」，麵湯只及碗半的為「過橋」，多搭澆頭，最常見的是鱔魚、雞肉、豬肉混搭，故名「三鮮大連」，麵湯用大骨燉就，滋味醇厚，分量很大。外地人初到揚州，不敢胡亂點菜，先叫一碗麵來吃，卻見夥計捧上一口如盆大碗公，澆頭堆得小山也似，麵湯齊沿。外地食客多半嚇得不敢動箸，一者不知如此豐盛的一碗麵價格幾何，生怕自家消費不起；二者實在不知從何處下口，是該先喝湯，先吃肉，還是先攪拌[11]。

再說火腿粽，製法大抵分為兩路，一種選取顆粒長白完整的糯米，淘洗極淨，用大箬葉裹實，米中藏一大塊上好的火腿，封鍋悶煨，需連煮一日一夜，柴薪不斷。時間沉浸，火腿與糯米達成默契，油脂鮮味，盡皆化入米中，入口滑膩溫柔。另一種製法是取偏肥的火腿剁碎，散置米中，一經煮化，腴潤鮮濃[12]。

揚州小籠包更不必說，數百年來蜚聲海外，庶幾為揚州文化名片。「小籠」是揚州人精緻人格的飲食符號，起碼從清代開始，揚州人已發現小籠之美，開闢一重迥異於北人粗獷的美食境界。小籠系列，原本包羅多種麵點，小籠包之外，尚有小饅頭、小餛飩。清人袁枚《隨園食單》：

「作饅頭如胡桃大，就蒸籠食之，每箸可夾一雙，揚州物也。揚州發酵最佳，手捺之不盈半寸，放鬆仍隆然而高。小餛飩小如龍眼，用雞湯下之。」

小籠包有肉餡兒、蟹肉餡兒、筍肉餡兒、乾菜餡兒、素餡兒，或者稍稍點綴些糖和油，熱騰騰出籠，一口一個，細細咀嚼，經溫度昇華的鮮油爆滿口腔，不留一絲遺憾。小籠包的崛起，很可能受到過湯包的啟迪，揚州蟹黃湯包、文樓湯包名動天下。兩百年前，揚州人連孵茶館時都喜歡買幾個湯包點心：

「春秋冬日，肉湯易凝，以凝者灌於羅磨細麵之內，以為包子，蒸熟則湯融不泄。揚州茶肆，多以此擅長。」[11]

到了民國，茶館便開始賣小籠包了。朱自清先生描述道：

「揚州最著名的是茶館，早上去下午去都是滿滿的。揚州茶館吃的花樣最多。坐定了沏上茶，便有賣零碎的來兜攬，手臂上挽著一個黯淡的柳條筐，筐子裡擺滿了一些小蒲包，分放著瓜子花生炒鹽豆之類……接著該要小籠點心。揚州的小籠點心，肉餡兒的、蟹肉餡兒的、筍肉餡兒的且不用說，最可口的是菜包子、菜燒賣，還有乾菜包子。」

還有一樣經典茶食，就是豆腐乾，揚州人謂之「乾絲」：

「揚州人好品茶，清晨即赴茶室，枵腹而往，日將午，始歸就午餐。偶有一二進點心者，則茶癖猶未深也。蓋揚州啜茶，例有乾絲以佐飲，亦可充飢。乾絲者，縷切豆腐乾以為絲，煮之，加蝦米於中，調以醬油、麻油也。食時，蒸以熱水，得不冷。」[13]

茶食之味，已不弱於酒菜，酒肴自更精彩。揚州菜極重刀工，豆干切絲，只能算「粗活」，最見刀法的代表菜，首推文思豆腐。文思豆腐出自沙門素齋，首創者是位法號「文思」的詩僧。清人俞樾《茶香室叢鈔》：「文思字熙甫，工詩，又善為豆腐羹甜漿粥。至今效其法者，謂之文思豆腐。」這道菜需將豆腐、香菇、火腿、冬筍切作如髮細絲，入水漾開，如煙似霧，恍若「白雲回望合，青靄入看無」，正是淮揚菜「雖由人作，宛自天開」的完美詮釋，也只有精雅的揚州人方得洞悟這出塵飄逸、如畫如禪的食之化境。

揚州口味，好尚水珍野蔬，春夏則燕筍、香椿、早韭、雷蕈、萵苣，秋冬則毛豆、芹菜、冬筍，此外如菱、藕、芋、柿、鮮蟹、螺螄、鰣魚，皆不經煙火物。魚販每日清晨群集壩上等候出魚，一根扁擔，飛一般挑了進城販售，六七十里地，俄頃便到，蓋早到一刻，魚便新鮮一分，價錢便可定得高些。江魚以鰣魚最上，不過此魚頗貴，多為豪紳大府所得。百姓餐桌上的，是鯿魚、白魚、鯽魚、鯉魚、季花、青魚、黑魚、羅漢魚、鱔魚。揚州人心思巧細，食材無需如何名貴，只妙手一轉，便成驚喜，一尾尋常的鯽魚，用蛤蜊數枚，清燉白湯，其味清醇，其湯瑩潔，無纖毫油沫，魚肉蘸醋，絕似蟹螯[13]。

吃鱔魚，則用的是淮安做法。淮安人精於烹鱔，且能全席之肴，皆用鱔為，多者可至數十品，盤碟碗盞，舉目皆鱔，味各不同，謂之全鱔席。最常見的有三品，一曰「虎尾」，專取寸許長的魚尾，斫去尾稍，加醬油調食；二名「軟兜」，唯用魚脊，這是鱔魚最肥的肉段，旺油一炸，彎成馬鞍狀，故又稱「馬鞍橋」；第三道叫作「小魚」，是煮熟的魚腸魚血佐醬油而食[13]。揚州鹽商，泰半出身淮安、徽州，多是發財之後遷入揚州的，對於梓里之味，不能忘懷，因此促成了淮、揚飲食的交流，形成為統一的淮揚菜系。

當年清乾隆帝六下江南，吃了不少淮揚好菜，回宮寂寞，時時想念。他是九五之尊，當然可以降旨命督撫進獻，但總不能每次害饞癆就發一道聖諭，一來大動干戈，二來千里饋糧，解不得急饞。於是乾隆帝乾脆下令，改組御膳房，把原本的御膳茶房一分為二，分成內膳房和外膳房。外膳房負責部分內廷筵席張羅，以及值班大臣、侍衛的飲食；內膳房獨立出來，專門伺候乾隆帝本人，並招攬了大批江南名廚進宮，擴充御廚團隊。就這樣淮揚菜打入宮廷，影響力逐漸向全國滲透。

清末海運取代漕運，津浦鐵路投入運營，進一步削弱了京杭運河的功能，民國的揚州，不復昔日紛奢。不過，氣韻是無可磨滅的，它早已化入市井，釀成了歲月的餘歌。

注釋

1 〔美〕威廉・曼徹斯特. 光榮與夢想：1932—1972 年美國社會實錄[M]. 中信出版社，2015.

2 〔清〕孫鼎臣《論鹽》。

3 〔民國〕小橫香室主人《清朝野史大觀》。

4 〔清〕蕭奭《永憲錄》。

5 〔清〕歐陽兆熊、金安清《水窗春囈》。

6 〔清〕李斗《揚州畫舫錄》。

7 〔民國〕徐珂《清稗類鈔・豪侈類》。

8 許大齡. 清代捐納制度 [M]. 哈佛燕京學社，1950.

9 〔清〕吳熾昌《客窗閒話》。

10 〔清〕愛新覺羅・弘曆《自高橋易舟至天寧寺行館即景雜詠》。

11 〔清〕林蘇門《邗江三百吟》。

12 〔清〕袁枚《隨園食單》。

13 〔民國〕徐珂《清稗類鈔・飲食類》。

千里來龍

《隨園食單》

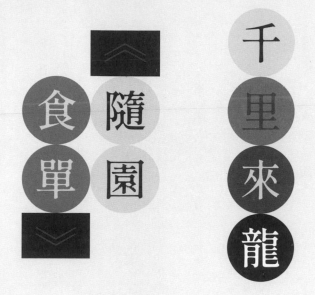

出金陵北門橋，向西二里至小倉山，循徑訪幽，森竹掩映之間可見一處園子，有松花滿目，桂芳千畦。舊說是康熙年間一位隋姓江寧織造的別墅，時號「隋園」，坊間或考為《紅樓夢》大觀園的原型。

後來園子廢置，淪為酒肆飯鋪，一片勝景盡皆被糟蹋了。清乾隆十三年（西元一七三五年），江寧知縣袁枚出金三百購得，以寫意之道重事修飭，因為翻新得隨意，更名為「隨園」。

新房子裝修得好，袁枚很滿意，希望長住此地，但隨園距辦公室太遠，往返奔波辛苦。袁枚想了想，買了房子不住，多可惜啊，於是……遞了辭呈。

「使吾官於此，則月一至焉；使吾居於此，則日日至焉。二者不可得兼，舍官而取園者也。」[1]

堂堂縣長，因為房子買得偏，上班不方便，選擇了辭職。

這時候，袁枚三十三歲。

接下來將近五十年，袁枚再也不曾回到官場，翛然西山，尋詩覓醉，「放鶴去尋三島客，任人來看四時花」。逃離宦海且財務自由的袁枚，得到大把時間逍遙玩耍，餘生都在編鬼故事、浪跡青樓、旅行、賭博、文酒會友，以及約飯中度過。

《隨園食單》，這部三百年來最紅的食譜，便是約飯約出來的。

袁枚著成此書，一方面得益於他的「名士」光環，飯局極多，見慣江南諸珍；另一方面，有賴於他特殊的寫作技巧——靠臉皮寫作。

他一臉認真地在自序裡說，每次去人家吃飯，只要發現好吃的，一定會派自己的廚子去人家廚房低聲下氣地學藝，「執弟子之禮」，死乞白賴把菜學到手，回家轉授袁枚。有時饞癮上湧，乾脆派轎子去接人家府上的廚師回來做飯，他躲在旁邊偷學。實在不行，就親自出馬，打躬作揖，好話說盡，務必求得才甘心：

> 「蔣戟門（按：即蔣賜棨，時任江安督糧道）觀察能治肴饌，甚精，製豆腐尤出名。嘗問袁子才曰：『曾食我手製豆腐乎？』曰：『未也。』蔣即著犢鼻裙，入廚下。良久擎出，果一切盤餐盡廢。袁因求賜烹飪法。蔣命向上三揖，如其言，始授方。歸家試作，賓客咸誇。」[2]

厚了四十年的臉皮，終於彙集眾味，成就了一部單機版大眾點評《隨園食單》，因此

《隨園食單》其實應該叫做《誰家有好吃的》、《達官貴人拿手菜一覽》、《蹭飯指南》。

袁枚自認為素材收集之翔實遠非古人食譜可比，書中闊步高談，睥睨天下，淩忽前達，傲視古今，瘋狂吐槽古人食譜和當時的庸俗烹飪，連前朝已故的美食大咖也不能倖免。袁枚看罷前人著作，相當不以為然，從元朝丹青宗師倪瓚，一直奚落到晚明「翩然一隻雲間鶴，飛來飛去宰相衙」的陳繼儒和李漁，說他們是陋儒——掉價得不行，所著菜譜統統胡扯杜撰，略無可取。

於是以袁枚為中心，美食作家瞧不起前人食譜形成了一條慣例鄙視鏈，袁枚鄙視倪瓚，若干年後，汪曾祺先生的多部作品也狠狠鄙視了一把袁枚，正是「風水輪流轉」。

其實烹飪技法隨著文明發展不斷進步是正常的，食材在豐富，炊具在升級，手藝在創新，味覺審美自然會越來越挑剔。而後人在各自的時代享受著最先進的味道研究成果，視從前美食如「黑暗料理」，便不奇怪了。

《隨園食單》名頭極大，畢竟也敵不過歷史的進步。時隔近三百年再度回溯，其中不乏瑕眚。本章擇善摭錄，略具一些代表性內容，尋味當年盛世珍饈。

須知單

學問之道，先知而後行，飲食亦然。「須知單」為全書總綱，闡述下廚前須明確的烹飪準則。

首先是挑選食材，袁枚的選材標準如下：豬肉選皮薄者，不腥臊；雞選騸過的，嫩；鯽魚要求扁身白肚，鰻魚選湖溪生而不是江裡的。

吃筍最好吃「壅筍」——筍農刻意培土捂著筍子，不令過早出土，這樣的筍，節少味甜。

小炒肉用後腿肉，肉質才細嫩；肉丸用前胛心肉，肥瘦相間，筋膜較多；煨肉用肋排五花肉。

炒魚片用青魚、鱖魚；做魚鬆用草魚、鯉魚；蒸雞用母雞，煨雞用騸雞，只做雞湯不吃肉用老雞。古裝劇經常出現的燉老母雞湯，未必是因為貧窮，燉不起公雞，而是老母雞確實適合燉湯。

有些食物烹飪，講究「君臣佐使，清者配清，濃者配濃，柔者配柔，剛者配剛，方得合和之妙」。有些食材個性太強，只適合唱獨角，就不宜搭配：

「味太濃重者，只宜獨用，不可搭配。如李贊皇、張江陵一流，須專用之，方盡其才。食物中，鰻也，鱉也，蟹也，鮑魚也，牛羊也，皆宜獨食，不可加搭配。何也？此數物者味甚厚，力量甚大，而流弊亦甚多，用五味調和，全力治之，方能取其長而去其弊。何暇舍其本題，別生枝節哉？金陵人好以海參配甲魚，魚翅配蟹粉，我見輒攢眉。覺甲魚、蟹粉之味，海參、魚翅分之而不足；海參、魚翅之弊，甲魚、蟹粉染之而有餘。」

李贊皇即李德裕，張江陵指張居正，二人皆孤峭專柄之臣，只合領袖百僚，獨斷專行，卒可以中興王室；若臥榻之側，另置一人分權爭輝，更將齟齬內耗，必生大亂。比之食材，就是鰻魚、甲魚、蟹、鮑魚、牛肉、羊肉，這些食材風味獨特濃郁，不宜混諸同器，否則一定「串味」。

成就一道好菜，選材占四分，烹飪占六分。袁枚買下隨園，聘得一個叫王小余的廚師，集買辦、烹調於一身，廚技之精，菜成上席，食客風捲殘雲，連餐具都恨不得吞了。上述種種觀點，正是出自這位廚師，袁枚與他邂逅，飲食觀刷新，打開了人生新世界的大門。王小余放棄供職朱門大戶的機會，只為酬報更懂吃的袁枚。後來王小余去世，袁枚思之念之，食輒墮淚。兩人以味交心，更勝知己。或說若沒有這位廚師，庶幾不會有《隨園食單》的問世。

材料選好，接下來整治洗刷。

乾隆爺每天早上必點一碗冰糖燕窩，像孩子喝奶一樣準時準點從不間斷。宮裡帶頭，風行草靡，底下權貴人家也開始附庸風雅，奢食風氣蔓延開來，正是從那時候起，燕窩、海參、鮑魚身價飛漲，迄今仍居高不落。

當時此風初開，許多人不會處理這些奢侈食材，亂做一氣，大損其味，袁枚看得心疼，不得不從頭開始教：

燕窩去毛，海參去泥，鹿筋去臊；做鴨子先切掉睾丸，方去騷味；做鰻魚先洗淨黏液，可除腥氣。

油炸能去膩——肥肉油汆，則酥而不膩；醋殺腥，糖提鮮。袁枚做江海鮮貨，冰糖是常客：一道「帶骨甲魚」，取童子甲魚（小甲魚）斬四塊，浸豬油煎到兩面焦黃，次第添水、醬油、酒，先猛火，後改小火慢煨，至八分熟時，丟些蒜、蔥、薑、冰糖進去，起鍋。

燒甲魚講究火候變化，袁枚對火候的要求近於苛刻。在沒有燃氣灶的時代，要精準控制火候並不容易，庖廚須緊守灶台，鼓風抽薪，以為火候文武之變。煎、炒最宜武火，火太弱，則食材易「疲」；煨、煮需文火，火太猛，食物便燒枯了，不但失之綿糯，且外焦內生。火候還有一指，指的是時間掌握。做魚的時候，魚肉色白如玉，凝而不散，火候恰到好處，若鬆而不黏，那多半是起鍋時間拿捏得不好，把鮮魚做成死魚模樣，白白糟蹋了鮮貨。

袁枚一代文壇宗主，日常飯局應酬不少。袁枚並不憚於應酬——生活的幸福，莫過於知道「下頓飯有好吃的」。但袁枚的幸福憧憬，總是被糟糕的現實無情踐踏，他發現一種普遍現象：請客的主人往往非要等客人就位，才張羅著開火做飯，賓客們只能坐在花廳尷尬等候，濃茶喝了一盞又一盞，直喝得饑腸轆轆、形狀萎靡。主人見狀焦急，一個勁兒地催促廚子，廚子為了趕速度，顧不上精烹細作，草草出菜。對袁枚來說，比起餓一會兒肚子，更讓他沒法接受的是，一桌子好食材，因為主人時間安排不當，生生做廢了。是以他在書中強調，凡是請客，一定提前約請，留出充裕的時間採購、籌備，這不但是尊重客人，也是尊重食物。

縉紳之家總會遇到不速之客意外來訪的情況，令人猝不及防，人家又很真誠很客氣地表示「在家吃點就行啦，千萬別下館子」，所以家裡最好儲存些可以迅速烹就的救急食物，所謂「有倉卒客，無倉卒主人」是也。袁枚家長期備有炒雞片、炒肉絲、炒蝦米、豆腐、糟魚、茶腿（茶葉、竹葉燻腿）之類，都是那個時代易貯藏，或易速烹之物。

戒單

興一利，不如除一弊，為政如此，烹飪亦如此。能革除烹飪之弊，菜肴縱不出彩，也不至於難以下嚥。戒單用意，正是為激濁揚清，矯正庖廚歧誤，破除飯局陋習。

袁枚的飲食觀超越時代，在他看來，當時食風槽點滿滿，吐不勝吐。

比方說請客的排場，非燕窩魚翅不敢上桌。這些東西不是不好，但每逢飯局必上燕窩，千篇一律，毫無創見，未免無聊。而且主人家總是洋洋得意，指著燕窩吹噓自己菜肴豐盛，極力推銷這份人情，好像吃你一碗燕窩是我祖上積了八輩子陰德一般。袁枚指出，靠堆積奢侈食材的大餐，可稱為「耳餐」，華而不實，只是聽上去好吃而已。殊不知待客之誠，在於用心烹飪，而烹飪之道，在於發揮食材本身至味，燕窩海參若不得其法，味不及豆腐。

更尷尬的是，許多人家備下滿席山珍海味，清一色名貴食材，卻沒有一味烹調得法。拿燕窩來說，原本至清之物，不宜見半點油花，偏偏有廚子熬了豬油澆上一灘。食客為迎合主人面子，狼吞虎嚥，大讚好吃，耿直的袁枚實在受不了，當場翻臉：「瞅你們那吃相，這輩子沒吃過飯？餓死鬼投胎？」

有位知府大人宴客，袁枚應邀出席，上了一大碗白水煮燕窩，大家爭相誇讚，都說從來沒吃過如此好吃的東西。其實燕窩本身沒什麼味道，這麼個吃法，跟吃白水煮粉條差不多。袁枚吃得噁心，聽著違心之諛更覺噁心，又當場翻臉：「呵呵，知府好有錢哦，準備了這麼多不能吃的燕窩，是為了擺闊嗎？怎麼不直接上一碗珍珠，更顯得闊氣！」

「我輩來吃燕窩，非來販燕窩也。可販不可吃，雖多奚為？若徒誇體面，不如碗中竟放明珠百粒，則價值萬金矣。其如吃不得何？」

袁枚吐了知府一臉，知府毫無脾氣。打我啊？你不敢。整我啊？在下導師是兩江總督，你不敢。上摺子參我？在下在野，你參不到。

今天酒桌禮儀無數，大部分非但沾不上個「禮」字，稱之為陋習亦毫不為過，例如替人搛菜。替人搛菜的風氣，在袁枚時代已很普遍，以他的江湖地位，赴宴動輒被眾星捧月地供著，更屢遭此厄。稚子孩童人小臂短，長輩搛菜盛湯加以照拂，那是哺食。成年人聚餐，還有頻頻替人搛菜者，也不管人家忌不忌口，喜不喜吃，強行搛了一坨坨堆在人面前，就很讓人難堪了。人家吃也不是，不吃也不是，真是受之不能，卻之不恭。《論語》中子貢有句話道破被搛菜者的心聲：「我不欲人之加諸我也，吾亦欲無加諸人。」我不會把不願別人強加於我的事，強加於別人身上。愛吃就是愛吃，不愛吃就是不愛吃，我不去強迫你吃不愛吃的東西，你也別來強迫我吃不愛吃的東西。

現代酒桌禮儀，多含這類一廂情願、以主凌客的畸形制度，全然談不上尊重和平等。中國傳統的用餐禮儀，從來不曾定過這些亂七八糟的規矩，也不知道是如何杜撰出來、傳承下來的，更不知將伊于胡底。袁枚說，當時這種禮儀在青樓倒是常見，煙花女子為迫誘客人花錢，強行灌酒、搛菜塞進客人口裡。娼妓文化不高，處風塵久矣，強塞強灌，那是圖謀酒水提成，還可以理解。後人不明所以，盲從陋俗，居然還一副世故練達的樣子，彷彿給人搛筷子菜便是深諳禮儀，簡直愚陋至極。陋習風行，主人的虛偽，客人的尷尬，淹沒在一片推杯換盞的聒噪裡，一頓飯下來，勾心鬥角，心力交瘁，肚子不見得填飽，城府倒是越吃越深了。

海鮮單

燕窩

《隨園食單》的宗旨是物盡其性，合理搭配食材，發揮食材至味，絕非尚奢求珍。對於燕窩、魚翅、海參、鮑魚等流俗追捧的「海珍」，袁枚並不推崇。

燕窩確立身價大致是在清代。明朝光祿寺文獻記載御膳鮮見此物。《本草綱目》森羅天地，從古墓棺材板、切肉砧板上的垢膩，到廁籌、馬桶箍，但凡人類可以吞下的東西，無不囊括入藥，卻偏偏未提燕窩，足見明朝不大流行食補燕窩之尚。

袁枚以為，燕窩乃至清之物，絕不可汙以油膩，而且「至文」，忌葷腥重口食材侵暴。時有以肉絲、雞絲混入燕窩者，一口吃進去，滿嘴肉絲，根本辨不出燕窩口感，喧賓奪主。若按這路吃法，不如直接吃肉絲算了，何必再加燕窩，糟蹋東西。

但凡吃燕窩，量不可少，否則無物可吃。汲取天然泉水，燒沸浸泡，銀針細細挑盡黑絲，用嫩雞湯、上好的火腿湯加新鮮菌類熬燉，待燕窩色澤如玉而止。若一定要加其他食材，可用蘑菇絲、筍尖絲、冬瓜片、鯽魚肚、野雞嫩片，此皆君子之物——獨善其身，不會影響其他食材味道。乾隆爺每天早上起床必喝的冰糖燉燕窩，同樣遵循了燕窩的物性，取其清、柔，輔之冰糖，細膩爽口。

天下風尚，唯天子是瞻，但另一方面，學奢易，從儉難。道光帝一生清儉，不捨得吃東西，瘦成一道皇家閃電，看看清朝歷代帝王像，道光帝是最乾瘦的一個，天下人不學，卻偏喜歡學乾隆帝的刁鑽口味，排場鋪張。乾隆爺吃燕窩，官場富室也跟著吃燕窩，此風經久不衰，紹承至今，把燕窩當成什麼神奇補品大吃特吃者大有人在。

燕窩魚翅，一向焦不離孟，號稱擺闊雙驕。清末民國名震京華的譚家菜，以粵菜北上，尤擅燕翅席，正是燕窩魚翅領銜的豪華盛筵。

譚家菜本是官府菜，草創者原籍廣東，清同治年間入京師翰林。當時京中貴胄官僚、八旗子弟生活閒散，成天提籠架鳥，聽戲喝茶，約飯撩妹，請客擺闊，那是官場「剛需」。譚家父子痴迷治味，逢源其時，如魚得水。父子二人不惜重金延攬天下名廚切磋交流，在粵菜基礎上，擷取北菜精華，博攬各地烹法之長，終成一方美食大師。到了民國，譚府家道陵替，但譚家菜的名聲益發響亮。譚家保持傳統，接受食客預訂來府上用飯，從不肯外出上門烹製，預約長期排到一個月開外，非名流、重金不能一嘗。據說汪精衛曾力請譚家破例上門一次，慘遭拒絕，後來幾經斡旋，譚家才勉強同意做兩道菜著人送去，而絕不出府。譚家燕翅席的菜式在精不在多，選材極其講究，烹飪則重視原味呈現，與《隨園食單》宗旨一致。

首輪先上下酒菜，諸如紅燒鴨肝、蒜蓉干貝、叉燒肉；次輪上大菜，黃燜魚翅，然後所有人漱一遍口，好清空雜味，專心品嘗接下來極鮮的清湯燕菜；接著便是鮑魚或熊掌，譚家菜鼎盛時，熊掌只用熊的左掌，據說是因熊最常舔舐左掌之故；此後陸續有烏參、蒸雞、素菜、魚、鴨子、湯，最後上甜點。飯後用果品香茗，功成圓滿。

海蜒

海蜒（yán）是寧波人的叫法，為鯷魚幼年形態。海蜒蒸蛋，輕靈而鮮嫩，隨手可為：雞蛋液，等比例兌下涼開水，柔和均勻打散。投幾尾海蜒，密封容器，旺火隔水，十分鐘即成。點幾滴醬油或者香油略略提鮮，簡簡單單一道海蜒蒸蛋，賣相安安靜靜，波瀾不驚，而入口剎那，蛋香和海蜒的鮮靈交相釋放，便將靈魂喚醒。

烏魚蛋

去山東沿海一些餐館，有機會吃到一種叫作「烏魚蛋」的東西。烏魚蛋是雌性烏賊纏卵腺（Nidamental gland）的俗稱，也叫「墨魚蛋」，有兩枚，白色，左右對稱。此物鮮固極鮮，卻也鮮極而腥，不易料理，袁枚摸索良久，才打聽到庖製法門。他說：

> 「烏魚蛋最鮮，最難服事，須河水滾透，撤沙去臊，再加雞湯、蘑菇煨爛。」

纏卵腺的葉瓣呈書頁狀平行排列，較大的烏魚蛋沖洗、水煮去腥後，可以按「頁」撕成片狀。照袁枚的做法，烏魚蛋投進吊煮好的清湯煨煮，撇去浮末，黃酒殺腥，白醋改味，勾薄芡起鍋。

從清洗到上席，整個過程耗時匪短，以水磨工夫，才換來不世奇鮮。雅好此味的老饕，再也顧不得搭話，顧不上燙嘴，揮匙捧缽，呼啦啦吞落胃口。這一刻，所有欲望都被滿足了，敝屣榮華，浮雲生死，「觀止矣，若有他樂，吾不敢請已」。

特牲單

❖ 蹄膀（肘子）

袁枚家蹄膀的做法非止一門。

第一種，不帶蹄爪的蹄膀白水煮至水沸，棄湯不用。蹄膀撈出洗淨，用一斤好酒、一酒杯清醬（類似醬油）、一錢陳皮、四五個紅棗煨爛，使糯而不膩，充分入味。起鍋時，撒蔥、花椒、黃酒，揀去陳皮、紅棗上席。

第二種，蹄膀要走油，該吃法傳承至今：選後腿蹄膀，照例先煮一到兩遍去汙斷生，湯水潑棄。蹄膀內側劃開見骨，使肉攤開，添水煮至七八分熟，撈起入油鍋，儘量令皮著油。此時，油花飛濺，聲如裂帛，「非戰鬥人員」迅速蓋好鍋蓋，靜聽珠落玉盤之聲。灼至皮皺發黃，撈起放入肉清湯，加醬油、糖、黃酒，燒至湯汁濃稠，若得餘暇，略施薄芡更美。

❖腰子

袁枚吃腰子的架勢粗獷生猛，他以為炒不如煮，煮足一日，口感才綿。從拂曉開始折騰，打水拾柴，生火架鍋，煮到晚餐上桌，直接蘸椒鹽吃，有「壯士！賜之彘肩」之氣概。

腰子味重，袁枚也沒說他吃之前有沒有摘去腰臊，此物不除，腥臊難入口，所以今人吃腰子，通常不會囫圇來做。

老浙菜有一道南炒腰子：腰子剖開，去腰臊，花刀剞麥穗狀，鹽和澱粉上漿，筍、火腿、香菇切片，中度油溫滑一下腰花，盛起瀝油；下蔥段煸炒，潑入酒、筍、香菇、肉湯、鹽翻一翻，倒腰花爆炒，勾薄芡起鍋。

話說回來，吃腰子原就該帶著氣吞山河的聲勢，畢竟那是腰子。

❖里脊

據袁枚反映，清乾隆時期的江南名士很少吃里脊肉，袁枚非常訝異：里脊肉既精且嫩，你們不吃，卻喜歡吃肥膘老肉，這不神經病嗎？

袁枚本來也不知里脊滋味，直到五十多歲時，揚州知府（也是棘闈後輩）謝啟昆請客，袁枚收到請帖，興沖沖趕往揚州，在謝府上吃了一道汆肉片，才曉得里脊之妙，相見恨晚，捋鬚稱讚不已，鬍子都薅光了，猶未盡興。經此一役，一個新世界在袁枚面前豁然開啟，他也因此更埋怨身邊的陋儒們，害他白白錯過里脊肉五十年，真是痛心疾首。就像一個從小扎根學校讀了十幾年書而不知生活樂趣的青年，直到畢業，才曉得原來生活中還有那麼多有意思的事情，可是時光已不再。

「里肉切片，用纖粉團成小把入蝦湯中，加香蕈、紫菜清煨，一熟便起。」

如今，類似的吃法廣泛見於不同菜系，汆、滑、水煮，傳統的、改良的，或鮮或辣，精彩紛呈，再非私家祕術。

里脊薄片，水澱粉、鹽、醬油上漿，按摩抓揉，上一層底味。肉片捏得差不多了，逐次下入清湯，待湯沸肉變色立即起鍋，速度要快，謹防久燉肉老。

若用醬來煮，燜些蔬菜，最後再撒一層辣子花椒，兜頭澆一遍熱油，庶幾便是水煮肉片的雛形。

❖ 紅燒肉

各地紅燒肉有自己獨到的燒法，工藝大同，細節小異，像上色的手段，有用醬油上色的，有用紅麴的，最常見的是炒糖色大法。《隨園食單》卻不主張用糖色，原因未詳，或只關個人好惡。

無論用不用糖色，紅燒肉的主材大抵都是五花肉。肉塊清洗，冷水下鍋，煮開，使肉質放鬆，兼進一步去汙拔腥。撈起切小方塊，旺火燒熱油，下肉塊，滾至肉皮金黃，加醬油、紹酒、白糖或冰糖、與肉等比例的水（袁枚建議只用酒，戰略性放棄水）、蔥、薑，武火燒開，撇清浮末，轉文火燜。燜製時間需拿捏，以一小時左右為度，太久肉易燉老變柴。燜製全程忌開鍋，袁枚曾專門論及此事，他說：

「**常啟鍋蓋則油走，而味都在油中矣。**」

今人燒肉仍謹記此訓，算好時間，能不開鍋則不開鍋。最後撒鹽收汁，血珀般的肉塊彈然落盤，鋒棱不見，入口即化，食者魂銷，正如東坡居士所言「人間清歡」。

❖脫沙肉

脫沙肉屬於「簽菜」，簽菜之名流行於兩宋，元代以後鮮見，其實烹法未絕，只是換了名目。現代的蛋皮卷肉，在某些地區便稱為「卷簽」、「炸簽子」，便是古稱的痕跡。

做脫沙肉，取五花肉剁臊子，每斤臊子和三枚雞蛋、半杯醬油、蔥末攪勻作餡兒，用豬網油包成肉卷，以素油煎至兩面金黃。夾出瀝油，加好酒一杯、醬油半杯燜透，切片，佐韭菜、香蕈、筍丁同食。

❖粉蒸肉

粉蒸肉同樣是多支菜系的公約數，浙江能見到，在湖南、江西、四川的餐桌上也是熟面孔，照袁枚的說法，則謂其為江西菜。

粉蒸肉的主體結構是蔬菜、米粉和肉三大部分，無論哪支菜系的粉蒸肉，這「老三樣」總是雷打不動，如同人類骨骼大致相仿，至於皮相長成什麼樣子，各憑本事。

《隨園食單》做法介紹要言不煩。炒米粉，米粉主要為沾肉用，不需太多，要炒黃。今人做這道菜時，常混些花椒、茴香、大料粉末，構建更立體的味道。接下來米粉拌麵醬。這點又與今天不同，如今更習慣把醬、醬油、鹽用於醃肉，醃一下肉，沾裹米粉，蒸的時候，油脂自內而外浸潤醃料和米粉，形成味道交流，肉入味，粉更香。肥瘦參半的五花肉，滾米粉，碗內鋪白菜，碼好肉片，蒸熟即可。蒸的時間視肉的厚度與數量，以不少於一小時為佳。

❖ 八寶肉

燒肉之際下一把茶葉，可以解膩保嫩，袁枚諳於此道。一斤五花肉，冷水下鍋，煮沸，撈起切柳葉片，同醬油、紹酒，燒至五分熟，倒入二兩貽貝（淡菜，也叫海虹）、二兩鮮茶、一兩香蕈、四個核桃、二兩火腿丁、四兩筍片、一兩小磨芝麻油，同燒。待將起鍋時，下二兩海蜇頭。

肉片吸收了貽貝、火腿之鮮，混合了茶葉的清香，形成難得一會的奇妙口感。人道袁子才「通天老狐」，果然不假，沒有千年道行，焉得這等奇味？

❖ 家鄉肉

長江劃界，家鄉肉形成南北兩派，《隨園食單》所載為南派，以金華所出最好。早期家鄉肉，用的是火腿剩料。醃製講究用鹽三次，鹽和火硝塗抹豬肉，可提味、上色，且抑制肉毒桿菌生長繁殖。以重物壓實，二十到二十五天后，鹹肉醃好，滋味不輸火腿。鹹肉洗淨切塊，淘米水浸泡半日，可以取出風乾，做成風肉；直接加酒燜了吃，也是至味。

缸裡的鹹肉在默默醞釀，若時值初春，空閒下來的老饕，不妨進山一趟，為鹹肉尋找一味天作之合。「無數春筍滿林生，柴門密掩斷人行」，文人稱筍是謙謙君子，清剛貞粹，從不為外物所擾，入脂膏而不膩，近羯羊而不膻，清清爽爽地下鍋，同一眾食材攪在一起，又清清爽爽地出來，夾一筷入口，它仍是一副清清爽爽的味道，其他食材不能影響它分毫。

春筍切滾刀塊，熱水焯過；醃好的鹹肉洗淨，斬斷大骨，沒入水中，大火燒開，轉慢火燉半小時，翻一翻繼續燉熟，以皮肉鬆軟為度，撈起去骨斬塊，肉湯保留聽用；新鮮五花肉冷焯（冷水下鍋煮沸洗淨），切塊，用紹酒煮到八成熟，肉湯保留；鮮肉、鹹肉、春筍，配一半鹹湯、一半肉湯、少許豬油，用大火燒幾分鐘，湯汁轉白，全部改用砂鍋，轉小火燉，過程不宜加蓋。末了根據口味稍做調整，一道「醃篤鮮」便大功告成。

蜜火腿

二十四歲那年，袁枚進京趕考，殿試傳臚，聖上欽點為二甲第五名（總第八名）。一舉首登龍虎榜，袁枚春風得意，同幾位新科進士滿京城遛達著吃喝聽戲，不想接下來的朝考卻出了岔子。進士中第後，除狀元、榜眼、探花三位一甲，其餘進士要再考一關，才能著授庶起士，進翰林院，叫作「朝考」。袁枚朝考之前浪過了頭，亢奮的神經末梢按捺不住，筆下放肆，寫了幾句不當言論。閱卷群臣以為語涉不莊，眾口喧謗，當廷就要廢了袁枚。袁枚這時只是個剛畢業三天的毛頭小子，哪見過這等陣仗，嚇得瑟瑟發抖。正在此時，刑部尚書、太子少保尹繼善排眾而出，力保袁枚，彈壓眾議，袁枚才保住前程，從此便感激涕零地跟著尹繼善混飯吃了。

後來尹繼善調任兩江總督，住得離袁枚不遠，袁枚為報答老師恩情，得空便去老師家蹭飯，還教了老師家的六兒子寫鬼故事，搞得尹六郎一生無心仕途。尹繼善亦好口腹，他貴為總督，不好成天混跡市井發掘美食，便派了袁枚這個差使替他去打探何處有好吃的。

「尹文端公督兩江時，好平章肴饌之事。嘗命袁子才遍嘗諸家食單，時有所稱引。」[2]

這麼說來，袁枚到處蹭飯，乃是奉了師命，倒也不能全怪他臉皮厚。

《隨園食單》收錄的尹府珍饈，最讓袁枚留戀的，是「蜜汁好吃」的蜜汁火腿。袁枚一生嚐腿無數，各家火腿的選材、手藝、醃製時間皆不盡相同，品質良莠，差別很大，即使金華、蘭溪、義烏的火腿，也不乏下品，他說：「其不佳者，反不如醃肉矣。」尹老師乃封疆大吏，承辦過乾隆帝下江南的招待事宜，府上用的火腿自然是最好的，袁枚比不了。

上好的火腿連皮切大方塊，蜜、酒煨到極爛，甘鮮異常，袁枚吃完淚流滿面地說，餘生再也吃不到這樣好的東西了。

蜜火腿後來段位升級，成了浙菜代表，豔冠東南，美名曰「蜜汁火方」：乾蓮子溫水浸泡不低於一小時，剝膜、去蓮心聽用；帶皮火腿，皮朝下，切小方塊，但皮不能切斷，水、紹酒、冰糖沒過火腿，旺火蒸一小時，原湯不用，再加紹酒、冰糖、少許水和蓮子，蒸不少於一小時，以蓮子糯軟為度；第一遍蒸火腿的原湯濾過，加冰糖煮沸，撇去浮末，勾薄芡，濃濃的湯汁澆淋火方，點綴蜜餞櫻桃、松子、糖桂花。

到這裡，袁枚已經撐圓了。不過，肚子雖然說著不要，嘴巴卻還是很想吃，總感覺有什麼重要的東西忘記吃了……

沒錯！是鴨子！住在金陵而不吃鴨子，豈不枉沾這六朝煙水氣？

羽族單

❖母油船鴨

舊時候出門遠行，能走水路的，儘量不走旱道。陸路上供打尖休息的客店食肆著實稀少，遠行者食不果腹、棲無衡門，忍飢受凍睡不好，還要提防荒山野嶺冷不丁跳出來的剪徑強人。水路就不同了，安穩逸樂，無控轡之勞、顛簸之苦，船上有爐溫酒，有艙遮風，倘若有錢，甚至不用帶太多乾糧，船家自有法子置辦各種江鮮水產，魚蝦蟹蚌、菱角、鮮蓴、茭白、荸薺，當然，還有鴨子。

袁枚自掛冠後，整日浪蕩江湖，船沒少坐，鴨子也沒少吃。江南多河鴨，一大早醒來，催船家或買或捉了人家的鴨子，拔毛去臊，塞進瓦缽，厚厚切些鮮薑片，一道丟進缽裡，加水、加酒、加鹽——酒用紹興百花酒，鹽選青海湖池鹽，密密封起缽口，從早上一直煨到日落，火候才到。打開缽蓋，一股熱氣噴將出來，鴨肉已經煨得酥爛脫骨，湯汁濃稠，濃郁的鮮香滲入鴨肉肌理，袁枚吃得心曠神怡。舉目四顧，夕陽晚照，湖水瀲灩，四周搖搖晃晃的船隻上，皆是吃鴨子的船客，一片咂咂聲。

彼時蘇浙烹飪，擅用燒、燜、煨、蒸，若備得一道上乘醬油，不啻形上之魂，以之渲染提鮮，濃墨重彩，可以點染整幅味道。

古法釀製醬油，天氣是關鍵。浸過的黃豆煮熟，用麵粉拌了蓋起，曲黴菌開始瘋狂生長，這個過程叫作「上黃」，也就是如今說的製曲。按比例配鹽加水，選在伏天入缸，接下來就是置於日下暴曬。三伏天曬就的醬油品質最好，入秋後，第一批成品被稱為「秋油」，也叫「母油」，是頭抽中的極品。

那時母油價錢不菲，船家大約不好置辦。但袁枚家裡有的是母油存貨，學了這道船鴨回家如法庖製，在百花酒、青鹽和薑片之外另加入母油，鴨子便上了一層醬紅色，妖嬈嫵媚，格外撩撥。

後來母油船鴨得到改進，用料益加豐富：鴨子掏除內臟，斬掉腳，把帶皮肥豬肉和鴨子一同冷水燒沸，撇去浮末，洗淨；鴨子朝下按在砂鍋裡，放入肥肉、鹽、母油、白糖、紹酒、蔥、薑片、水，先大火燒開，轉文火慢煨，煨足半日，其間不宜開蓋；開鍋，揀去肥肉、蔥、薑，鴨子翻個個兒，放些筍子、香蕈、菜心；豬油燒熱，蔥段爆香，淋在鴨子身上，再燜五分鐘，關火，大功告成。

❖蒸鴨

老袁學來的蒸鴨，極似後來的「八寶鴨」，鴨肚子裡塞滿一堆亂七八糟的東西，隔水蒸透。八寶鴨出自蘇菜系統，做法用的是古老的中餐烹飪技法——釀，以食材為容器，包裹其他食材加熱，形成複合型味道。

八寶鴨有帶骨和出骨、蒸和煨之分。帶骨八寶鴨，從背部切入腹腔，掏除內臟，填以筍丁、芋頭、鹹肉、火腿、冬菇、蓮子、蝦米、糯米，上籠蒸兩三個小時，整鴨上席。

老袁匆匆從人家家裡偷學到這道菜，卻不知名目，到了寫《隨園食單》時，老臉一紅，胡亂寫了個「蒸鴨」了事。其實八寶鴨在清朝的標準名字叫作「瓤鴨」，有瓤的鴨子，可謂貼切。當時蘇浙一帶，瓤鴨極受歡迎，衍生出多種口味版本，比如專供甜食黨的「蜜鴨」：鴨子腹中填塞的食材改成糯米、火腿、去皮去核的紅棗，鴨子表面刷一層蜂蜜，上甑蒸熟。

❖梨炒雞

江浙有一系列以梨子為輔材的炒菜，如梨炒腰花、梨炒雞，後者做法是，雛雞胸肉切薄片，下熱鍋，倒油，迅速翻炒，加香油、澱粉、鹽、薑汁、花椒末，翻炒，再下雪梨薄片、小塊香蕈，略炒即起。袁枚特意囑咐，這道菜裝盤要用「五寸盤」，格外講究。

生炮雞

小雛雞斬小塊，用醬油、酒久醃，下油鍋炸，炸至肉嫩斷生撈起，待油滾時，複浸入炸。如此連炸三次盛出，撒鹽、醋、酒、澱粉、蔥花佐食。外皮金黃，香嫩不膩。

假野雞卷

「野雞卷」在如今粵地依然可見，如「大良肉卷」。袁枚這道「假野雞卷」雖號稱「假野雞」，其實是要用到雞肉的：雞胸肉剁爛，調入生雞蛋、清醬成餡兒，豬網油破成小片，包餡兒入油炸透，再加醬油、酒、佐料、香蕈、木耳、糖，起鍋。

袁枚《隨園食單》收錄雞鴨禽類菜式四十餘種，大多寥寥數語，未能詳言烹法，頗是憾事。最後看一看袁枚做的茶葉蛋：一百隻蛋，用一兩鹽，用粗茶煮一小時左右即可，最是簡單易行。

從燕窩魚翅，到一枚普普通通的茶葉蛋，袁枚一視同仁。一如他奉行的美食之道：食之道，淺而深，簡而博，食材不分貧富貴賤，沒有不堪入口的食材，只有不肯用心的廚師。

注釋

1 〔清〕袁枚《隨園記》。

2 〔民國〕徐珂《清稗類鈔・飲食類》。

名食濫觴

果丹皮

果丹皮本來叫「果單皮」或「果鍛皮」，意思是用水果「鍛造」的皮狀食物。明代即見記載，松江人宋詡父子的《宋氏養生部》中說：

「果單，先以漆先平之器，少以蜜潤使滑，用桃、李、杏等果甘熟者，蒸柔取絹濾其漿，澆於蜜上，置烈日中，常搖振，曬使勻薄，俟乾，揭用。林檎、柰子、楸子等果則生取漿，熬稠澆曬。」

原材料是蜂蜜、桃子，桃子亦可用李子、杏子、林檎、柰子、楸子取代，後三者均為中國原產蘋果。

清代文獻中的果丹皮原料多採用蘋果。《康熙幾暇格物編》：

「果單出陝西。查《本草注》云：果單以楸子為之，即劉熙《釋名》所謂柰油也。不知楸子所成特黃色一種耳，有紅、黑二種，則以哈果為之。哈果出肅州，及寧夏、邊外。回民呼為『哈忒』。今口外亦隨處有之，枝幹叢生，有柔刺，不甚高大……葉似野葡萄而小，結實攢聚，秋深乃熟，或赤色，或青黑色，故俗亦名紅果、黑果。邊人云：秋時採取，摘去枝梗，將果下鍋，熬出津液，濾去渣滓，煉成薄膏，貯別器內，候少涼，膏欲凝結。略如紙房抄紙法，以木為框，抄而成皮，勻薄如油紙，揭起陰乾。紅果成者，色紅，黑果成者，色黑。土人以之餉遠，亦名果鍛皮，以自熬鍛而成也。」

❖ 肉鬆

肉鬆至晚在南宋便已問世，宋末陳元靚《事林廣記》記有一種「肉瓏鬆」：

「豬羊牛精肉，切如指塊，用酒、醋、水、鹽、椒、馬芹同煮熟，去汁，爛研，焙燥，要如茸絲，不許成屑末。雞白肉、乾蝦尤佳。」

豬、羊、牛瘦肉切條，用作料煮至爛熟，濾乾湯汁，研磨成粗絲狀，烘乾。成品需呈細絲狀，若呈粉末狀則失敗。

清代的肉鬆開始加糖，做法精良，滋味更鮮。《中饋錄》中道：

「以豚肩上肉瘦多肥少者，切成長方塊，加好醬油、紹酒，紅燒至爛，加白糖收滷。再將肥肉揀去，略加水，再用小火熬至極爛極化，滷汁全收入肉內。用箸攪融成絲，旋攪旋熬，迨收至極乾至無滷時，再分成數鍋，用文火以鍋鏟揉炒，泥散成絲，焙至乾脆，如皮絲煙形式，則得之矣。」

清末，太倉肉鬆名聲大噪。太倉肉鬆的名氣來自一位老年僕婦。《清稗類鈔》記此事甚詳，那是在光緒初年，太倉有個姓王的富豪，事母至孝。王母酷嗜肉鬆，但市面上的肉鬆品質一般，入不得這位老太太的法眼，聘請廚子來做，也總是做不出個像樣的味道，老太太成天為了吃不到一口心儀的肉鬆鬧脾氣，罵兒子不上心、不孝順，白瞎了偌大家業，連給為娘買點好肉鬆都不捨得，王富豪頭疼不已。這天，家裡來了一對母女，是來典身為僕，求口飯吃的。母親姓蘇，是個老婆婆，大概年輕時候在大戶人家隨名師學過焙製肉鬆，聽說了王老爺的煩惱，自告奮勇，願意一試。王富豪自是沒有不答允的道理，蘇婆婆提出要求，說做上乘肉鬆，需要一整口豬，王富豪也答允了；蘇婆婆又提出，藝不外露，我得回家去做，做好了給老爺送過來，王富豪一一應允。第二天，蘇婆婆挎著口籃子，將成品送到王家老太太飯桌上，王老太太一嚐，展顏大悅。蘇婆婆就此通過考核，留在了王家，專事焙製肉鬆。王老太太食量再大，每天也吃不了一整口豬的肉鬆，於是蘇婆婆將剩下的拿到市場售賣，獲資頗豐。過了段時間，母女倆贖身出了王家，招贅個貨郎的兒子給女兒做女婿，一家人搭棚養豬，專做肉鬆。是時「肉鬆蘇婆婆」之名業已大噪，購者趨之若鶩，婆婆繼續擴大規模，買地塊蓋門市，生意越做越大。外地慕名前來採買者絡繹不絕，婆婆又定制了鐵皮筒子包裝，以便遠客採購。還上了醬骨頭專案，用做肉鬆所餘豬骨製成。

皮蛋

皮蛋號稱「千年蛋」，實際上有沒有一千年的歷史不好說，五百年肯定是有的。明代戴羲的農書《養餘月令》稱之「牛皮鴨子」——鴨子即鴨蛋。

明代《宋氏養生部》（成書於十六世紀初）呼為「混沌子」：

「混沌子：取燃炭灰一斗、石灰一升，鹽水調入鍋，烹一沸，俟溫，苴於卵上，五七日黃白混為一處。」

❖老婆餅

老婆餅是廣東地區傳統點心。《清稗類鈔》：

「廣州有餅，人呼之為老婆餅。蓋昔有一人，好食此餅，至傾其家，後復鬻其妻購餅以食之也。以梁廣濟餅店所售者為尤佳。」

說的是「老婆餅」原本另有其名。有個「吃貨」吃這玩意兒吃得不能自拔，為了買餅吃，連家產都變賣了，後來家底吃光，而饞癮難解，乾脆把老婆也賣了。賣老婆買餅事件，一時鬧得沸沸揚揚，於是當時的吃瓜群眾創造了一個新詞，就叫「老婆餅」，至於老婆餅的本名，則漸漸被世人淡忘。當然這種故事傳說味道較濃，未必屬實。

❖黃燜雞

黃燜雞可能出自孔府菜。宋代、明代孔府菜已成規模，但現存資料多限於清代，因此不好確定黃燜雞的具體創制時間。

「黃燜雞」之名，見載於清光緒年間一位姓喬的孔府內廚記帳簿《省城喬廚子賬》，除黃燜雞外，這份帳簿上還記錄了大量肴饌，底蘊深厚的顯貴公府飲食之講究可見一斑：黃燜雞、蝦、桶子雞、炒雞子、炒溜魚、炒蒲菜、溜海參、燒鯽魚、軟燒魚、燒葫子、三鮮湯、海參燒占肉、拌雞絲、燒麵魚、炸肘子、炸胗肝、芥末雞、茶乾炒芹菜、炒雞片、烹蛋角、炸溜魚、汆鴨肝、拌黃瓜、炒肉絲、炒雙翠、鹽水肘子、燒魚、炒芸豆、蒲菜茶乾、汆丸子、紅燒肉、醋溜豆芽、燴麵泡、炒雞絲、五香魚、醬汁豆腐、拌芹菜、拌海蜇、滷雞子、元寶肉、燴瑤柱羹、紅燒肉、鹽水雞、雞蛋湯、魚翅、奶湯魚塊、海參、炒豆腐、糟燒魚、三燻豆腐、燒麵筋泡、拌什錦夥菜、芸豆炒肉、芥末豆芽、清蒸丸子、炒雞丁、雞肘子、粉蒸雞、乾炸魚、炒魷魚、芥末肘子、燴烏魚穗、汆雞丸雞腰、蝦仁湯、醉活蝦。

孔府黃燜菜不少。清光緒二十年（西元一八九四年），孔子第七十六代孫孔令貽偕母、妻進京，為慈禧賀壽，孔母、孔妻各獻一桌壽宴（名為「早膳」）。孔母進獻的是：

大碗公菜兩道：八仙鴨子、鍋燒鯉魚；

大碗菜四道：燕窩萬字金銀鴨塊、燕窩壽字紅白鴨絲、燕窩無字三鮮鴨絲、燕窩疆字口蘑肥雞（合為「萬壽無疆」）；

中碗菜四道：清蒸白木耳、葫蘆大吉翅子、壽字鴨羹、黃燜魚骨；

懷碗菜四道：溜魚片、燴鴨腰、燴蝦仁、雞絲翅子；

碟菜六道：桂花翅子、炒茭白、芽韭炒肉、烹鮮蝦、蜜製金腿、炒王瓜醬；

克食兩桌；

片盤兩道：掛爐豬、掛爐鴨；

餑餑四樣：壽字油糕、壽字木樨糕、百壽桃、如意卷。

另外還有燕窩八仙湯和雞絲滷麵。

孔妻進獻的早膳幾乎一模一樣，唯獨四道中碗菜的最後一道，由黃燜魚骨改成了黃燜海參。這也體現了黃燜菜的地位。

❖獅子頭

獅子頭必稱揚州，揚州人呼獅子頭為「大劗肉」，諧音「大斬肉」，意思是斬肉摶成。實際上這道菜原本有個比較雅正的名字，叫作「葵花肉丸」。清嘉慶年間甘泉人林蘭癡《邗江三百吟》：

「肉以細切粗劗為丸，用葷素油煎成如葵黃色，俗云葵花肉丸。」

至於「獅子頭」，乃是戲稱，謂肉丸表面「毛糙」，有如雄獅之鬃，不想此稱深入人心，逐漸成為通用名。清朝人的獅子頭，同今天的相比差別不大。《調鼎集》：

「大劗肉圓：取肋條肉，去皮，切細長條，粗劗。加豆粉、少許作料，用手松捺，不可搓成，或炸或蒸，襯用嫩青菜。」

材料選用肋條部位的五花肉，六分肥，四分精，該標準沿用至今。所謂「用手松捺」，指掌托肉團，兩手反覆倒換，就是北京師傅口頭禪中的「盤」。而如今北方餐館的獅子頭或四喜丸子擺盤，依然常見「襯用嫩青菜」，當是清朝時留下的習慣。

到晚清民國，蟹粉獅子頭亦見於文獻。《清稗類鈔》：

「獅子頭者，以形似而得名，豬肉圓也。豬肉肥瘦各半，細切粗斬，乃和以蛋白，使易凝固，或加蝦仁、蟹粉。以黃沙罐一，底置黃芽菜或竹筍，略和以水及鹽，以肉作極大之圓，置其上，上覆菜葉，以罐蓋蓋之，乃入鐵鍋，撒鹽少許，以防鍋裂，然後以文火乾燒之。每燒數柴把一停，約越五分時更燒之，候熟取出。」

肉香與蟹鮮天作之合，南宋楊萬里贊得妙：「卻將一臠配兩螯，世間真有揚州鶴。」古人幻想腰纏十萬貫，騎鶴上揚州，集發財、做官、成仙於一身，為人生無上至境，楊萬里卻道，完滿境界，並非縹緲難及，來一道豬肉配蟹，你我都是神仙。

有些現代人出於利益目的，喜歡為食物編造起源故事，利用「流俗詞源」的錯覺，把難以索解的問題答案強行附會於某些歷史名人身上。魯迅先生《南腔北調集・經驗》說：「人們大抵已經知道，一切文物都是歷來的無名氏所逐漸的造成，建築、烹飪、漁獵、耕種，無不如此。」今大所習見的諸多傳統美食，發明者各是哪一位，多半無從確證，也無法確證，誠如魯迅所說，那是無數無名氏在漫長時間裡共同努力「逐漸地造成」。

越讀越餓的中華美食史

從先秦米香、大宋燒烤到明清茶點，探訪千道食物的源起、演進與古代食譜

作者　蟲離先生
校對　邱美嘉
責任編輯　謝惠怡
美術設計　郭家振
封面插畫　劉凡甄
行銷企劃　張嘉庭

發行人　何飛鵬
事業群總經理　李淑霞
社長　饒素芬
圖書主編　葉承享

出版　城邦文化事業股份有限公司 麥浩斯出版
E-mail　cs@myhomelife.com.tw
地址　104 台北市中山區民生東路二段 141 號 6 樓
電話　02-2500-7578

發行　英屬蓋曼群島商家庭傳媒股份有限公司城邦分公司
地址　104 台北市中山區民生東路二段 141 號 6 樓
讀者服務專線　0800-020-299（09:30 ～ 12:00；13:30 ～ 17:00）
讀者服務傳真　02-2517-0999
讀者服務信箱　Email: csc@cite.com.tw
劃撥帳號　1983-3516
劃撥戶名　英屬蓋曼群島商家庭傳媒股份有限公司城邦分公司

香港發行　城邦（香港）出版集團有限公司
地址　香港九龍九龍城土瓜灣道 86 號順聯工業大廈 6 樓 A 室
電話　852-2508-6231
傳真　852-2578-9337

馬新發行　城邦（馬新）出版集團 Cite（M）Sdn. Bhd.
地址　41, Jalan Radin Anum, Bandar Baru Sri Petaling, 57000 Kuala Lumpur, Malaysia.
電話　603-90578822
傳真　603-90576622

總經銷　聯合發行股份有限公司
電話　02-29178022
傳真　02-29156275

製版印刷　凱林彩印股份有限公司
定價　新台幣 420 元／港幣 140 元
2024 年 1 月初版一刷
ISBN　978-626-7401-15-6 (平裝)

原著作名：《食尚五千年：中國傳統美食筆記》
作者：蟲離先生

國家圖書館出版品預行編目（CIP）資料

越讀越餓的中華美食史：從先秦米香、大宋燒烤到明清茶點,探訪千道食物的源起、演進與古代食譜/蟲離先生作. -- 初版. -- 臺北市：城邦文化事業股份有限公司麥浩斯出版：英屬蓋曼群島商家庭傳媒股份有限公司城邦分公司發行, 2024.01
面；　公分
ISBN 978-626-7401-15-6(平裝)

1.CST: 飲食風俗 2.CST: 中國文化

538.782　　112022910